“苏霍姆林斯基在中国”丛书
总顾问◎朱小蔓　总主编◎吴盘生

心中的圣殿

走进巴甫雷什学校课堂

史道祥◎著

江苏凤凰科学技术出版社 · 南京

图书在版编目（CIP）数据

心中的圣殿：走进巴甫雷什学校课堂 / 史道祥著 . —
南京：江苏凤凰科学技术出版社，2023.10
（“苏霍姆林斯基在中国”丛书）
ISBN 978-7-5713-3763-6

Ⅰ . ①心… Ⅱ . ①史… Ⅲ . ①苏霍姆林斯基
(Suhomlinskii, Vasilii Aleksanlrovich 1918-1970) —教
育思想—研究 Ⅳ . ① G40-095.12

中国国家版本馆 CIP 数据核字 (2023) 第 180501 号

“苏霍姆林斯基在中国”丛书
心中的圣殿：走进巴甫雷什学校课堂

著　　者	史道祥
责任编辑	吴梦琪
责任校对	仲　敏
责任监制	周雅婷
出版发行	江苏凤凰科学技术出版社
出版社地址	南京市湖南路 1 号 A 座，邮编：210009
编读信箱	skqsfs@163.com
联系电话	(025)83657623
印　　刷	溧阳市金宇包装印刷有限公司
开　　本	787mm × 1092mm　1/16
印　　张	18.75
字　　数	300 000
版　　次	2023 年 10 月第 1 版
印　　次	2023 年 10 月第 1 次印刷
标准书号	ISBN 978-7-5713-3763-6
定　　价	60.00 元

总序

怎样培养真正的人：教育永恒的命题

“苏霍姆林斯基在中国”丛书的编写，历经数年，已初见成果。现在，第一批著作即将出版，这是一件喜事，我感到十分欣慰。

这套丛书是我国一群热爱、研究苏霍姆林斯基，特别是践行其教育思想的教育工作者的心血之作。丛书向人们真切、生动地展现了在中国教育改革进程中，一大批志士仁人满怀热忱和景仰，向享誉世界的教育家苏霍姆林斯基认真学习的动人情景；丛书也有力地证明，中国基础教育界在改革开放以来，学习、研究和运用苏霍姆林斯基教育思想于中国中小学教育改革实践，取得了可喜的成果。

1979 年，华东师范大学杜殿坤先生翻译、整理的苏霍姆林斯基教育著述（尤其是《给教师的建议》）一经面世，渴望学习、渴望提升教育能力的中国教师，立刻像久旱逢甘雨，将其视作至为宝贵的精神食粮。自此，我国教育界形成了一次次学习苏霍姆林斯基教育思想的热潮。

苏霍姆林斯基教育思想在当代中国的传播，大致产生过三次高潮，时间分别是 20 世纪 80 年代初中期、20 世纪 90 年代中后期、21 世纪初至今。

这三次传播高潮，主要表现为三个重要事实。

第一，苏霍姆林斯基的全部著述陆续翻译出版，并应读者要求不断加印。据统计，至 1986 年，国内翻译出版的苏霍姆林斯基教育著作已达 24 本，每本发行量都很大，如杜殿坤先生编译的《给教师的建议》一版再版，印数突破了一百万册。同时，热心阅读、研究和传播苏霍姆林斯基教育思想的人凝聚成了学术团体，如1998年建在中国教育学会比较教育专业委员会之下的“苏霍姆林斯基研究分会”（北京师范大学外国教育研究所），如 2004 年建在中央教育科学研究所之下的“中国苏霍姆林斯基研究中心”，如 2015 年在中国陶行知研究会领导下组建的“苏霍姆林斯基研究专业委员会”。总之，人们像推崇我国著名教育家陶行知那样，期望同样享誉世界、受到我国中小学教师爱戴的苏霍姆林斯基，能对中小学教师产生更为广阔、深刻的思想影响。

第二，我国一批中小学校借鉴苏霍姆林斯基的教育思想，积极开展中小学教育教学改革，持续地反对那种“以知识为本、分数至上为特征，以牺牲学生身心人格健全发展为代价”的应试教育，在改革探索的热潮中做出了诸多创造，如“情境教育”“愉快教育”“和谐教育”“审美教育”“成功教育”等，成为中国学校中推行素质教育的基层典范。这批学校的校长及创造性探索的教师，无一不是学习苏霍姆林斯基教育思想的模范，他们和他们的学校，把我国的中小学素质教育，由民间发端而不断推动，并最终上升为国家政策，在此过程中他们带了头、立了功。

第三，我国一大批中小学教师以苏霍姆林斯基为楷模，坚持以儿童为本、教书育人的立场，积极效仿苏霍姆林斯基，对自己的职场实践进行持续的教育研究；同时，出现了一批教育科学研究工作者，他们扎根教育实践，以潜心研究、传播苏霍姆林斯基教育思想为志业。由于苏霍姆林斯基教育思想的滋润，经过教育实践的历练，他们或成长为当今中国最优秀并享有盛誉的教育家型教师和校长，或成为很“接地气”、善于结合理论与实践、受到基层教师普遍欢迎的教育科学研究者。

回顾这三次传播高潮，分析客观存在的各种事实，考察它们产生的国内背景，研究其可能构成的长远影响，我以为这种持续性传播主要与以下三个主题密切相关，它们是：①持续地反对应试教育，推动中小学学生的素质教育；②不断调整、深化基础教育的课程改革；③鼓励教师成为职场中的研究者，引导中小学教师走向职业的专业化。

苏霍姆林斯基教育思想在我国得到广泛和持续的传播，正与这三个主题的展开过程融为一体。事实上，苏霍姆林斯基的整个教育生涯，也是与这三个主题息息相关的。我们看到：他扎根一所乡村学校几十年，一贯强调在智力教学中实现德育，旨在培养健全、和谐发展的人；他重视基础知识和基本技能，反对死记硬背，强调激发兴趣，培育学习愿望与勤奋品质，力求学生获得智力劳动的心灵成果与其中的创造喜悦；他强调优化学校教育，同时十分看重课外阅读、同辈交往以及校外实践活动对孩子的影响；他身体力行，坚持每年听 360 节以上的课，注重观察现场每个儿童，分析师生关系，体验课堂情感，发挥校长最为重要的管理作用；他亲自主办家长学校，探访学生家长，共商孩子教育问题；他制订“第二教学大纲”，开设“蓝天下的课堂”，带领孩子进行户外游历；他如饥似渴地学习理论，不停顿地思考日常教育教学，把职场当作教育科学与艺术结合的试验场和诞生地；作为一线教师、校长，他在科学研究上取得了骄人的成就，但他的研究不为别的，只为儿童的发展，只为改善教育……这一切的一切，都深深地吸引了人们，打动了中国教师的心，得到了中国中小学教师的共鸣、欣赏和由衷钦佩。由此可见，苏霍姆林斯基教育思想与实践，应和了改革开放以来我国中小学的素质教育、课程改革及教师专业化的追求方向与基本理念，符合我国中小学教师专业素养提升的内在需要与外部要求。这样就不难理解，苏霍姆林斯基为什么注定会受到中国教师的爱戴，成了他们的效法榜样，甚至是精神偶像。

苏霍姆林斯基这个名字，已是当代中国教师心中一座不朽的丰碑！

本套丛书邀请的作者是我国教育工作者中的优秀代表。他们现身说法介绍自己的学习和研究经历，展示自己的精神成长历程。丛书总主编吴盘生老师是一位资深教育科研工作者，他曾因工作需要被派遣到中国驻乌克兰大使馆工作，有幸结识苏霍姆林斯基的家人，并多次进行实地考察和访谈，由此开展对苏霍姆林斯基教育思想的深入研究。近年来，他倾心策划和组织了一批对苏霍姆林斯基特别有感情、对苏霍姆林斯基教育思想有研究并积极践行的教育工作者，着手这件有意义的工作——编写本套丛书。我相信，这套丛书不仅将给中国教育界留下一幅中国同仁学习苏霍姆林斯基并取得积极成效的历史画卷，而且能折射出中国基础教育改革的不凡历程，讴歌中国教师为教育理想而奋斗的峥嵘岁月。借丛书出版之际，我向吴盘生老师及各位作者表示由衷的敬意和感谢。

苏霍姆林斯基，一位异域教育家，竟然获得中国当代教师如此的热爱和追随，而且是那么的自然而然、经久不息，这在当代教育界的国际交流史上算得上是一个奇迹！当然，这也是一种值得好好研究的教育文化现象。

现在，我们关注的是：今天应当怎样学习苏霍姆林斯基呢？

自苏霍姆林斯基的著述传入我国，四十多年过去了，今天中国的教育环境已经发生了巨大变化。新生代教师所面对的，再也不是“无书可读”的窘境，而是日新月异的网络时代，是多元文化的涌现，是应接不暇的海量信息。此时，我们的确需要回答：今天为什么还要学习苏霍姆林斯基？

苏霍姆林斯基还能吸引我们今天的教师吗？今天应当怎样学习这位非凡的教育家？

2008年，我访问巴甫雷什中学，曾与苏霍姆林斯基的女儿苏霍姆林斯卡娅院士讨论过这个问题。我们有如下共识：正因为市场经济条件下文化多元，正因为科技主义与物质主义的潮流迅猛，我们更有必要请教苏霍姆林斯基！因为他高洁的思想与磊落的人格恰恰是当今时代稀缺的财富！苏霍姆林斯基把全部身心都贡献给孩子，体现出了他的伟大人格。他集中了全部生命、意识和情感，专注于钻研怎样培养真正的人，专注于思考什么是教育的最高追求和核心价值，从而体现出了他的神圣精神。在今天，他如此的伟大人格和神圣精神显得尤其宝贵！的确，当今时代，特别需要苏霍姆林斯基这样清醒、执着的教育家，因为他的信念和价值观可以警示世人，与时代衍生的缺陷和偏见抗衡，可以给教育工作者以示范和鼓舞，影响他们的理念、信仰，提升他们的情操、境界。

当前和今后中国教师如何学习苏霍姆林斯基呢？

我以为最重要的，是深刻认识苏霍姆林斯基教育思想的本质精神和永恒价值。我觉得，他的全部思想的本质，就是毕生思考和实践“怎样培养真正的人”。苏霍姆林斯基在去世前写出了最为重要的一篇论文《人是最高价值》，其中写道：“在我们社会的旗帜上清楚地书写着：人是最高价值，没有什么事比活生生的人更加重要。”苏霍姆林斯基把教育认定为人学，他说：“教育——这首先就是人学。不了解孩子——不了解他的智力发展，他的思维、兴趣、爱好、才能、禀赋、倾向——就谈不上教育。”20世纪50年代初，当有人预言21世纪是“数学的世纪”时，苏霍姆林斯基就坚定地断言“21世纪将是人的世纪”。他坚信没有人的素质提升，就没有人类社会光明的未来。他对教育活动的本质、对教育的根本价值的理解具有永恒的意义。

关注人的心灵成长，是苏霍姆林斯基对教育活动本质的深刻理解，是他全部教育思想中最为聚焦，也最富有特色的方面。这是我个人的研究心得。

我看到，苏霍姆林斯基把情感教育与道德教育看得最为相关，在其著述中，关于情感与人的精神成长的关系，关于情感教育的论述，特别丰富、深刻。他把情感视作道德发生的基础，强调要“重视人的同情心、善良、怜悯、敏感性、友谊、义务感、责任感”，认为它们“能够增强精神情感力量。这些情感力量微妙地交织在一起，进而达到高尚的情感激动。只有这些情感的培养才能使道德概念变为信念”。从苏霍姆林斯基的诸多论述中可以看出，他把同情、怜悯看成人最基础的情感，把正义感看作青少年道德良知中最深刻的情感。同时，他明确指出：自尊感是学生道德发展的重要因素。“教师要善于在每一个学生面前，甚至是最平庸的、在智力发展上最有困难的学生面前，都向他打开他的精神发展的领域。”

正因为如此，他从来不把德育从全部教育活动中抽离出去、割裂开来，仅当作一种专项工作，而是要求所有教师不是只教某门课程，比如他常对教师说“你不是教物理，而是教人学物理”。他要求学校教育工作努力做到综合地、和谐一致地影响人的发展。

苏霍姆林斯基的全部教育思想，包括教育目标、过程、机制与方法，都与建构人的精神世界相关，他从不把具体的德育工作看作外部知识的堆积、外在纪律的束缚、形式主义的刻板的措施，而是把德育看作心灵沟通、精神建构的过程，主张让尽量多的人和物进入童年的精神生活，并在整个少年时期情感领域中一直保存着这些人和物的迷人的吸引力。在他看来，所有的教育工作，都只有在人产生内在的感受时，具有属于自己的感受时，心灵才能得到扩展。因此，他坚定地相信，教师对学生最重要的影响，是教师本人的情感世界、精神和心灵，是“教师在传导到学生意识里去的思想中表现出自我，使学生的心灵接触到的不是冷冰冰的道理，而是教师充满激情的活生生的个性”。

时至今日，随着物质日益丰富，我国基础教育学校的硬件设施已越来越好，现在特别需要的，是追求教育的内在品质，是更加重视在人的发展方面那些精神性的特征，我把它称为“内质性”的特征。这种“内质性”主要表现在身心内部，它们较为隐蔽并且往往变化缓慢，难以从表面测定，但如果轻视、忽略它们，教育（德育）便会走向短视、肤浅，形式主义和功利主义便会随之滋生，因为重视儿童的“内质性”，才是道德教育的根本性特征，也是真正的教育的根本性特征。

对儿童彻底的爱、无保留的爱，作为伟大的动力和个性品格，成就了苏霍姆林斯基。爱所有的孩子是他坚定的教育信仰。他相信每一个孩子身上都有“金矿”，但他又说，“才能不是从天上掉下来的，而是由教育家发掘出来的”。他尤其相信，“在道德发展这个领域，通往顶点的道路对任何人都没有封锁，这里有真正的和毫无限制的平等，这里每一个人都可以成为伟大的、独一无二的人”。这样，他就把真正的教育，与技术层面、功利意义上理解的教育区分开来了。

今天，在主张教育民主、维护教育权利、推进全民教育的时代，人们愈益看重教育的普及。2015 年底，联合国教科文组织发表了第三份综合性的长篇教育报告：《反思教育：向“全球共同利益”的理念转变？》。报告在肯定全民教育运动成就的同时，提出了着眼于全局的人文主义教育观，指出教育应当“超越知识”“超越个人竞争”。这种面对全球教育形势做出的反思和研判，又一次强有力地证明苏霍姆林斯基的思想高度和远见卓识。正因为苏霍姆林斯基相信人可以变好，信仰教育的力量，他才可以彻底地做到把全部心灵献给孩子、献给教育，才会心甘情愿地在孩子身上花费那么多的心血，心无旁骛地几十年扑在一所乡村学校。苏霍姆林斯基虽然生活、工作在苏联的国家体制及主流意识形态下，但他的教育思想和实践经验，却能够超越时空，具有广泛而长久的力量；他为培养“真正的人”而殚精竭虑的教育精神和教育大爱，具有永恒的价值。

反观我国教育现状和基础教育的教师队伍素养，继续学习苏霍姆林斯基很有必要。自 21 世纪以来，我国教师在入职学历标准、学科专业要求、教育技术条件方面有一些提高，但有些方面仍需提升。这表现为：教师对自身职业的理解、对教育活动本质的理解限于表面，情感性人文素质不高，构建良好、和谐之师生关系的能力不足。他们对苏霍姆林斯基的了解程度、读苏霍姆林斯基原著的普及程度远不能与他们的前辈和兄长辈教师相比。对于一位教师来说，放着苏霍姆林斯基著作少读或不读，这是极大的精神损失！

我希望本套丛书能够燃起新生代教师关注苏霍姆林斯基的热情。我相信阅读的力量：教师们一旦走近了苏霍姆林斯基，深入地读，与伟大心灵相遇，那么，教师的价值认同、情感态度会一点一点地发生变化；而教师一旦改变了自己的精神状态，渴望扩展自己的精神世界，用心钻研如何培养真正的人，他便是一个求真向善的人，他的精神世界会充盈、积极起来，他们的学生自然会受其感染和影响，并形成正向反馈。如此，发生积极变化一定是可期待的，也是必然的。

苏霍姆林斯基创造了教育奇迹，那是在他的国家、他所处的民族文化背景下，在他的那个时代。但是，必须指出，苏霍姆林斯基并不只是一个理想主义者，他一生都在思考：如何在现实条件下创造最好的教育条件和环境，如何改变现实，团结教师，协同各种教育力量，与他一起奋斗，去培养“真正的人”。他高度关注现代科技发展，富有现代意识，主动思考未来，他坚持马克思唯物主义的方法论，在学校教育中强调认识外部世界与自我表达相平衡，集体生活与个性舒展相平衡，坚持认为这才是和谐教育。

同样是在《人是最高价值》这篇重要论文中，他尖锐地提出一系列问题：在苏维埃中小学校中，“人是最高价值”这一原则是否在教育教学过程中得到了贯彻？教师在工作中是把每个学生看成不可替代的个体，还是“目中无人”？孩子们在学校里是在发现自我和发展自我，还是“失去自我”？他们在学校里生活得怎么样：幸福还是不幸福？这些提问至今还是那么振聋发聩！

至此我们可以看到，苏霍姆林斯基敢于独立思考，他不盲从，不跟风，他对位高权重者、对前辈学术权威，也敢于直言和批评。他是一位饱含良知、坚持真理、实事求是的教育家。同时，他不仅是博览群书的饱学之士，是教师的精神领袖和带头人，也是学校教育及现实教育问题的积极变革者，他的教育研究和实践始终面向问题，着眼解决问题，探索教育改进改善之道。

当我们能够如此理解苏霍姆林斯基，如此去学习他的著作和为人时，我们就不会满足于寻章摘句，或企图从中寻找灵丹妙药，也不会苛责他的著作及话语中的时代局限，而是学习他着眼现实、解决问题的务实态度，学习他与时俱进的进取精神，立足自己的本土和具体情境，把对教育的信仰化为爱的力量，真正贯彻到解决本学校、本班级、本学科的育人事业中来。

中国基础教育深化改革、提升质量的道路漫长，教师队伍素质提高是一项特别艰巨的任务。今天，教师需要榜样，需要从活生生的、平凡而伟大的榜样中获取智慧和力量。我深信，在中国基础教育界，一是本邦的陶行知先生，一是域外的苏霍姆林斯基，他们二位的著作、教育思想、教育家生涯和个人生命故事最是教师教育与教师自我教育的百科全书，最是教师成长道路上取之不尽、用之不竭的富矿。

回顾历史，展望未来，我满怀希望。愿中国教师学习苏霍姆林斯基教育思想的积极行动，在中国大地上成为一种长远的历史文化现象，成为赓续绵延于教育界的道德佳话。

我愿意与同仁一起，为继续学习苏霍姆林斯基教育思想、促进我国的教育改革而尽些心力、做些实事。

以上想法因参与丛书讨论而引起，现整理成文，是以为序。

朱小蔓

目 录

上编 朝圣之旅

下编　课堂实录

上编　朝圣之旅

一个人——从降临人世到剩下最后一口气——与自己学校的关系，是人们判断他内在修养和品格高尚与否，判断他是否珍视人民的荣誉和荣耀的依据。你的职责就是在你的生命中始终把学校当作圣地，并将这种态度传递给你的子孙后代。无论科学知识多么丰富，无论你们的人民甚至人类诞生了怎样的思想和才智，学校拥有的基础知识、识字课本、第一堂课及教师或导师指引的第一本书，都会永远铭刻在你的记忆中，成为你的智慧、能力、品格和心灵升华的第一源泉。

——苏霍姆林斯基

中国教师王绮在苏联进修时到巴甫雷什中学与苏霍姆林斯基交流
（苏霍姆林斯基教育纪念博物馆资料照片）

逾越半个世纪的共鸣

“学校就是人民的圣地，就是人民的希望。”巴甫雷什苏霍姆林斯基学校，我心目中的教育圣殿！

金色的秋天，收获的季节。在中国苏霍姆林斯基研究专业委员会的精心安排下，我们一行16位苏氏①追随者，辗转奔赴乌克兰，开始寻访教育大师的朝圣之旅。巴甫雷什镇距首都基辅300多千米，且没有高速公路，我们经过6个多小时的汽车颠簸，夜宿苏氏师范教育的启蒙地克列缅丘格市。第二天我们一大早前往巴甫雷什，不想乌克兰的翻译也是初来乍到，按原来的校名——“巴甫雷什中学”②边走边问，竟然把我们带到了一所叫作巴甫雷什卡的学校。这是当地的一所中心学校③，涵盖4个教学分点。校长是教历史的，最近正在读中国史，因此对来自中国的客人特别热情，邀请我们进校园参观，如数家珍地介绍学校的布局、资源配置、管理方式、学生成绩和毕业生的业绩，指着高高烟囱上的大鸟窝说，鸟儿已经在这里安家好几年了。知道我们对道路不熟，他还自告奋勇开车带路，一直把我们送到目的地。

“当之无愧的宫殿”

校长德尔卡琪·瓦伦蒂娜·费多罗夫娜女士带领师生早早地迎候在校门口，举行了庄严的欢迎仪式：一名中学生端上一条绣花毛巾衬托的大列巴④来到我们的面前。大家有礼貌地撕下一小块大列巴品尝。小学生给我们每人送了一束菊花或玫瑰，师生共唱迎接客人的歌曲。走进会议室，只见讲台上主人早早准备好了三支蜡烛等待我们点燃。在乌克兰，它是友谊、成功和创造的象征。我荣幸地被邀请作为代表，点燃第二支蜡烛（图1–1）。

① 苏霍姆林斯基的简称。后文不再注释。

② 该学校现在的名字叫“巴甫雷什苏霍姆林斯基学校”，或译作“巴甫雷什苏霍姆林斯基中学”，本书行文中一般将原校名写作“巴甫雷什中学”，将新校名写作“巴甫雷什学校”。

③ 中心学校，按照乌克兰2016年教育改革方案，在区级学校中通过竞争方式确立一所中心学校，对周边薄弱校进行改造，成为教学分点。其师资、管理、费用归中心学校领导。中学班级则集中到中心学校上课，国家拨专款改善交通条件，配备专用校车。

④ 列巴是俄语“面包”的音译。

图 1-1 点燃三支象征友谊、成功和创造的蜡烛

德尔卡琪校长请客人坐定，指着桌子上的水果说：“品尝一下吧，这些都是校园里师生自己栽种的果树上结的果实。”然后，她开始介绍学校的环境、规模、创办历程，苏霍姆林斯基的教育功绩及国际影响(图 1-2)。我没想到，这所世界闻名的学校，表面上看起来竟然普普通通。这是一所拥有 11 个年级的一贯制学校，占地仅 4.9 公顷，有 11 座建筑物，大多为平房。勉强称得上豪华的二层教学楼还是十月革命前的老建筑，走廊狭窄，地板破旧，教室也不宽敞……但是，德尔卡琪校长自豪地说，对孩子们来说，这里依然是一座神圣的宫殿——一个奇妙无比、令人感到幸福的地方。正如索洛维伊奇克所描述的那样[①]：

在常人看来，这不是宫殿。

然而，它确实是一座宫殿，一座真正的宫殿，如果把“宫殿”这个词理解为神奇的、快乐的所在，而不仅仅是外观的宏伟。

之所以称得上当之无愧的宫殿，是因为孩子们在这里拥有快乐的一切：劳动的快乐，学习的快乐，遇见童话的快乐……他们可以坐在真正的汽车方向盘后面开车，到地里收获自己种的庄稼，去果园品尝亲手修剪过的葡萄，在校园里享受环境的纯净和美丽……

巴甫雷什中学——一座丰富多彩的少年宫，少年科学家的工作站，自然爱好者的研究基地，儿童体育、音乐、阅读、表演童话的乐园——所有这些为孩子准备的设施，都集中在一排低矮的栅栏后面。

我们熟知苏霍姆林斯基和巴甫雷什中学是在中国的改革开放以后，但我国教育工作者与苏氏实际的交往要更早。德尔卡琪校长在投影上打出一张照片，顿时让我眼前一亮。她说：“中国的教师和教育工作者第一次熟悉苏霍

① C. 索洛维伊奇克编：《瓦·阿·苏霍姆林斯基论教育》，苏联莫斯科政治书籍出版社 1982 年版，第 7–8 页。本书引文资料未注明出处或译者的，一般为作者自译，后文不再说明。

图 1-2　本书作者与德尔卡琪校长交流

姆林斯基，是在 1959 年 5 月——浙江省杭州大学[1]教育系教员、留苏进修教师王绮访问了巴甫雷什中学。他在学校里住了一个星期，研究巴甫雷什中学和苏氏领导的团队，他的留言证明了这一点。”回国后，我千方百计搜寻王绮老师的消息，看到文嘉在《浙江师范学院——浙江省第一所高等师院》中写道：“为了加强师资队伍建设，培养教学、科研以及行政管理骨干，除要求老教授、老专家传、帮、带外……同时选拔一批优秀的中青年教师出国深造，1956 年起就先后派王绮、梁仙翠、吴宝华、倪兆艾等赴苏联进修和攻读学位……”[2]

王绮于 1948 年毕业于浙江大学师范学院教育学系，留校做助教。新中国成立前夕，他参加了中国共产党直接领导下的杭州市教育工作者协会，积极开展护校斗争。1950 年 9 月，浙江大学设立中小学教育研究班，王绮任生活指导部主任，主管学生思想教育和日常生活，兼教中共党史课程。1951 年 8 月，以培养中等学校师资为主的浙江师范专科学校创办，王绮出任教务处主任，代理校长管理校务。1952 年 2 月全国高校院系调整，浙江师范专科学校并入新建的浙江师范学院，王绮任党委委员、院办主任兼马列主义教研室主任，讲授中国革命史等课程；1957 年到教育系任副主任，之后赴苏联学习进修。1958 年 11 月，浙江师范学院又与新组建的杭州大学合并，定名为杭州大学，王绮完成学业回国后，继续任杭州大学教育系副主任，积极投身于专业教学和学科建设。1977 年 4 月，王绮受命主持《杭州大学学报》复刊工作，顺利促成复刊；1979 年下半年任校学术委员会副主任，殚精竭虑、尽职尽责，促使学校产生了一批省级、国家级科研成果。

王绮能够到乌克兰留学并前往巴甫雷什中学拜访，是 20 世纪 50 年代中

① 杭州大学于 1998 年并入浙江大学。

② 程文祥、傅兆华、宗炜主编：《师范群英光耀中华》第 18 卷，陕西人民教育出版社 1994 年版，第 269 页。

苏关系“蜜月期”的友好环境促成的。正是在那时，乌克兰基洛沃格勒州巴甫雷什中学校长——苏霍姆林斯基引起了中国教育界的关注，他的随笔、论文、办学经验被翻译成中文。其主题有三个：

一是强烈的爱国主义情感。现在我们能看到的最早翻译到中国来的苏氏文章是《在家庭中怎样对儿童进行爱国主义教育》[①]。他通过身边生动的例子，说明成年人的行为包含自己的思维方式，对孩子形成潜移默化的影响，不当的言行会直观地教会孩子虚伪、说谎：“真正的爱国主义不是空空洞洞的东西，而是现实的、积极的行动。仅仅教育学生正确理解行为的好坏是远远不够的，还必须使他愿意把正确的概念贯彻到生活中去，教会他们去实践。”因此他得出结论：“在共产主义社会中，我们的儿童应当不是做一个优秀歌剧的听众，不是做一个幸福的家庭晚会上的客人，而是要做一个这一社会的建设者，做一个不仅感到自己目前的责任，而且也感到未来的责任的主人翁。”

二是劳动教育对丰富学生精神生活的作用。代表作主要有《学龄初期和学龄中期学生的劳动教育制度》[②]《共产主义劳动与共产主义道德》[③]等。乌克兰的劳动教育很早就引起了中国教师的注意。1956年2月8日，教育部副部长陈曾固在第40次部务会议上汇报中国中小学教师代表团访苏情况时曾说：“乌克兰认为，为了使学生对参加生产有更好的准备，应在普通学校中给学生一些职业训练。他们采用特别班和课外专业小组的方式培养学生掌握熟练工人的技术，又把十年制学习期限延长，给学生以中等技术员的训练。”[④]1959年5月11日，王绮老师在巴甫雷什中学留言时曾写道：“在这一周的逗留时间里，我和校长做了详细的谈话，并参观了学校工厂、教学实验园地、温室以及实验室，和学校工作人员进行了详细的交流，并出席听评课，使我学到不少宝贵的经验。其中特别是从幼年阶段即组织儿童进行生产劳动的经验，对于我们来说显得有极为重要的现实意义。”这份资料的原件至今珍藏在苏霍姆林斯基教育纪念博物馆。

① 瑞索耶娃等著，李浩华、周定一译：《我教育儿子的经验》，北京出版社1958年版，第14–19页。

② 苏霍姆林斯基著：《学龄初期和学龄中期学生的劳动教育制度》，《教育译报》1959年第6期，第23–29页。

③ 苏霍姆林斯基著，理坚译：《共产主义劳动与共产主义道德》，《苏联教育资料汇编（1956—1964）》第四辑，人民教育出版社1964年版，第361–379页。

④ 陈曾固著：《赴苏访问考察的经过和收获——2月8日在教育部第40次部务会议上报告》，《人民教育》1956年第3期，第7–10页。

三是思考教师职业的责任与使命。在20世纪五六十年代，苏霍姆林斯基特别关心社会主义逐渐转入高级阶段时苏维埃学校、教师的地位和作用。在《社会和教师》[①]一文中，他提出了这样一个问题：如果工人和农民的文化水平接近教师的文化水平，教师本人又应当怎样成为学生的最高榜样？当能够以身作则地去教育年轻一代的人在我们国家越来越多地涌现出来的时候，对教师又应当提出哪些新的要求呢？当社会智力水平普遍提高时，一个教师的智力水平又该如何呢？这位乡村中学校长对改进国民教育事业中的新学校、新教师、新使命进行深度思考，他认为新时代的优秀教师应该是在学生面前燃起灿烂知识明灯，并能帮助学生克服困难的真正教育者。对此，学校副校长柳德米拉·亚芙图申科深情地回忆道[②]：

我是家里的独生女，所以学生时代特别喜欢和同学、学弟学妹们一起玩，积极参加文体活动。瓦西里·亚历山德罗维奇看到了我的潜质，经常和我谈心，除了我还有几个九、十年级的女生（我当时是九年级学生）。他给我们讲人生道路的选择、新时代教育工作的重要性，并建议我们考虑选择教师这一职业。这样的谈话每个月进行一次，我们从报刊上裁剪有关优秀教师的故事、阅读有关教师工作的文章，我特别喜欢乌克兰语言和文学……坚定了做一名乌克兰语言和文学教师的理想。但我的父亲反对我的选择，我和他辩论、哭闹……母亲无法忍受了，她去向校长求助。苏霍姆林斯基抽出时间，在我上学的时候来到家里，说服父亲不要干涉我的人生选择……

就这样，柳德米拉·亚芙图申科中学毕业，如愿考上了基洛沃格勒州师范学院，毕业后回到巴甫雷什中学，致力于教学工作49年，获“乌克兰教育卓越奖”。她说，她从来没有后悔当一名教师。

走向世界的乡村中学校长

德尔卡琪校长特别介绍了苏霍姆林斯基的教育成就及世界影响。他的教育思想我们早已熟知，但其思想的孕育及走向世界的过程却鲜为人知。

苏霍姆林斯基重视学生的智力发展，把劳动作为儿童发展和生活准备的

① 苏霍姆林斯基著，秋水译：《社会和教师》，《苏联教育资料汇编（1956—1964）》第四辑，人民教育出版社1964年版，第379–396页。

② 柳德米拉·亚芙图申科著：《在我生活中的苏霍姆林斯基》，乌克兰《教育通讯》2023年第1、2期合刊，第209–210页。

基础。他的教育思想源于主流教育学的理论观点。但是，他更注重具体的训练和培养方法，即遵循实践，注意并发现解决现实教育问题的新趋势。同时，他注重理论的深化，扩展了教育的思想，寻找培养孩子的新的方式、手段和方法，而且自成体系。还有一个很重要的原因，东欧社会主义国家在地域上与乌克兰接近，文化传统相似，人民交往频繁。当时这些国家正处在一个新生时期，新的教育思想和培养方法一片空白，需要按照苏联模式重建他们的教育体系，因此，从苏联教育家那里寻求经验并非偶然，而是一个自然的过程。那么，他们为什么会选择苏霍姆林斯基呢？根据苏氏女儿奥丽佳·苏霍姆林斯卡娅的观点：首先，他是一个从事一线教学的校长和教师，与东欧社会主义国家的学校和媒体有很多交往，他的话在学校很有说服力，更加可信；其次，他的教育实践强调了非同寻常的问题，如人格的养成、个人能力和学生个性的发展、道德教育，呼吁关注孩子的精神世界，在刚刚经历过战争的国家更容易引起共鸣；再次，他的作品在国外传播的一个重要因素是他的呈现风格——他懂多国语言，以第一人称现身说法（这是不寻常的），语言形象生动，充满情感，他还有丰富的文学天赋。

由于较为复杂的情感因素，巴甫雷什中学对外交往最多的是德意志民主共和国（简称民主德国）。1952 年，民主德国某杂志刊登了苏霍姆林斯基的两篇论文——《行为训练：自觉纪律教育的途径》和《校长应该上课》。接着，在 20 世纪 50 年代末到 60 年代初，他在民主德国报刊上陆续发表了 30 余篇各类文章，有思想政治教育方面的，有劳动教育方面的，有学生教育方面的，还有教师专业发展方面的。1964 年，苏霍姆林斯基参加了在波茨坦举办的劳动教育国际研讨会①，并同德国教育家们进行了专题座谈。同行好奇地问道："孩子的思想往往不只是在头脑里，而且也会表现在手指尖上。您如何理解？"苏霍姆林斯基谦虚地微笑着回答："这只不过是个借喻而已。"他的这个形象的借喻中蕴含着数年的探索，无数个黎明前的苦思冥想，对少年心理的深刻剖析，以及同生活的牢固联系……同行又以怀疑的目光问："我们是不是应该做这样的理解，就是您在学校阶段就让学生开始进行科学探索，这是不是显得过早？"苏氏坚定地回答："不，依我们看，在高年

① 鲍里斯·塔尔塔科夫斯基著，唐其慈等译：《苏霍姆林斯基的一生》，教育科学出版社 1986 年版，第 282–283 页。

级不嫌早。我们的学生自己就在竭力争取让劳动充满智力因素，争取头脑和双手的协同工作。重要的是要做到，对科学的兴趣要跟高度的劳动素养相配合……”

在那里，他触景生情，想起被德国法西斯残害的前妻和刚出生的孩子，思念起自己亲爱的祖国，于是提笔动情地给儿子写了一封信，重点谈道[①]：

祖国——是温存而又严格的母亲。如果儿子成了不好的人——懒惰、冷酷无情、意志薄弱、假仁假义、不诚实，母亲该会感到何等伤心呀！如果你不能成为真正的人，祖国就会象（像）亲生母亲那样感到难过。你的生活和劳动，要使祖国为你感到骄傲。要善于从祖国人民最高利益的高度审视你自己。

由此，异域的生活体验使苏霍姆林斯基对祖国的感情愈加深厚。我看到他为孩子们写的许多关于祖国的童话故事，被选进现在的乌克兰中小学教科书。其中《乌克兰语言和文学》四年级第二册中就有一则《没有祖国的生活——不是真正的生活》[②]（图1–3）。

小仙鹤出生在湖边森林的桦树上。他慢慢长大，爱上了这片天地。但是秋天过完了，冬天要来了，他不得不跟着其他仙鹤，向遥远的南方飞去。那里有永恒的夏天——温暖的海水、明媚的阳光、郁郁葱葱的森林，有各种鸟类，还有鹦

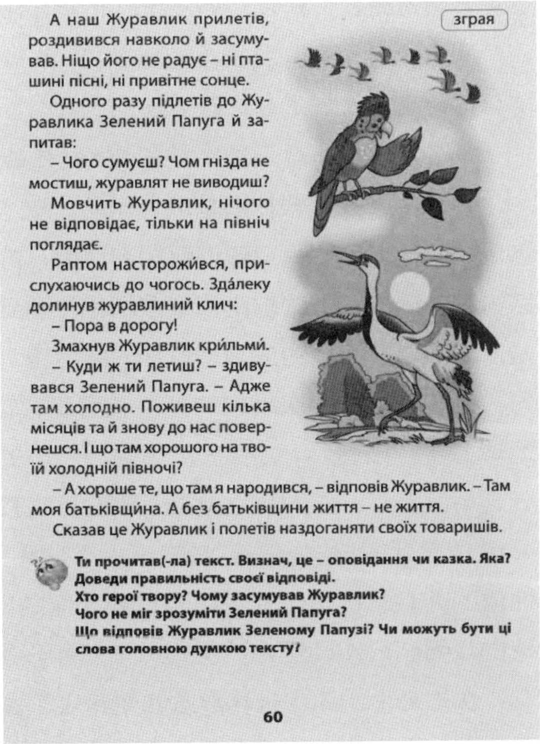
зграя

А наш Журавлик прилетів, роздивився навколо й засумував. Ніщо його не радує – ні пташині пісні, ні привітне сонце.

Одного разу підлетів до Журавлика Зелений Папуга й запитав:

– Чого сумуєш? Чом гнізда не мостиш, журавлят не виводиш?

Мовчить Журавлик, нічого не відповідає, тільки на північ поглядає.

Раптом насторожи́вся, прислухаючись до чогось. Зда́леку долинув журавлиний клич:

– Пора в дорогу!

Змахнув Журавлик кри́льми́.

– Куди ж ти летиш? – здивувався Зелений Папуга. – Адже там холодно. Поживеш кілька місяців та й знову до нас повернешся. І що там хорошого на твоїй холодній півночі?

– А хороше те, що там я народився, – відповів Журавлик. – Там моя батьківщи́на. А без батьківщини життя – не життя.

Сказав це Журавлик і полетів наздоганяти своїх товаришів.

Ти прочитав(-ла) текст. Визнач, це – оповідання чи казка. Яка? Доведи правильність своєї відповіді.
Хто герої твору? Чому засумував Журавлик?
Чого не міг зрозуміти Зелений Папуга?
Що відповів Журавлик Зеленому Папузі? Чи можуть бути ці слова головною думкою тексту?

60

图 1–3　苏氏《没有祖国的生活——不是真正的生活》被选入《乌克兰语言和文学》四年级教科书

① 苏霍姆林斯基著，张田衡等译：《给儿子的信》，教育科学出版社 1981 年版，第 46 页。为尊重原著，本书引文尽量保留原貌，对其中的错字用括注的形式予以更正，后文不再说明。

② O. 彼得鲁克主编：《乌克兰语言和文学》，用罗马尼亚语指导普通中等教育机构教科书四年级第二册，乌克兰利沃夫世界出版社 2021 年版，第 59–60 页。

鹉在唱歌。

小仙鹤栖息下来，他环顾四周，没有什么能让他兴奋——无论是鸟儿的歌声，还是柔和的阳光。

一只绿鹦鹉来到他的面前，问道：

“你为什么不高兴？为什么不做窝！为什么不在此生儿育女？”

小仙鹤沉默着，什么也没回答，只是遥望着北方……

突然，他精神振奋起来，好像听到了什么。远处传来群鹤的长鸣——令人振奋而急切的叫声：“到走的时候了！”小仙鹤舞动起翅膀。

“你要到哪里去？”绿鹦鹉感到惊讶，“毕竟，你们那里很冷，再过几个月，你会再次来到我们这边。那寒冷的北方有什么可以留恋的？”

“好就好在那是我出生的地方，”小仙鹤回答道，“我的祖国在那里。没有祖国的生活，不是真正的生活。”

说罢，这只仙鹤一跃冲天，去追赶他的朋友了。

较早传入苏霍姆林斯基教育作品、双方交往频繁的东欧国家有波兰、斯洛伐克、捷克、罗马尼亚、保加利亚等；苏氏还曾访问过美洲的社会主义国家古巴；远在亚洲的越南和蒙古国也注意到了这位教育家。令人意想不到的是，意识形态不同的法国、日本的学者也对他的作品如痴如醉。日本学者认为，他们国家第一次兴起的苏联教育研究热潮与 1957 年世界上第一颗人造地球卫星“斯普特尼克 1 号”的发射成功密切相关：苏联的科学发展因此受到举世瞩目，作为科学发展基础的苏联教育理所当然受到关注。1958 年，《15 位教师的记录——苏联的班级管理和生活指导》出版，在日本居权威地位的苏联教育学研究者川野辺敏将连同苏霍姆林斯基在内的 15 位教师的论文介绍到日本，这是苏霍姆林斯基和日本最初的相会①。

在论文中，苏霍姆林斯基具体描述了在学校里为了促进学生间友情的形成，在师生之间以及学生之间实施的重视心灵接触的对话方法。这篇论文与传统苏维埃教育学给人的形式主义印象完全不同，让日本的读者觉得非常新鲜和惊讶。在此之前被介绍到日本的，如以凯洛夫的《教育学》教材和马卡连柯的教育理论为代表的苏联教育学非常重视系统知识的传授与教师的严格

① 岩崎正吾著，张鹏译：《回顾与展望：日本教育界的苏霍姆林斯基思想研究》，《比较教育研究》2018 年第 11 期，第 42–48 页。

要求。而与他们不同，深切关注儿童个性的苏霍姆林斯基受到了关注。

持续的影响力在哪里

从乌克兰基洛沃格勒州巴甫雷什中学校长到俄罗斯联邦教育科学院通讯院士，再到苏联著名的教育家……苏霍姆林斯基的教育思想日渐成熟，国际影响力越来越大。遗憾的是，我们在其思想成熟期错过了直接对话的机会。而中国改革开放犹如一股打开闸门的洪流，新的思想倾泻而来。中国对苏霍姆林斯基教育思想的传播与研究经历了共鸣、追随、践行的过程，其影响从广度来说遍及城乡中小学一线教师，从时间跨度来说有近半个世纪，从热度来说高过了乌克兰本身，从深度来说迁移为本土化成果。

共鸣——与大师心灵相通。共鸣往往从一个事件或具体问题开始，不论身在城镇还是农村，不论是年轻还是年长，一个教师为教好一节课寻求良方，为一个难教的孩子而困惑，苏霍姆林斯基的提示让他茅塞顿开；共鸣往往在不断的教育反思中，居高临下的教育环境、平凡枯燥的教学生活使教师感到压抑，苏霍姆林斯基的文章娓娓道来，教师似乎找到了可以倾诉的知音；共鸣往往在感性到理性思辨中，教师在不自觉的支离破碎的实践中常常理不出头绪，从苏霍姆林斯基“心灵”的导航中深入思想的宇宙，体验到民主、爱心和人道主义的情怀，别有洞天……

追随——成为忠实布道者。曾几何时，多少个普通教师把《给教师的建议》奉为“圣经”，相互传抄，批注得密密麻麻，成句成段地背诵，领悟大师的教诲；曾几何时，多少个校长把《帕夫雷什中学》[①]摆在案头，吸取朴素的办学理念，让儿童进入童话世界，打造孩子成长的“快乐校园”；曾几何时，多少个名师、名班主任自发结对，共同研读《怎样培养真正的人》，以布道者的使命接力大师的智慧……

践行——内化后的创造。践行，首先从模仿开始，在教育大师的启发下，不少教师带着自己的学生走出课堂，尝试蓝天下的思维课，灵动的思想被唤醒，化为自己的教学行为；践行，犹如儿童蹒跚学步，不少教师模仿大师期待唤醒学生潜能，做无惩罚的教育，难免跌倒流泪，遇到冷嘲热讽，但毅然前行，在反复实践中找到了情感教育的真谛；践行，是一种创造性的探索，

---

① 帕夫雷什，又译作巴甫雷什。

带着困惑的年轻教师、遇到瓶颈的中年教师，汲取大师的智慧——迁移连根带着泥土的玫瑰花，内化为自己的思想，在孩子的欢笑声中享受到了事业突破中创造的乐趣……

德尔卡琪校长非常珍视与中国的教育交流。她来到中国后，才知道中国一线教师对苏霍姆林斯基这位乌克兰教育家的崇拜程度，从此成为双方联系的“大使”。在与我们的交谈中，她对在中国郑州举办的纪念苏霍姆林斯基100周年诞辰国际会议印象深刻（图1–4）。在介绍交流活动的PPT中，她还特意提到了《河南教育》杂志在会前开设的纪念专栏，谈到我在大会上的报告——《为什么苏霍姆林斯基能引起一线教师的持续共鸣》。2018年，她从乌克兰飞抵中国长春、西安、柳州……最后一站来到郑州，不仅代表巴甫雷什学校做了精彩的报告，还对来自各方面的发言认真倾听、收集，甚至不漏过普通的专题交流的分会场。会议闭幕的那天是优秀教师课例展示，我主持会议。有近半参会者已经离去，但德尔卡琪校长依然坐在第一排，一边听，一边细心地让翻译译述，不停地在本子上记录，真敬业啊！

说起2018年在郑州举办的纪念苏霍姆林斯基100周年诞辰国际会议，真的是感慨良多。2016年5月，“班集体建设的当代理论与实践”国际学术研讨会在俄罗斯奥伦堡举行，中国陶行知研究会苏霍姆林斯基研究专业委员会应主办单位邀请，派出吴盘生、唐云增、王晓根、张国宏、史道祥、潘福增6人参加。会议间隙，我们在奥伦堡国立师范大学旁边的小店里喝伏特加聊天，服务生是师范大学学生，在那里打工。吴盘生主任逗她道：“你知道亚欧分界线在哪里吧？”小姑娘脚踏此地却“不识庐山真面目”。我说：“乌拉尔山—乌拉尔河 里海—黑海—高加索。我印象深刻，这是上高中时地理教师总结出来的。他上课风趣，编了好多顺口溜，我一辈子忘不了。”吴主任说我遇到了好老师，接着谈到筹备苏

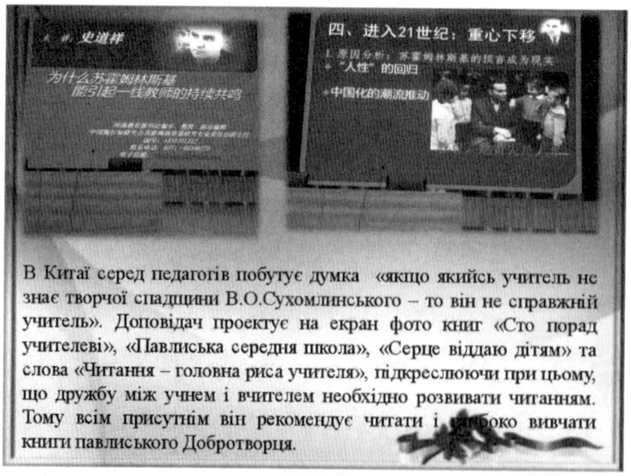

图1–4 德尔卡琪校长介绍在中国郑州举办纪念苏霍姆林斯基100周年诞辰国际会议情况的幻灯片

霍姆林斯基 100 周年诞辰纪念活动的打算，唐云增先生竭力推荐曾与他合作过的“义无反顾史道祥”，建议在河南郑州举办纪念大会。我诚惶诚恐地接受了筹备任务，经过多方努力，争得郑州市经济技术开发区教育局领导的支持，2018 年 10 月 25 日，大会如期举行。乌克兰驻华大使馆还发来了热情洋溢的贺词。

尊敬的大会暨学术研讨会与会来宾：

乌克兰驻华大使馆非常荣幸见证中国朋友们对伟大的乌克兰教育家苏霍姆林斯基的高度重视，证明中国教育家对乌克兰科学有着浓厚的兴趣。今日的活动很及时，也很有益，表明中国是能够为人民福祉成功地借鉴海外经验的国家。

瓦西里·苏霍姆林斯基献身于教育和培养儿童、青年和新一代的公民事业。他的科学遗产包括 48 部专著、600 余篇文章、1 500 个故事，在世界教育科学领域获得了崇高的地位。伟大的乌克兰教育家的先进思想在中国和乌克兰一样有用，今日的大会有力地证实了这一点。

瓦西里·苏霍姆林斯基相信，民族的名称、记忆和历史是每个国家人民不可或缺的一部分，因此，优秀的民族传统应该融入孩子的心里，并成为神圣的原则。如今，这一原则在乌克兰以及在历史传统悠久的中国获得新的解读。

同时，我想特别指出，近些年乌中两国学术界之间的交流日益频繁，说明乌克兰和中国的合作潜力巨大。如此的交流对于乌中两国非常重要，为加强乌中关系发挥着极大的作用。

我由衷地祝愿大会暨学术研讨会顺利圆满，祝愿活动参加者的交流有益有效，取得富有创意的成果。

祝愿今日的活动能成为乌中关系发展的新阶梯！

致礼

乌克兰驻中华人民共和国特命全权大使

奥列格·焦明（签名）

巴甫雷什苏霍姆林斯基教育纪念博物馆版画之一

（摄于苏霍姆林斯基教育纪念博物馆）

乡村教师的人生涅槃

巴甫雷什苏霍姆林斯基教育纪念博物馆（本书简称为纪念馆）整面墙的版画（以卫国战争形势图相隔，两边各一幅，下面是军大衣、军靴、马灯、油灯、煤油炉等实物展示），把苏氏生平介绍分成两个区域。前后两部分既是他人生经历的分水岭，又是其思想的涅槃之处。

一幅是乌克兰遭遇德国法西斯蹂躏的画面。主人公身着戎装，伤痕累累，手扶双拐，目光抑郁。四周是滚滚的浓烟、坍塌的房舍、逃难的车马、扼腕叹息的老母亲，满目疮痍。正前方是两辆相撞的坦克，炮管折损、履带断裂，一个失去家园的小男孩坐在坦克顶盖上，垂手低眉，无助的眼神令人心酸……

另一幅是乌克兰坚定地走出战争阴霾的画面。主人公依然身着戎装，胸前是闪亮的军功章，左手紧握，放在胸前，康复的右手提着一捆厚厚的书籍，低头深思，目光坚毅。身后是战火灰烬、百废待举，流离失所的百姓返回家园，坍塌的房舍架起新梁，荒芜的田野开始播种，废弃工厂的烟囱冒出青烟。旁边站着两个儿童，孤苦伶仃，期盼的眼神叫人心痛……

对小瓦西里影响最大的三个人

1918 年 9 月 28 日，瓦西里·亚历山德罗维奇·苏霍姆林斯基出生在基洛沃格勒州奥努弗里耶夫斯克区（当时的赫尔松州亚历山大区）瓦西里耶夫卡村一个农民家庭。父亲亚历山大·奥梅利亚诺维奇是一个木匠，曾经参加第一次世界大战，受过伤，乌克兰苏维埃政府成立后加入了共产党，是当地消费合作社和集体农场的领导，还负责木工学校学生的劳动培训，同时兼任当地报纸的农村通讯员。父亲的遗训是："任何时候也不要忘记，你的根是扎在劳动人民之中的。"

母亲阿克桑娜·尤迪夫娜在集体农场工作。她有做裁缝的手艺。这个家庭得益于勤俭持家的女主人的睿智周旋、合理安排，从而赡养了老人、抚育了 4 个孩子，熬过了难耐的乌克兰大饥荒。她经常教育孩子们，要善良、诚实、讲究人性、热爱自己的工作。这充分体现了乌克兰女性的母爱和精神财富。

小瓦西里在这段艰难的生活中没有中断学业，懂得了亲情、互助，对母亲产生了崇拜（图 2–1）。

开蒙时期，对小瓦西里影响最大的有 3 个人。

外祖父尤迪克的书使他爱上阅读，了解到书籍的教育力量，也影响了他的理想和信念。

塔尔塔科夫斯基的《苏霍姆林斯基的一生》中有这样一个片段[①]：

弟妹们都已经睡了，只有外婆玛丽娅在等着瓦西里。

“妈妈呢？爸爸呢？”瓦西里感到很奇怪。

“去探望爷爷去了，到拜达科夫卡去了，”外婆叹了一口气答道，“饿了吧，好外孙？”她给瓦西里端来了一大碗红甜菜汤和面包，“吃吧，你这个坐不住的小家伙！”

“哎唷（哟），怎么能这样啊！”瓦西里由于惋惜没能跟着去拜达科夫卡探望爷爷而哼哼起来。“事先说一下多好啊！”他大口喝着菜汤，埋怨道。

……

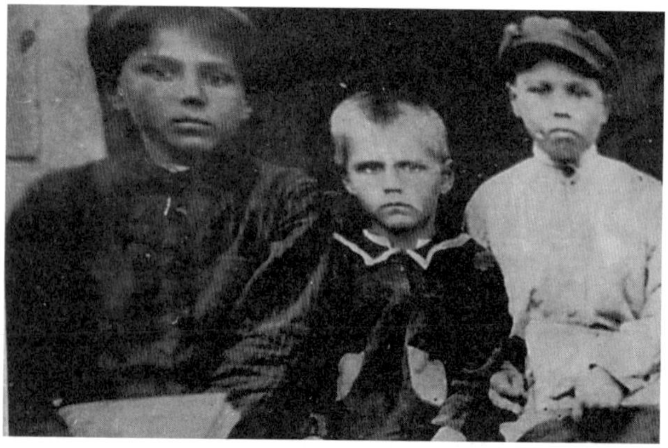

图 2–1 1929 年，苏霍姆林斯基（左）与妹妹梅拉妮娅、二哥谢尔盖合影

过了一天，爸爸妈妈才从拜达科夫卡回来，并带来了一个伤心的消息：爷爷去世了。

父亲递给瓦西里两包捆得整整齐齐的书。

“这些书是给你的，这是爷爷叫交给你的。要爱惜它们……”

瓦西里跑进板棚，好独自一人在一个地方发泄自己的悲痛。他钻进草堆，哭了很久。

爷爷栩栩如生地站在瓦西里的面前：白胡子、谢顶——拜达科夫卡的一位老农。

① 鲍里斯·塔尔塔科夫斯基著，唐其慈等译：《苏霍姆林斯基的一生》，教育科学出版社 1986 年版，第 8–9 页。

“瓦西里科，现在（不知为什么，当事情关系到书的时候，爷爷总是变得特别和蔼可亲）我来给你看一样有意思的东西。”他捧起一本灰皮、黑皮或蓝皮的书，戴上那副圆镜片、铁架子的眼镜，清了清嗓子——咳……咳……——就开始读了起来……

可是，我在乌克兰了解到，给苏霍姆林斯基书的并不是他的爷爷。从纪念馆保存的家庭照片（1915 年）及资料看，乌克兰生活习俗和中国差不多，爷爷、奶奶和子孙们一起住。爷爷奥梅里柯是个大黑胡子，头发浓密，身体强壮，没有戴眼镜。苏氏回忆父亲给他的第一封信中也写道：“要记住，你爷爷——我的父亲奥梅里柯·苏霍姆林，是一个农奴。他是在手扶着犁的情况下死在庄稼地里的。永远也不要忘本。”爷爷去世很早，小瓦西里对爷爷并没有什么印象，给他书的应该是外祖父。回国后查阅资料，我从苏氏 100 周年诞辰纪念文章中得到了印证①。外祖父尤迪克是一个传教士，读过很多书，家里有 400 多册藏书，大多是宗教和文学方面的。小瓦西里年幼时体弱多病，外祖父特别疼爱他。从 6 岁起，他就开始听外祖父读书并且爱上了阅读。祖孙依偎在一起读书是他们最甜美的时刻。外祖父留给小瓦西里的文学名著有伊凡·弗兰科的中篇小说《巨蟒》和历史小说《扎哈尔·别尔库特》、尼古拉·果戈理的中篇小说《塔拉斯·布尔巴》、符拉基米尔·柯罗连科的《弗洛尔的故事》、费奥多尔·陀思妥耶夫斯基的小说集、列霞·乌克兰因卡的诗集等，对他以后的世界观、人生观和价值观的形成产生了重要影响。

其中，曾经吸引小瓦西里的有乌克兰因卡的童诗——《希望》②：

我没有命运，也没有意志，
只剩下一个希望：
我希望再次回到乌克兰，
看看祖国怎么样。
想看看蓝色的第聂伯河，——

① 塔德乌什·列沃维茨基著，朱佳悦译：《重拾被遗忘的经典——我眼中的人道主义教育家苏霍姆林斯基》，《比较教育研究》2018 年第 11 期，第 25–29 页。文中写道：“苏霍姆林斯基的外祖父尤迪克有一个在当时可谓庞大的图书馆，收藏了大约 400 册书籍。苏霍姆林斯基的母亲曾回忆说：‘我的父亲，苏霍姆林斯基的外祖父，是一个教徒。他尽一切努力让心爱的外孙为爱敞开心扉并热爱读书。’”

② 列霞·乌克兰因卡著：《列霞·乌克兰因卡作品集》（十二卷本）第 1 卷，乌克兰基辅科学思想出版社 1975 年版，第 72 页。

我不在乎，在那里生死存亡；

再看看草原，墓冢，

最后一次倾诉热血衷肠……

祖母玛丽娅是个童话大王，她嘴里吐不尽的神秘故事让小瓦西里仿佛漫步在仙境般的道路上，打开了这个农村孩子好奇的精神世界，也影响了他细腻的情感和丰富的言语活动。

上面提到塔尔塔科夫斯基的《苏霍姆林斯基的一生》中的“外婆玛丽娅”，经苏氏家人证实是他的祖母，一直和家人生活在一起，苏联卫国战争前以 107 岁高龄去世（苏氏曾说“那时我当教师已有 4 年多了”）。苏霍姆林斯基后来深情地回忆道①：

那时我以为祖母能看见童话里的东西。因为讲童话时，她总是凝视着花园里茂密的叶丛，遥远的草原，黑夜前的黄昏或白皑皑的暴风雪，于是我就常常问她：“祖母，你能看见童话里的东西吗？它在哪儿？指给我看看……”祖母微微一笑，又把我们带进越来越远的童话世界。我们依偎着坐在她的身旁。使我们感到高兴的不仅是因为我们漫步在童话中仙境般的小道上，而且还因为我们彼此都感到心脏在频频地跳动，都能听到屏住的呼吸声，彼此看到对方眼里闪烁着欢乐的火花。

祖母多次给我们讲起关于稻草牛的童话，每次我都是怀着激动的心情，屏声息气地等着她开口：黑压压的森林、辽阔的田野、郁郁葱葱的橡树林、高高的坟墓……记得，我之所以再想听童话，只是因为能再一次感受到思维的欢乐，再次听到像黑压压的森林、辽阔的田野、郁郁葱葱的橡树林、高高的坟墓等歌词般的话语。这也是我们每个人所想的。……我们像在倾听美妙的、富有魅力的音乐一样倾听着童话故事。每个人都通过童话表现自己，就像歌手通过歌声表现自己一样。

小学教师安娜·萨莫伊洛芙娜像一个魔法师，她知道一切美的秘密，讲授的课程被牢牢铭刻在记忆中。她经常带孩子们到大自然中观察和思考问题，学习知识，明白道理，影响小瓦西里树立起从事教师这一神圣职业的志向。

---

① 蔡汀、王义高、祖晶主编：《苏霍姆林斯基选集》（五卷本）第 1 卷，教育科学出版社 2001 年版，第 678–679 页。

1926年，8岁的小瓦西里上学了。学校丰富多彩的生活让他极度兴奋。这里不仅是知识的殿堂，而且是儿童的乐园。校长兼生物老师伊万·萨维奇带他们到自己心爱的养蜂场做客，讲述昆虫世界和人的世界。敬爱的语文老师安娜和她在森林里的一堂课永远地留存在他的记忆中。这是一种巨大的幸福[①]。

一天早晨，在头一堂课之前，安娜·萨莫伊洛芙娜脸带幸福的微笑向大家宣布道：

"最近，我要去森林。谁愿意去，可以和我一起去。我们会在森林里看到许多有意思的东西……"

于是女教师把他们领进了森林。他们去的是利亚什科夫森林，每年夏天，孩子们都在这片森林的边上放牛。不过今天他们每走一步——不管是在由于黄鼠洞而变得坑坑凹凹（洼洼）的草原上，或是在森林里——都碰上了过去没有注意到的新事物和很多使他们感到惊异的东西。真好象（像）他们头一次走过这片草原，头一次踩在这柔软光滑的林边绿草皮上，头一次在树间奔跑。一切，甚至连那些再熟悉不过的花儿，都显得那么新奇。

……

瓦西里过去觉得再熟悉不过的利亚什科夫森林原来充满了奇妙的事物。不过不同老师一起来，就不会发现它们。看这颗（棵）盛开的椴树在帮助蜜蜂酿蜜。瞧这个蚁穴，过去瓦西里出自恶作剧曾用棍子去捅它，却原来是一个童话般的城市，有回廊和广场，有幼儿园和粮仓。

"……同老师一起到森林去的这次野游大概永远留在了我的记忆中了。"瓦西里·苏霍姆林斯基从往昔的回忆中回到了今日。

"我要到学校去！"

在家乡，苏霍姆林斯基度过了平静的童年，上中学时成了一个热血沸腾的文学青年，他在村里小书店买到的第一本书是塔拉斯·谢甫琴科的诗集《科布查歌手》[②]。这本书伴随着苏霍姆林斯基直到克列缅丘格师范学院。

---

① 鲍里斯·塔尔塔科夫斯基著，唐其慈等译：《苏霍姆林斯基的一生》，教育科学出版社1986年版，第78–79页。

② 科布查歌手，又译作行吟歌手，指乌克兰弹奏弦乐器科布查琴而歌唱的民间音乐师。

图 2-2 1938 年，苏霍姆林斯基（前排中间）通过中学教师资格认证，担任奥努弗里耶夫斯克中学乌克兰语言和文学教师

在大学里，他是积极的文学爱好者、“第聂伯”社团创作训练班的骨干成员，写出关于第聂伯河、关于田野、关于早晨的小诗。1936 年，18 岁的苏霍姆林斯基在村里当了一名小学老师，又开始读波尔塔瓦师范学院的函授。这一年，《波尔塔瓦布尔什维克报》2 月 6 日发表了他的处女作——诗歌《指挥官之歌》。之后，他又发表了《儿子》《普希金》《收获》等作品（图 2-2）。

这个善于思考的文学青年给孩子们讲春天的物候景象，讲孩子们身边的故事，引导孩子们自己观察。学生好奇地问：“为什么科学家能知道鸟儿要从大海那儿飞到西伯利亚的湖泊？”“为什么有的鸟儿还在森林里？”“为什么春风一吹黑麦的幼苗就长出来了？”……观察，思考，回到教室，老师便在黑板上写下了这样一道作文题——“欢迎光临，亲爱的客人！”教室里顿时响起了纸张的簌簌声，学生纤细的笔尖开始沙沙作响。

教务主任感到这位小老师的想法很古怪：整年待在大自然中的农村孩子有什么必要老是去森林、草原？这对城市的孩子来说有新鲜感，乡村学生就生活在田野中、果园里，还能再看到什么？苏霍姆林斯基没有反驳，但他坚信，只要学校大门不把周围世界隔开，这项工作必定有效。他在反思日记中写道[①]：

德国著名数学家克莱因说的一则笑话，这是鲍里什波列茨讲给我听的。克莱因说，古典中学学生象（像）不象（像）一门炮，十年来往里填装知识，然后发射，发射后，炮膛里就空空荡荡、一无所有了？……这则笑话是可悲的，但发人深思。说实在的，敬爱的反对者 С.Г. 和 Я.К.，为什么你们的学生原本有着出色的想象力和杰出的记忆力，而学习了三年之后，却记不住怎么正

① 鲍里斯·塔尔塔科夫斯基著，唐其慈等译：《苏霍姆林斯基的一生》，教育科学出版社 1986 年版，第 95–96 页。

确书写“草原”这个词和六乘九等于几？他们之所以记不住，不正是因为你们使掌握知识的过程脱离了孩子们的精神生活的缘故吗？

德国法西斯入侵打乱了他正常的生活。1941 年 7 月，苏霍姆林斯基告别怀孕不久的妻子薇拉，应征入伍。在莫斯科完成军事政治课程后，他作为连政治指导员开赴西部战线，先后参加了斯摩棱斯克、莫斯科、加里宁战役。1941 年底、1942 年初他两次负伤，第二次是在勒热夫市郊的克列皮宁诺村的战斗中受了重伤，昏迷在零下 25℃的冰天雪地里，所幸被一名同为伤员的战地女护士发现而抢救回来。外科医生要将其感染的右手臂截肢，他坚决拒绝：“不，我是老师，我还要写字！”出院后，教育人民委员会主席征求他的工作意愿，他深思后回答：“我要到学校去，我本来就是一个教师！”他就这样就地转业到乌德穆尔特共和国乌瓦工人村一所中学，担任校长兼俄罗斯语言和文学教师。

1942 年是苏霍姆林斯基的人生低谷期：胸部留存的弹片紧挨着心脏，无法做手术取出，疼痛时时折磨着他；父亲亚历山大在躲避战乱的途中病逝；学校战前六届毕业生 147 人中有 42 人为祖国自由独立献出了宝贵的生命；妻子薇拉在后方参加反法西斯组织被逮捕，遭到惨无人道的虐杀，刚出生不久的孩子被抛尸荒野……后来，在课堂上，他多次给孩子们朗诵致敬那段不堪回首的经历中失去的战友、亲人的诗——《我牺牲在勒热夫城外》，面对灵魂的拷问五味杂陈[①]：

我——是地下的根脉
在黑暗中索求营养；
我——是山丘的尘埃
在黑麦田逐波飞扬。

我——是黎明的鸡啼
伴着晨露迎接朝阳；
我——是汽车的飞奔，

① В.Я.科罗维纳等编：《文学》九年级第二册，俄罗斯莫斯科教育出版社 2013 年版，第 223–226 页。书中引用了诗人 А.Т.特瓦尔多夫斯基谈到构思《我牺牲在勒热夫城外》时说的一段话：“这首诗是在战后的 1945 年底、1946 年初写就的……这些诗歌是思想和感情的倾吐，而这种思想和感情是整个战争期间和战后岁月的灵魂之问。”

撕裂公路空气阻挡。

已经是芳草萋萋
密织如河流碧浪，——
那里，就连我亲爱的母亲
也不会前去探望。

战争与和平、暴行与人性、生与死、爱与恨的交织，对苏霍姆林斯基来说是一段刻骨铭心的经历，更使这位年轻人坚定了自己的理想信念和人生方向：在这里，他全身心地投入工作，以强烈的爱心、科学的工作方法、严厉又仁慈的态度受到了大家的无比尊重；在这里，他发扬高度的爱国主义和国际主义精神，组织师生支援前线，思想得到锤炼，成为正式的共产党员[①]；在这里，他与经常开导自己的教育督导员安娜·伊凡诺夫娜相识、相知，重新找到了自己的感情归宿……

苏联反法西斯卫国战争结束后，苏霍姆林斯基回到了家乡——乌克兰奥努弗里耶夫斯克区，被授予“1941—1945年伟大卫国战争中战胜德国”和“在1941—1945年伟大卫国战争中的英勇工作”奖章，做了区教育局局长。他忍着病痛折磨，把行政工作做得有条不紊，提出教育管理部门的任务，想方设法恢复本地教学机构，保证学校按时开课，确保学校正常运转。他认为，苏联共产党（以下简称苏共）关于意识形态工作的决定是苏维埃教师的行动纲领，要改进学校的思想工作，提高学校教育工作者的思想政治水平，保证学生所掌握的知识跟当前现实紧密联系起来。每学期开始前，他都有严密的工作计划，结束前有细致的总结，重点抓学期和升学考试。他特别重视校长在学校中的重要作用，提出校长首先是学校思想教育的负责人，然后才是管理的负责人；学校教育要和家庭教育结合起来，教师要做好家访工作，特别要关注孤儿的入学与教育问题，关爱“困难儿童”……战后办公用品极度匮乏，

① 有资料谈到苏氏1939年已是共产党员，我认为当时是预备党员。伊万·佩特伦科、娜塔莉亚·切尔特科娃的《苏霍姆林斯基传记的新线索》中说：“基洛沃格勒州国家档案馆的文件揭示了未来杰出教育家B.O.苏霍姆林斯基人生沧桑未知的情况：他在奥努弗里耶夫斯克中学担任副校长有两个月的时间——从1939年9月13日至11月13日，1939年10月20日被任命为姆林基夫斯卡中学校长，遭到本人拒绝，因而被取消其苏共候选人资格——1939年10月25日；最终被免去职务，成为奥努弗里耶夫斯克中学普通教师，且恢复其组织生活——1939年11月13日。”（乌克兰《教育通讯》2023年第1、2期合刊，第61–65页）

他就蘸着墨水直接在旧报纸上写字，从 1945 年 7 月 15 日发表第一篇教学文章——《如何改进学校俄语教学》[①]，到去巴甫雷什中学任教前，三年时间里共发表 22 篇教学与教育管理文章。1947 年，他获得“公共教育卓越奖”奖章。

作为一名有使命感的教育工作者，教育局局长之职对他而言虽然得心应手，但还是与孩子有一定的距离。“我要到学校去！”他坚决地辞去了教育局局长的职务，信心满满地到基层学校去实现自己做教师的理想！

成就教育家的温馨家庭

1948 年 8 月，苏霍姆林斯基到距离区政府 3 千米的巴甫雷什中学担任校长（图 2–3）。安娜坚决支持丈夫的选择，也辞去区政府所在地的教师工作，来到这所农村学校担任俄罗斯语言和文学教师，一直工作到 1971 年 8 月 25 日退休。

图 2–3　创办早期的巴甫雷什学校

苏霍姆林斯基的家从现在纪念馆第一大厅旁边的办公室开始，这是他主要工作生活的地方。办公室空间狭长，有一张桌子，还有一张很窄的沙发，几把椅子，电话机、传真机还保持原来的样子。办公桌上摆放着一幅他伏案工作的生活照，用过的眼镜、钢笔等还在，查找的资料堆满半张桌子。正是用这些东西，苏霍姆林斯基写下了不朽的作品。办公室的窗户很小，用半个帘子遮挡着下面，常年不拉开。他有早起晚睡的习惯，每天凌晨 4：00，办公室的灯就亮了。当有人问及如此早起的原因时，他回答说：“我在这个时候头脑最清醒、安静，没有任何打扰，适合集中精力思考。”他曾经在给好朋友

① 苏霍姆林斯基著：《如何改进学校俄语教学》，乌克兰《突击劳动》报 1945 年 7 月 15 日。《苏霍姆林斯基选集》（五卷本）中阿·泽韦林写的序言《苏联杰出的教育家》中说：“他的第一篇文章即《在新学年之前》发表在《突击劳动》1945 年 8 月 25 日上。”这篇文章应晚于《如何改进学校俄语教学》一文。

亚历山大·叶夫谢耶维奇的信中这样描述自己的生活①：

您在一封信中要求我谈谈自己每一天都是怎么度过的。那么，我就来描述一下今天的工作吧。我在4点30分起床，5点开始工作。目前，我正在写一本书，题目初步定为《给青年教育工作者的建议》。我已经写了大约150页，当然，这只是初稿，我还需要重新修改两遍……我写作到8点，8点钟我去了校园（我们的课程从8点30分开始）。我先去听了两位老师的课，他们需要我的协助。今天我还有一堂自己的课。……我总是随身携带笔记本，记录下一切浮现在脑海中的想法，以备写作《家长教育学》这本书时使用……这将是一本为父母准备的书，我已经收集了许多案例……

办公室旁边，一条小走廊将书房与公寓连接起来——苏霍姆林斯基夫妇和两个孩子就居住在这里。公寓里最重要的是书房。苏氏的个人图书馆收藏了约1.9万册小说、教育学、政治、哲学和新闻文献。这些资料可以被学校老师、学生等每一个需要的人借阅。“一个真正的教师必须有他个人的书房，在这里可以读书给他的学生听。在书架前与学生对话，就所读内容交换意见，通常比许多会议更有效。”苏霍姆林斯基说，“我们是乡村教师，但读书让我们有了更广阔的世界。”

书房右边的主卧室是安娜主要工作和生活的地方，展品有夫妇俩使用过的手表、收音机、照相机、皮包，还有安娜的生活用品。墙上是一家人的照片，最显眼的是苏氏夫妇年轻时的合影（1947年）和他们一家四口在苏氏40岁(1958年，图2-4）、50岁（1968年）时的全家福。照片的背景都是校园里蓊郁的林木。书房左边是客厅兼餐厅。客厅一角有一台14英寸②的电视机。桌子上铺着乌克兰传统编织

图2-4 其乐融融的一家人，拍摄于1958年

① 苏霍姆林斯基1967年11月28日写给《国民教育》杂志副主编亚历山大·叶夫谢耶维奇·博伊姆的信，俄罗斯《国民教育》2013年第5期，第206页。

② 1英寸约等于2.54厘米。

桌布，上面放着花瓶，可见这家的主人是很讲究的。客厅也是儿子谢尔盖和女儿奥丽佳学习的地方，在门的后面有一个塞满教学用书的小书架。

正是由于温馨家庭的支撑，苏霍姆林斯基的事业蒸蒸日上：1949 年他开始在联盟报刊上发表有关教学和教育的文章；1952—1953 年，他在加盟共和国报刊上发表文章，国外开始翻译他的作品；1955 年 5 月，他的学位论文《中学的教育集体》通过答辩，获得基辅国立塔拉斯・谢甫琴科大学教育科学副博士[①]学位；1956 年，第一本专著《学生的集体主义教育》由俄罗斯联邦教育科学院出版社出版；1957 年 5 月，当选为俄罗斯教育科学院通讯院士；1958 年，被授予乌克兰苏维埃社会主义共和国（简称乌克兰）学校功勋教师称号；1959 年，参加乌克兰苏维埃社会主义共和国第二届教师代表大会；1960 年，参加全俄教师代表大会并被授予列宁勋章……

暮色临近，穿过餐厅，通过公寓的后门过道走出纪念馆，我驻足于教育家时常休息和思考时常坐的长椅，慢慢坐下来歇歇脚。眼前是一棵参天大树，枝繁叶茂。甬道两边鲜花怒放，散发着诱人的清香。休憩中，我随手翻阅乌克兰一年级的识字课本《乌克兰语言入门》[②]（图2–5），看到引导小朋友们学习字母“Я”，提示引申至《我的家庭》，专

Текст-міркування

Текст-міркування — це текст, у якому висловлюють і доводять думку.

Гра-дослідження

Що таке текст-міркування?

Прочитайте текст. Визначте, чи відповідає його заголовок темі.

РОДИНА ВАЖЛИВА

Родина дуже важлива в житті кожної людини. Це найрідніші люди, яких ми дуже любимо. Вони дарують нам тепло і підтримують, коли нам потрібна допомога.

Родина — це цілий світ, у якому все зрозуміле, дороге. Недарма кажуть: «З родини йде життя людини».

Бережіть свою родину, вивчайте свій родовід!

Я
Сестра Брат
Мама
Тато
Бабуся Дідусь
Дідусь Бабуся

Текст-міркування містить роздуми на якусь тему.

За початком склади текст-міркування.

У народі кажуть: «У дружній родині і в холод тепло».

71

图 2–5　《乌克兰语言入门》教科书一年级第二册字母表中的“Я”

① 1934 年，苏联政府明确规定设立副博士和博士学位。副博士主要通过高等学校和科研机构培养，分脱产与不脱产两种，脱产修业不超过 3 年，不脱产修业不超过 4 年。博士学位则由苏联最高学位评定委员会主席团授予。博士的培养不是在研究阶段进行的，拥有副博士学位，有多年的科研工作经验，且有新技术和新方法在实践中得到推广的人，才能参与论文答辩。

② 由 Н. М. 克拉夫佐娃、О. Д. 布雷丹多克主编、乌克兰哈尔科夫清晨出版社 2018 年出版。

门配了一幅颇具象征意义的大树手绘图画。树干是伸出臂膀、张开怀抱的慈祥“巨人”。树梢上的枝叶果实是“我”和“兄弟姐妹”，粗壮的大树枝是“妈妈”和“爸爸”，裸露的树根是“爷爷”“奶奶”和“姥姥”“姥爷”……旁边有一句话发人深省：“在每个人的生活中，家庭非常重要，它给予我们生命。照顾好你的家人，尊崇你的先人！”延伸阅读则是苏霍姆林斯基的童话《妈妈是最漂亮的》：

小猫头鹰从鸟巢里掉了出来，他在林子里慌慌张张地乱爬。鸟儿们看到他——宽宽的脑袋，大大的耳朵，圆圆的眼睛，黄黄的嘴巴，难看极了，于是吃惊地问道：“你是谁？”

“我是小猫头鹰。我迷路了，我在找我的妈妈。”

“你妈妈是谁呀？”夜莺问道。

“我的妈妈是猫头鹰。”

“她是什么样子的？”啄木鸟问道。

“我的妈妈很漂亮。”

“可否具体说说？”画眉很焦急。

“她有像我一样的头、耳朵和眼睛……”小猫头鹰自豪地回答。

“哈哈哈！”众鸟儿大笑，“可是你很丑呀！原来你妈妈也是一样的。”

“不对！”小猫头鹰尖叫道。

听到他的叫声，猫头鹰妈妈悄无声息地飞过来，把他抱了回去。小家伙仔细地端详着妈妈：她，是最漂亮的。

这个单元课文的最后告诉我们：在和睦的家庭中，即使天气再寒冷，它也是温暖的！家人相互欣赏、互敬互爱，家庭之树才能根深蒂固、枝繁叶茂！

纪念馆展厅里，仍然连续不断地播放着关于苏氏工作生活的录像片和纪录片。其中有一个是不久前制作的家庭生活纪录片，里面有许多过去不曾见到的苏氏及家庭成员不同时期的镜头和照片。该纪录片的名字叫《两种颜色》，解说词选自乌克兰著名诗人巴甫雷琪珂（1929—2023）的同名诗歌，由乌克兰人民艺术家比拉什（1931—2003）作曲。背景音乐悠长、深沉，衬托出苏氏历经重重磨难、情感丰富而又幸福美满的短暂一生[①]。

① О. І. 博尔琴科、О. В. 洛布索娃编《乌克兰文学》（概要）十一年级，乌克兰哈尔科夫清晨出版社 2019 年版，第 158 页：“《两种颜色》在艺术意象中是一种完整的人生哲学：母亲、故乡、青春……整个生命的循环在一种令人神往的情感交织中——‘红’与‘黑’的交替。”

小的时候，春光明媚，
我好奇地想出远门看看世界。
妈妈给我缝制一件新衣衫，
绣着红线，还有黑线的图案。
我人生的两种颜色，两种颜色，
都绣在画布上，刻在我的灵魂里。
我人生的两种颜色，两种颜色，
红色是爱，黑色是悲伤……

苏霍姆林斯基生前的最后一张照片，1970 年 7 月在校园内拍摄

（苏霍姆林斯基教育纪念博物馆资料照片）

苏霍姆林斯基的教育教学遗产

在苏霍姆林斯基教育纪念博物馆，保存着教育家生前的最后一张照片。这张照片是苏氏100周年诞辰时奥丽佳提供的，拍摄于1970年夏天的校园里。大树荫翳，苏霍姆林斯基侧身坐在树荫下的长椅上，身穿白色短袖衬衫，右肘压着案几，左臂搭靠椅背，双手无意间把玩着什么。他显得面容憔悴，浓密的双眉紧蹙，目光深邃，凝视远方。他在思考什么呢？

教育家的最后岁月

面前的木质案几上，摆放着书籍、稿纸、笔和眼镜，显然主人在最后的时光里还在写作。从纪念馆内保存的资料看，1970年4月，苏霍姆林斯基完成了博士论文《全面发展的人的培养问题》，撰写好论文摘要，在为秋季在基辅的答辩做准备。接着，他开始整理另一部共产主义教育伦理学著作——《怎样培养真正的人》，向正在成长的一代提出正确理解生活中和具有社会意义的目的、需要、兴趣和追求的形成途径。这时，他的身体状况已经很糟糕了，在不得已时住院，但一有好转就立即回到学校，研究教学计划、听课，接待来访客人，接受生活谈话的录音录像，回复各种信件。4月11日，他在写给《国民教育》副主编的信中还对杂志选题策划和重大教育问题进行了深层次的思考[①]：

我认为，我们的杂志应该更多地关注一些最重要、最严峻的现实问题——那些使苏联教育多年来停滞不前的问题——个人和集体的关系，教育施加影响的方法。……总的来说，应该刊发一系列关于教师作为个体的文章（我对这个主题有非常清晰的思路），关注以下主题：个性化教育方法的问题（不是普遍而抽象的理论，而是实质性的问题）；学校伦理教育体系；预防违法犯罪行为（尤其是从孩子开始的预防）；培养精神力量、勇气、坚强的个性（不仅仅是空泛的概念，而是这方面实实在在的经验技巧的问题）；培养智力有

① 苏霍姆林斯基1970年4月11日写给《国民教育》杂志副主编亚历山大·叶夫谢耶维奇·博伊姆的信，俄罗斯《国民教育》2013年第5期，第209–210页。

缺陷的、难教的孩子（这是一个重大的社会问题）；学校和社会，学校和现代家庭；年轻一代对婚姻、家庭生活、养育孩子的道德准备（这是一个极其重要的问题，比所有技术手段重要一千倍）。

在我看来，这些只是需要写作的一部分主题。我们必须成为真正的教师，为成为真正的教师而奋斗——一名有思想、光明磊落的教师，对自己的工作感到自豪并充满尊严，决不允许昧着良心颠倒黑白……教师——人民的良心，这是一个重要问题，我很想去写……

1970 年 5 月，苏霍姆林斯基接受组织安排，由妻子陪同到疗养院休养，旅行箱里装的满是书、稿纸和工作计划，特别是未完成的伦理学著作手稿。治疗之余，他就待在房间里，思念朝夕相处的学校，文字从笔尖泉涌般地流淌：学校就是共产主义大厦的一块基石，是造就人的地方，是人民的圣地和希望；你的义务，就是像对待圣地那样，永远珍爱着学校，并把这种对待学校的态度传给自己的子孙；在学校里，不仅教孩子们读书、写字、思考、认识周围的世界，获得科学知识，还要教会孩子们生活；教师的劳动是无可比拟的，也是任何劳动都不能相提并论的，在教师身上表现出来的点点滴滴的美，都是用他的不眠之夜、一头白发换来的……他实在太累了，病痛开始发作，汗水滴在稿纸上，于是，他不由自主地写道：当你的教师成为衰弱的、软弱无力的人的时候，你要尊重他，因为他把自己的全部力量都献给了你。其实，一位真正的教师从来不会让自己的学生看到他是衰弱的、软弱无力的。

休养所在的小镇恬静、舒适，正好适合读书、思考、写作，可怎么也比不上他牵肠挂肚的巴甫雷什。苏霍姆林斯基在给友人的信中写道："许多'学者'像通过获取学位和学衔的桥梁一样通读 A.C. 马卡连柯的作品，过后便把学校和马卡连柯统统忘掉了。我蔑视这种追名逐利的人！没有学校，没有孩子们，我自己的生活是不可想象的。""我并不认为科学著作是我生活中的主要部分。主要的是，我是一名人民教师。造就人，是最崇高的幸福。"6 月，又一届学生要毕业了，师生期待他回去参加毕业典礼。毕业典礼照例在上课的最后一天举行，看着朝气蓬勃、满怀希望的男女青年，他坚持站起来发表演讲——"人的精神力量是无穷的，没有什么艰难困苦是人所不能克服的，人不能一味默忍逆境而要去奋斗，去做胜利者，成为坚强的人……"

1970 年 7 月 1 日，学校放假，教师也去休假了，一个多月没有回校的苏氏到校园里转转，梳理一下头绪：损坏的校舍需要修缮，实验室需要添置设备，下学期用的教科书需要订购；学校又补充进来 7 位青年教师，需要给他们安排住处，第一个月一定要给他们发全额工资；还有抓紧准备，出访保加利亚……

图 3-1　苏霍姆林斯基与教师在交流

苏霍姆林斯基教育纪念博物馆又给我们提供了一张照片，与上一张同一位置，只不过是从对面的方向拍摄的，还是树荫下的长椅，钢管和钢筋支撑起来的木质案几上放着书和笔记本。苏氏身穿西装，手里拿着一沓稿纸，两旁各围着 2 名女教师（图 3-1），他们在讨论教案、分析课，抑或在制订教学计划？纪念馆里仍然珍藏着苏霍姆林斯基做校长的校务会议记录、1965—1970 年教师心理学讲习班会议记录、苏氏亲自制订的学校工作计划，还有 31 本苏氏在校 22 年完整的听课和评课笔记。其中有一天的“工作计划”工工整整地写道：

1. 旁听和分析九年级教师帕什琴科的工业培训课。

2. 检查五年级的作业。

3. 参加农业小组研讨课程。

4. 检查两位老师——斯科奇科和科西尔的教案，抽时间找他们谈话。

5. 检查即将进行的教学公开课的准备情况。

6. 为教师节[①]准备一份讲话稿。

7. 检查第三季度学生数学考试的情况（八至十年级）。

8. 打电话给阿佳波娃的父母，让他们到学校来，沟通孩子的学习与心理问题。

苏霍姆林斯基的身体每况愈下。1970 年 8 月下旬，区里召开校长会议布置开学工作，他已经没法参加了，派副校长参加。27 日，他在州党委的一再

① 1965 年，苏联政府规定每年 10 月的第一个星期日为全民节日教师节。

催促下，实在挺不过去了，才被急救车接进区医院，临行前，还特别交代妻子带上书稿、资料和正在看的几本文字作品。9月1日，学生新学年开始上课，他未能回到学校，这是最大的遗憾，因此坚决拒绝身为教师的妻子的陪护，让她回学校给十年级学生上第一堂俄罗斯文学课。就在这一天，苏霍姆林斯基的病情开始恶化，随身阅读的乌克兰民主主义革命作家列霞·乌克兰因卡诗集《乘着诗歌的翅膀》掉到了床下，折痕于《我在绝望中期望》：

向着那陡峭的山顶攀登，
就像背负着一块巨石前行，
即便是前方磨难重重，
我也要伴随着快乐的歌声。

第二天，在昏迷中，他还反复念叨着这首诗。医生再次对他的心脏施行手术，未能起到作用。9月2日晚上8：30，这位教育家带着不尽的遗憾离开了人世，年仅52岁。他说出的最后一句话是关于学校的："又是九月，钟声响了，孩子们去上学了，而我却要走了……"

以苏霍姆林斯基的名字命名

德尔卡琪校长到中国来，与中国中小学签订建立"友好学校"协议书时，学校正式的署名为"乌克兰巴甫雷什苏霍姆林斯基学校"（协议书文本用语稍有差异，也有的把"学校"译作"中学"），我因此误解巴甫雷什中学改了校名是"傍明星"，并在一次大会发言时讲了出来。中国苏霍姆林斯基研究专业委员会吴盘生主任告诉我说，学校早就改名字了。究竟是什么时候改的，为什么要改名，没有人说得清楚。这次到巴甫雷什学习考察，德尔卡琪校长执意以私人名义招待我们一顿午餐。我正好坐在她旁边，趁机提出自己的疑问向她求证。

原来，巴甫雷什最早的学校建于1900年。1907年，村民提出要扩建一所新式的四班制学校，经核算需要2.2万卢布，为此村里增加了2卢布的土地税，在离教堂不远处建造了一座红砖砌成的两层小楼。波尔塔瓦一个农场主的儿子负责学校管理，只招收男生。学校每年花费约75戈比，聘请教师开设神学、阅读、写作、历史、地理、算术和科学等科目，同时，教一些木工方面的技能；1916年，升为四年制学校。"十月革命"后，学校被收归国有，按照社会主义办学方向改造为“统一劳动学校”，使用新的教科书宣传马列主义，废止神学课程和宗教仪式，开设普通文化科学知识科目，面向全体适龄男女招生，学生数量大大增加。1936 年，学校升为八年制中学。苏联卫国战争中，学校遭到严重破坏，还曾做过法西斯的监狱。

1948 年 8 月，苏霍姆林斯基来到这所学校时，看到的是法西斯蹂躏下的满目疮痍：“在战前怀着那般珍爱的感情建立起来的一切——实验室、图书馆、树木繁茂的果园等，被毁坏殆尽，连桌椅也都尽遭焚毁。”他带领教师和高年级学生一起，通过艰苦的劳动，修复了教室，登记收容全部学龄孩子，重新把学校办了起来。1957 年，学校的主楼重新加盖，教室的数量增加到 24 个。20 世纪 60 年代，风景如画的校园扩展到 60 余亩，有 35 名教师、近 300 名学生，并扩展为十年制中学，教学、实验设施一应俱全。从 1949 年到 1966 年，学校共有毕业生 712 名，其中 278 人接受了高等教育；1967 年，正在高校学习的有 183 人，具有中等教育程度在工农业生产部门工作的机械化专业人员有 73 人，技师、机械师及高级技工有 116 人，农艺员、畜牧员有 62 人。让学校引以为豪的是，本乡许多生产和文化部门都有从这里毕业的学生，有 68 人是当地有名的机械化专家、机械员、农艺员……

在苏霍姆林斯基的精心经营下，学校进行了广泛的教育实验，旨在通过人性化的教育过程，使学生得到全面和谐的发展。这些教育实验成绩斐然。1978 年，波兰学者奥孔的《1900—1975 年世界上的实验学校》，把巴甫雷什中学与英国雷斯顿夏山学校（崇尚自由的办学宗旨）、温莎小镇伊顿公学（一以贯之的精英、绅士教育）和美国纽约道尔顿学校（启发、培养每个孩子的主动性、自律性和判断力的教育目标）一起，并列为基础教育实验四大名校。

1970 年 9 月 2 日，苏霍姆林斯基不幸病逝，9 月 4 日，根据苏联部长会议决议，巴甫雷什中学以瓦西里·苏霍姆林斯基的名字命名，成为巴甫雷什苏霍姆林斯基学校。同时，学校教师、学生和苏氏家人倡议，在主教学楼一楼创建纪念馆（20 世纪 40 年代至 60 年代，这里是有两个班级的教室和一个大厅），一楼右侧苏氏故宅成为纪念馆的一部分（图 3–2）。基洛沃格勒州和乌克兰其他地区的教学社区、区域公共教育部门和教师进修学院的员工纷纷参与，提供了各种生活和活动的文件、照片和其他材料，苏氏夫人安娜·伊凡诺夫娜捐赠了家里珍藏的图书、电影资料、未完成的手稿和来往书信，合计 1 500 多件。1975 年 2 月 19 日，根据苏联第 85 号部长会议决议，纪念馆升级为国家级博物馆——苏霍姆林斯基教育纪念博物馆，陈列品超过 1.1 万件，展览面积为 230 平方米。其后展品不断补充更新，在苏氏 100 周年诞辰时布局又做了适当调整。2014 年 10月 22 日，根据乌克兰教育和科学部第 1195 号令，纪念馆兼具教育功能，成为学前、中小学以及乌克兰教育和科学部行政范围内的课外和职业培训机构。

图 3-2　本书作者在苏霍姆林斯基曾经工作过的办公室里

纪念馆的宗旨：保护、研究、展示和推广苏霍姆林斯基的教育思想。

纪念馆的功能：

（1）研究人道主义思想的创造性传承，重新思考其教育流派的价值，提高青年一代对教师职业的兴趣。

（2）总结苏霍姆林斯基的教育方法和创新精神，促进教育思想在世界上的广泛传播。

（3）增加公众对本国历史的关注，包括乌克兰的教育历史，在保护历史遗产的基础上，助推国家教育政策的制定和实施。

（4）发展和改善展览，并发挥博物馆的交流功能，通过档案材料为研究生、教师、教育工作者提供帮助。

纪念馆不仅是优秀教师的教学遗产研究与实施的创意实验室，而且与时俱进，不断开展“苏霍姆林斯基和现代性”的研讨，成为国际创造性研究的强大动力；迄今为止，已在德国、希腊、波兰、保加利亚、美国、加拿大、澳大利亚、中国、日本、俄罗斯等国建立了苏霍姆林斯基教育遗产研究中心，进行深度合作。

1989 年，苏霍姆林斯基国际追随者协会在德国成立。秘书处设在德国最古老的大学之一马尔堡大学，第一任主席是理查德 · 皮波特教授，学术秘书是马尔堡大学的埃丽卡·哈特曼博士。该协会在现代教学法研究中占有突出地位，在国际上得到了广泛推广。美国教授 D. 拉尔沙在《瓦西里·苏霍姆林斯基：从东方传到西方的曙光》中写道："如果我们美国早一点知道这位伟大的教师，也许就不会有冷战。如果我们了解他的仁慈之心，也许这将有助于打破分裂我们的人为刻板印象……他的名字应该与伟大的教师、哲学家、世界教育实践者的名字并列。他的思想和他自己的人生经历改变了现代教育学和我们作为教育者的角色。"

1990 年，瓦西里·苏霍姆林斯基全乌克兰协会成立。该组织旨在研究、传播和实施教育家的创造性遗产、先进的教学经验，以促进教师的培训和再培训及家长的教育。该协会是全乌克兰教育改革的发起者，"苏霍姆林斯基和现代性"国际科学实践会议在乌克兰不同地区协会的支持下每年召开一次，每五年举办一次国际研讨会。

1998 年，乌拉尔和西伯利亚苏霍姆林斯基研究协会在俄罗斯奥伦堡成立。该协会的负责人是巴甫雷什中学的毕业生、苏霍姆林斯基的学生、奥伦堡国立师范大学普通教育学系主任、教育学博士瓦·伦达克教授。协会广泛开展"苏霍姆林斯基和西伯利亚乌拉尔现代学校"及区域科学实践研究，致力于青少年道德教育研究和在儿童教育中的实施，发展学生身心健康、和谐的教育理念等。

1998 年 11 月，在苏氏 80 周年诞辰之际，中国成立了苏霍姆林斯基研究会。纪念馆展厅在介绍中写道："1959 年，中国教师王绮到巴甫雷什中学学习体验，第一次接触到苏霍姆林斯基的教学经验。中国翻译出版了苏霍姆林斯基的几乎所有作品。许多教师都认可他的独特的观念和做法，借用苏霍姆林斯基的思想在自己的学校进行教育实验，在最著名的教师和追随者中，有魏书生、李吉林、李镇西、吴辰等。"

纪念馆的研究性课程资源

为使纪念馆的参观者全面了解苏霍姆林斯基的教育教学遗产，模仿现代学校先进思想的创造性实践经验，纪念馆开发了各种研究性课程资源，不仅面向成人团体，而且免费向中小学生开放。在这里，我体验到孩子们的博物馆自主探索活动——"快乐的研究员"，下面大致介绍一下活动过程。

活动主持人：孩子们，今天我们在纪念馆里开始不同寻常的旅行——你们将成为研究人员，最重要的是，和瓦西里·亚里山德罗维奇·苏霍姆林斯基来一次深度交流！

（朗诵）

在这个世界上
他留下永恒的痕迹。
历史将无法抹去
光彩而辉煌的记忆。

他留下了一个永恒的花园：
苹果落在厚厚的草地上，
杏子撒着灰色的露珠，
樱桃染上红色的霜。

窗边的明灯，
每晚都在陪伴着主人，
他在星辰深处，
聪明而善良的眼睛在燃烧。

晨星匆忙地走了，
迎来明亮而温暖的新一天。
这就是巴甫雷什老师的生活。
简单而充实——工作和孩子。

他的宝贵遗产，
我们取之不尽，
这是人民智慧的源泉，
这是巴甫雷什的骄傲。

的确，时过境迁，但瓦西里·亚里山德罗维奇的思想没有改变，即他对我们所有人的爱，尤其是对你们的爱。孩子们，他是一个大写的“人”，他一直都在探索如何教育孩子，让你们变得更加聪明、更加健康。让我们从一首歌开始吧！

（全体歌唱《愿望》）

我们将在博物馆结识不同寻常的人——你们将以游戏的形式领取任务！

我们还有一个不同寻常的评审团，他们将对每个阶段的成绩做出评估。现在我宣布：分成3个小组并分别拟出小组的名字。每个小组选出自己的小组长。你们必须按照抽签决定的路线进行，你们必须携手合作，你们的集体只有在游戏结束时才能解散。获胜的团队——找到所有问题的答案，且在规定的时间内完成而没有人掉队。评审团在监督呢！

首先，领取的第一个任务——在这个大厅里，在桌子上（图3-3）。完成这个任务，把答案交给评审团后，再得到一个新的任务，探索往下进行……大家明白了吗？

图3-3　纪念馆里紧张而有趣的团队合作

（每个小组的任务在大厅里桌子上的信封中，抽签随机选择要探索的问题，带着小卡片参观展览，寻找、思考，填写问题答案；一旦团队回答完问题，评审团就会在黑板上记下，并计算出团队分项成绩，给出下一个任务）

小卡片有乌克兰语、俄罗斯语、英语、德语、中文等，上面有要求回答的问题——

> 教育家苏霍姆林斯基出生在哪里？________________
>
> （参考答案：乌克兰基洛沃格勒州奥努弗里耶夫斯克区瓦西里耶夫卡村）

他是什么时候出生的？______________________________
（参考答案：1918 年 9 月 28 日）

他是做什么工作的？______________________________
（参考答案：巴甫雷什中学校长、教师）

鸟儿为什么哭？______________________________
（参考答案：她怕小鸟从窝里掉出来。阅读故事《小鸟为什么哭》）

洋槐怎么告诉你要下雨的？______________________________
（参考答案：黄色金合欢的花朵上有甜美的汁液，下雨之前，蜜蜂在那里的汁液上飞翔……阅读故事《金合欢》）

比赛结果将在活动挂图上公布！

第一大厅探索结束，请大家进入第二大厅，领取任务。

（问题难度增大，增加了思考题。限于篇幅，问题略去）

（公布每个小组的综合成绩）

好，感谢大家的参与，我们将为参与者每人提供一份礼物——我们学校学生演唱的歌曲《祝你好运》。

下面，向参与者颁发证书，为获胜者颁发奖品。

（依次颁发证书）

获奖小组在校长办公室里合影！所有参与者与评审团成员在教育家的雕像前合影！

（合影留念）

（歌唱结束曲）

瓦西里·苏霍姆林斯基——
一个亲切而熟悉的名字，
我们尊敬的老师，
他像天上的星星一样闪耀……

巴甫雷什学校的传统课堂——小学阅读课《狐狸妹妹和她的老朋友狼大哥》

（翻拍自《苏霍姆林斯基通讯》第 58 期）

课，教育思想的源泉

中国教师到巴甫雷什学校去，总要提出这些问题：教师怎么教学？学生怎么上课？学生课业负担重吗？有课外辅导班吗？择校难吗？学校升学率怎么样？学校在地区的排名是一个什么层次？……

事实上，乌克兰国情与中国不同，教育体制不同。巴甫雷什学校是一所农村学校，就现实情况而言，与来自中国城市的教师对话是困难的。

学校的课程安排与作息制度

经交谈我们得知，巴甫雷什学校按乌克兰现行学制分为 11 个年级，学生保持在 500 名左右（生源来自 2 个镇的 9 个街道、行政村，居住人口约 5 000 人），平均 1 个年级不到 50 人，每个班的学生也就 20 名左右，非寄宿制，也没有择校的必要。学校现有教职工 50 人左右，大多为女教师（男教师不到 10 人）。学校常规课程与中国的差不多。现在，乌克兰正在搞课程改革，主要是与国际接轨，特别注意学习北欧的先进教育经验，巴甫雷什学校要逐渐改为 12 个年级的学制，新增设一些综合性课程和生态学、计算机科学、信息技术等方面课程。学生升级是自然晋升，只要成绩合格就不会留级，也没有小升初、初升高的竞争选拔性考试，可以不出校园从小学读到高中毕业，所以一般不需要课外辅导和补课。

学生学籍实行注册制，按照乌克兰教育和科学部的规定，每个注册的毕业生都有权参加最多 5 个科目的考试，外部独立评估机构将在 13 个科目中进行评估。其中 4 个科目的外部评估成绩被记为普通中等教育水平的国家最终认证（1—12 分）的结果，作为职业（技术）教育和高等教育学校录取的依据，这 4 个科目如下：

（1）乌克兰语（认证工作的所有内容）或乌克兰语言和文学（分项“认证内容”）。

（2）数学。

（3）乌克兰历史（分项测试）或外语，由学生选择。

（4）乌克兰历史、地理、生物、物理、化学、英语、德语、法语、西班牙语中的一门学科。

而选择数学和（或）外语进行国家最终认证的学生，外部独立评估形式的国家最终认证（Державна Підсумкова Атестація，简称 ДПА，1—12 分），将根据毕业生学习该科目的考试成绩确定：对于那些在档案中有学习数学和（或）外语成绩的人，ДПА 将是标准水平测试成绩加上档案成绩的结果；对于那些只在标准水平测试上有数学和（或）外语成绩的人，ДПА 将是标准水平测试的结果。

学校的课程安排一般是上午上课，下午是活动时间，作息时间表（表 4–1）中是这样规定的（这里展示的是秋季时间，春季开学时稍有调整）：

表4–1　巴甫雷什学校作息时间

节次	一年级		二至四年级		五至十一年级	
	上课时间	休息	上课时间	休息	上课时间	休息
一	8:30—9:05	20 分钟	8:30—9:10	15 分钟	8:30—9:15	10 分钟
二	9:25—10:00	30 分钟	9:25—10:05	25 分钟	9:25—10:10	20 分钟
三	10:30—11:05	30 分钟	10:30—11:10	25 分钟	10:30—11:15	20 分钟
四	11:35—12:10	20 分钟	11:35—12:15	15 分钟	11:35—12:20	10 分钟
五	12:30—13:05		12:30—13:10	15 分钟	12:30—13:15	10 分钟
六			13:25—14:05		13:25—14:10	10 分钟
七					14:20—15:05	

学校工勤服务人员 7：40 到校，12：00—13：00 为休息时间，18：00 下班；行政人员、专业教师、图书管理员、心理辅导人员、校医护士 8：00 到校，13：00—14：00 午休，17：00 下班。学校秉持苏霍姆林斯基确定的学生作息原则，学龄初期孩子要保证 20：00 睡觉，每天睡 10 小时，且 40% ~ 45% 的睡眠在午夜前度过；早晨 6：00 起床（假期中可以延后 1 小时），中午 12：00 或 13：00 以后就不能再让他们进行紧张的脑力劳动了。学龄中期和晚期的孩子要保证 21：00 睡觉，每天睡 8 ~ 8.5 小时，早上 5：30 起床（假期中起床时间原则上不变），脑力劳动可以延长 3 ~ 4 小时。在课程学习中，数学、物理、化学、生物等自然科学科目排在前面，阅读和文学科目排在中段，图画、音乐、体育、手工课及劳动一般排在末节课中，劳动教育则在周末（图 4–1）。课堂作业和家庭作业总的完成时间，一年级不超过 2 小时，

图 4-1　体育课上学习中国武术

二年级不超过 2.5 小时，三年级不超过 3 小时，四年级不超过 3.5 小时，五至九年级不超过 4.5 小时，十至十一年级不超过 5.5 小时，家庭作业要在去学校前的 1.5 ~ 2 小时内完成（学龄初期一般用时 20 ~ 25 分钟，学龄中、晚期一般用时 40 ~ 45 分钟）①。上学途中也是锻炼身体的好机会，离家近的学生要养成 10 ~ 15 分钟散步的好习惯；课间也要安排 30 分钟休息时间；放学后仍然留校活动的学生还要加餐；课后要到户外呼吸新鲜空气；下午在教室里的脑力劳动时间不要超过 20 ~ 30 分钟，其余时间都在户外——校园里或田野中。苏霍姆林斯基在《帕夫雷什中学》一书中曾谈道②：

作息制度的核心问题是，劳动和休息、活动和睡眠的恰当交替。对学生劳动的考察表明，正是在这个领域中存在着许多可能对健康和精神状态产生不良影响的危险。劳动不均衡，以及闲散与不适宜的过分紧张交替出现，不仅对健康而且对品德修养也十分有害。我们曾经不得不长时间地在家长学校和对家长的谈话中向父母们说明孩子晚睡觉的危害。睡眠不足，精神萎靡以及由此而来的经常性的周身不适，既影响自我感觉，也影响智力发展。

虽然不存在增加课业负担问题，但学校特别重视学生的校外荣誉，如州内或全国性的学科竞赛、知识竞赛、征文比赛、文艺比赛、体育比赛等，都要进行专题训练辅导，拿到名次要进行专门的庆祝活动。学校把奖杯摆放进荣誉室，把学生照片也高高地挂起来，全国学校的排名这些荣誉好像也是重要

① 新的教育改革要求一年级取消家庭作业，二年级不超过 45 分钟，三年级不超过 70 分钟，四年级不超过 90 分钟。

② 苏霍姆林斯基著，赵玮等译：《帕夫雷什中学》，教育科学出版社 1983 年版，第 166 页。

的指标。值得一提的是，家长学校办得很正规，每周召开一次家长会，进行专门的辅导。教师还要进入家庭专访，学校、家庭、社会共同育人做得很到位。此外，学校还设有毕业生返校日。每逢这个节日，无论是成功人士，还是平凡工作者，都可以平等地返校参加庆祝活动，表演节目或进行演讲、交流……

学校忠实地践行和发展着苏霍姆林斯基教育思想。老校长开创的良好传统——“蓝天下的课堂”“发展性教学”“第二教学大纲”“个性化德育”，以及各种“节日”（母亲节、书籍节、收获节、童话节、鲜花节等）都得到了传承。苏霍姆林斯基任校长时许多教学上开创性的工作资料都保存在纪念馆中。从这些档案资料中可以看出，苏霍姆林斯基是没有离开过课堂的校长，听课和分析课是他的常规工作。他每天都要听 2 ~ 3 节课。听课时，他通常把笔记本的纸折成左右两个部分，一边是课堂记录，一边是自己的反思、总结和给教师的建议。对于新入职的教师，他会连续听课，跟踪指导，并推荐有潜力的教师参加学校、区里的公开课。他经常组织教学反思研讨，鼓励教师把自己的心得写出来，并创办了一个手写内部资料——《教育思想》，还把刊登在上面的好文章推荐出去，公开发表。不仅如此，他还坚持亲自担任一个班的班主任，教一门文学课，从起始年级到小学毕业进行追踪教育观察。在他看来，课堂是教育思想的源泉，创作的源头和教育信念的萌芽正是在这里。正确组织教学教育工作的基本形式——上课，是学生得到深厚知识和坚实实践技能的重要条件。他说[①]：

一个有经验的校长，他所注意和关心的中心问题就是课堂教学。经验证明，听课和分析课是校长的一项极为重要的工作。有许多东西——教师集体和学生集体的智力生活是否丰富，教师的教学技巧是否高明，学生的需要和兴趣是否多样和广泛——都取决于校长的听课和分析课是否有高度的科学水平。如果校长能对课堂教学进行深思熟虑的分析，使之得到不断的改进，那么整个学校的教育水平就能提高。

一节难得的思维课

德尔卡琪校长说，在学龄初期学生的所有课程中，老校长十分重视思维课。在一年中的任何时候，他都要求教师带学生到大自然中观察不同季

① 苏霍姆林斯基著，赵玮等译：《和青年校长的谈话》，上海教育出版社 1983 年版，第 208–209 页。

图 4-2 罗斯科斯老师和她班上的孩子们

节的自然变化，看到、听到、感受到大自然的美，认识自然界的发展规律，培养学生由感性认识到概念思维的过渡；观察后，要引导学生体验从自然延伸到人，思考是与非、美与丑、善与恶、自尊与尊重他人，然后通过童话、寓言、故事等形式进行总结提炼，构建儿童所习惯理解的世界。我很想知道这样的课现在是否还有，它是如何进行的，搜寻中见到巴甫雷什学校高级教师、教学法专家罗斯科斯老师的教案——《那里是银色中的一抹柳绿》。这节课的教学是在学校南面的奥麦利尼克河边进行的（图 4–2）。

一、课程导入

冰雪未融，大地一片银色，但是，暖暖的太阳一照，这种树木就立刻苏醒了，开始吐出毛茸茸的嫩絮，她叫什么名字？（答案：柳树）

是的，民谚说："春来冬走，沿河看柳。"今天，我们来到奥麦利尼克河边观察柳树。她已经等得不耐烦了，早春的温柔第一个触动了巴甫雷什脆弱而睿智的灵魂。

一丝柳絮，
在春风的摇曳中吐出，
象征着阳光和温暖。
她隐藏在薄雾中，
是绿色春天的标志；
她傲立在冰雪中，
是幸福花园的使者……

二、进入主题

1. 童话欣赏

今天的思维课，我们将认识美丽的柳树和她的姐妹们。有这么一个故事：

女孩玛丽卡就住在附近的一个村庄。她美若天仙、倾国倾城。有一天，玛丽卡去第聂伯河里游泳，刚游到河中间，突然感觉到有人拉住了她的腿，这个女孩甚至还没有来得及尖叫就失去了知觉。醒来时，她看到眼前是一个美丽的花园，她的旁边站着一个男孩——是河神的儿子抢走了她。他非常喜欢玛丽卡，要娶她。

“你愿意做我的妻子吗？”男孩问。

“不！”玛丽卡坚定地回答。

“那么，你就做一棵柳树吧，长在河边，只有我能欣赏你，你永远是我的。”

于是，河边出现了一棵美丽的柳树。她把细细的枝丫垂到水中，上面长出尖尖的花絮，那是她悲伤哭泣的泪珠……

柳树是乌克兰受欢迎的树木之一。长期以来，她一直伴随在人类的居住区，喜欢生长在河岸上或道路两旁。柳树科属众多，光乌克兰就有29种，全世界有五百多种，在地球的几乎所有陆地上都可以看到柳树。柳树分单树生和丛生两种。在遥远的北方，柳树都是一簇簇地生长。我们的河流旁边也有这样的柳树。这些树非常喜欢水，池塘伴柳是乌克兰乡村最美的风景画，所以谚语说：“柳树生长的地方，就有纯净清凉之水！”孩子们，你还知道哪些关于柳树的谚语？

（让学生讲谚语，提醒注意准确地使用词语描述，教师总结）

2. 词语、概念训练

孩子们，仔细观察一下柳树并说出它们的特征，可以用什么词语来形容？

（绿色的头发、卷曲的秀发、苗条的身材、娇嫩的皮肤、哭泣的泪水……）

柳树的叶子是什么样子的？

（细细的、长长的、多汁、如丝绸般、尖尖的……）

你喜欢柳树的味道吗？她闻起来是什么味道？

（心情愉悦、令人陶醉、沁人心脾……）

3. 选择比较

用上面谈到的词语组成句子：

（1）柳树，像……（苗条的少女，翩翩起舞）

（2）柳树，像……（河边嬉戏的姐妹，女孩们把辫子垂到河里）

4. 口头绘画

试着把柳树想象成一种灵动的生物，让我们用文字“画”出她的肖像。（启发儿童“说”作文）

5. 孩子们的探索

孩子们，我们的生活中有哪些东西用柳树做材料？（举例）

——柳树长期以来是制作乐器的好材料，如科布查、班杜拉[①]等。

——篮子是用柳条编织而成的。

——每个扎波罗热的哥萨克人肯定都有一把柳勺。

——用柳树制成的家具、蜂箱、小船。

补充材料：柳树还有药用价值，传说在公元前4世纪时，古希腊“医学之父”希波克拉底发现了阿司匹林中的重要成分——柳酸。他在为一个产妇助产时，产妇疼痛难忍。产妇的外婆便从口袋里掏出一片柳树皮，塞进产妇嘴里让她咀嚼，产妇的疼痛减轻了许多，婴儿很快顺利地生了下来。希波克拉底把这个经历写进他的著作中。柳酸后来被科学家合成为乙酰水杨酸，当作止疼、退烧药使用，这就是阿司匹林。

三、思维引导

1. 展开想象

——那棵柳树在看什么呢？

——她为什么喜欢和水在一起？

——柳树在和谁说悄悄话？

——微风告诉柳树些什么？

——谁来到柳树上？

——柳树唱的是什么歌？

——柳树为什么那么快乐？

2. 集体创作

以提问的方式集体汇编童话《柳树与蜜蜂》。

——这是一年中的什么时候？

——谁飞出了蜂巢？

---

① 班杜拉，乌克兰民族的一种拨弦乐器，琴身为椭圆形，指板较短，弦线10～50根不等，分成束弦线（在指板上，低音）和附加弦线（在音板上，高音）两个部分，用手指拨动弦线演奏。

——蜜蜂为什么害怕？

——微风给蜜蜂带来了什么消息？

——蜜蜂在河岸上看到了什么？

——蜜蜂采到了什么？

——为什么蜜蜂要说“谢谢”？

3. 独立创作

孩子们，在这个美丽的角落找找你自己的童话：树、草、水、动物在说话，他们可能会发生意外……观察、思考、幻想一下，创作自己的童话故事。但首先，要选择一个观察对象，确定你的童话故事的内容，选择一个标题。

（有些学生独立思考，有些学生结对讨论）

四、生态保护

朗读环境保护的诗歌。

这里的河积水成湖，平静而安详，
她是大自然的一面镜子。
夕阳斜柳，白杨挺立，
纤细的身影沐浴在水里。
美丽的、可爱的湖啊，
顿时排成一条串珠项链。
这是我们的土地、我们的母亲，
原生态才是她最大的安慰。
我们是大地之子、大自然的主人，
让我们来拯救她的美丽！

孩子们，我们能做些什么来保护这个美丽的角落？

（启发学生讨论）

五、课程总结

你在河边发现了什么奇妙的东西？

你在课堂上学到了什么？

你编写的童话故事是关于什么的？

回到家里，给父母讲一讲在河边柳树上发生的童话，再画一幅春天的图画给他们看吧！

关于思维课中情感教育的思考

我们国内常把这种授课方式叫作情境教育，而且许多课是在教室里进行的，是为设置情境。在信息化的社会里，情境教育借助多媒体演绎得惟妙惟肖、热热闹闹。有一次，我到农村学校听课。教师放着外面现成的自然生态材料不用，也学城里教师搞“情境教育”，令人甚是疑惑。

苏霍姆林斯基的思维课本质上是一种情感教育，它不是知识和认识的测量，而是感受和体验的回归；不是设定情境指向目标，而是靠发挥想象在探索中得出不同的结论；不是靠灌输教诲的方法来引导，而是到教育的实际生活中去寻找；不是工业化流水线的思维逻辑，而是追求自然和谐和个性自主发展的回归……正像他在《把整个心灵献给孩子》中说的那样[①]：

阅读《大自然的书》时产生问题——这是活跃的思想飞向知识顶峰的开端，几年后，他们从这个顶峰上便可发现生命奥秘的全部复杂性。我竭力使孩子们成为渴求了解世界的考察者和发现者，使他们眼前的真理不是教师告诉他们的现成结论，而是一幅怀着激动心情领略过的有关周围世界的色彩鲜明的图画。一项发现如果能使孩子感到激动，真理就能成为他终生珍惜的个人信念。理智感、求知的欢乐感、对大自然的宏伟和大自然规律的严密性的惊异心情——都是牢固记忆的源泉。

在实际教学生活中，进行情感活动体验是教师采用的最普遍的教育方式。这种活动往往结合课程标准要求和教材内容、教育教学需要预设教育目标，创设活动情境，让学生带着积极的情绪去体验情境。这个过程通过教师引导，让学生作为活动主体，在较短时间内置身于一定场景，成为自己内心活动的主宰，获得精神上的自由，激发活跃的思维，产生积极的情绪，从而完成教育目标。这不仅仅是接受知识的愉悦过程，还是情感、志趣整体互动、融通生成的过程，享受探究的乐趣和丰富精神世界的过程。

但是，对于当今被海量信息包围的孩子来说，让他们短时间内体验和理解隐含的知识内容和既定的教育目标是远远不够的，如果把握不好，活动体验就成为无聊的游戏。教师要遵从现实生活的逻辑，诱发和唤醒体验者的内心世界，追寻生活本身所蕴含的教育意义，就需要高一个层次的生活体验。

① 苏霍姆林斯基著，唐其慈等译：《把整个心灵献给孩子》，天津人民出版社1981年版，第172–173页。

图 4-3 苏霍姆林斯基的思维课，摄于 1966 年

生活体验不能预设情境，也无法精心设计，而是把孩子带入真实的、自然存在的、活生生的世界，去品尝生活的酸甜苦辣，思考个体的存在价值，理解生活的本质意义。在班级，自主管理是一种体验；在校园，集体关系是一种体验；在校外，社会责任是一种体验……生活中，教师既不是主导者，也不是旁观者，而是一个积极的参与者。教师以情感经验直接影响学生的感知，学生的情感体验也同时引发教师的教育反思，师生是平等的（图 4–3）。学生的生活体验中没有明确的知识内容出现，他们基于思维特点和认识规律去感知、感悟，去认识生活、认识世界，自觉或不自觉地成长起来。这种体验本身就是生活，是生活的一部分。

人的一生是生命张开、精神丰富、实现自我的历程，在生活的体验中追寻生存的价值。生活的延续就是生命。一个人生命的意义就是他所认识这个世界的意义。苏霍姆林斯基饱尝战争创伤，背负家国情仇，强忍伤痛折磨，才真正体会到生命的宝贵，人是世界上所有价值中的最高价值。他 30 余年置身于乡村学校，与孩子们朝夕相处，把每个学生都视为“我的孩子”，确信“创造幸福是教育的目的”。在苏氏的教育实践中，生命体验要认识到幸福的反面是苦难。如果人的苦难，人的痛苦、悲哀、屈辱、不安和孤独无人理睬，教育就会化为乌有。幸福是学生战胜苦难后获得的积极情感体验。一个人品尝到了幸福的滋味，就会给别人开辟通往幸福的道路。生命体验必然要面对死亡。失去亲人的巨大悲痛，几乎是每个儿童都会体验到的一种情感，最要紧的是让这种高尚的悲痛震撼儿童的心灵，让儿童富有同情心的心灵变得敏感和细腻起来，体验亲人和非亲非故之人的欢乐与悲哀，懂得幸福的最高标准。生命体验就是塑造人的“心灵”。不要在儿童周围创造无菌环境，不要对不良现象闭目塞听，要让他们睁大眼睛观看世界，形成一颗疾恶如仇的斗士心灵，从少年起就对邪恶具有免疫力，有生命的自尊、生活的勇气，珍视自己的荣誉和人格……

体验苏霍姆林斯基的思维课，如同穿越到 50 多年前与教育家展开心灵对话。经受战争洗礼，苏霍姆林斯基把情感教育提升到了生命情感的高度。他和自己的学生在一起疗伤的过程中产生了情感共鸣。这种共鸣从理解人性开始，相信孩子，爱孩子，把心灵献给孩子。善良的情感是人性的核心。情感意识被活动体验和生活体验唤醒。这种体验从具体的自然、家庭和社会个体开始，以眼前的实物、简单词汇和概念活跃思维，上升为普遍认识和系统思想，情感唤醒是渐次打开的。情感力量的形成途径是同情、友爱和集体中的战胜邪恶、创造幸福。这种情感往往与痛苦、悲哀、冷漠相伴。塑造儿童的心灵就是让他们敢于面对苦难、克服困难，产生对邪恶的免疫力，有生命的自尊、生活的勇气，形成完善的人格，成为真正的人……因此，学校情感教育中的生命体验不同于一般意义的生命教育。对于当代教师来说，这种生命情感是教师个体成长过程中以生命体验教师职业、用职业实现生命价值的感知。教师对生命情感的感知度决定了他们对学生施加影响的教育程度。

生命体验是情感体验的最高境界！

校园童话角

（摄于巴甫雷什苏霍姆林斯基学校校园）

让长着翅膀的白云永远存在吧

巴甫雷什苏霍姆林斯基学校是童话王国，童话是思想的摇篮。苏霍姆林斯基曾记录了这样一件事[①]：

在山坡上的小树林中，孩子们坐在草地上，微风中树叶沙沙作响，小鸟在林中歌唱，山谷里清澈的小溪淙淙流淌。

老师打开书本，给孩子们朗读童话："在一个遥远的地方，高高的山上，浅蓝色的石头底下，生出了一朵白云。这朵白云真像一只长着一对娇嫩翅膀的、温柔的小鸽子。清晨，微风吹过，白云的翅膀开始扇动，慢慢地就飞上天去了……"

孩子们静静地坐着，聚精会神地听着，眼睛里燃起了幻想的火花。

"实际上，这是没有的事儿。科学地讲，云不是鸟，它没有翅膀，而风更不会抚摸白云。云是由许多小水珠凝成的，晨雾都是灰色的……"老师解释道。

顿时，孩子们的眼神黯然失色……

"让长着翅膀的白云永远存在吧。"奥丽佳轻声地说。

每每读到这里，我都会叹服于苏霍姆林斯基敏锐而细腻的情感描述：一切都是可以理解的，可以认识的，也是有规律可循的。然而，不能忘记，除周围世界固有的客观规律以外，还有儿童的世界。……儿童的思想往往可以凭借童话中的翅膀飞向真理的世界。如果呈现在儿童眼前的朵朵白云只是聚集起来的灰色水珠，那么儿童世界就会暗淡无光，儿童的思想就会萎靡不振。

自创的童话情景剧

这次到巴甫雷什，从校外到校园，从教室到阅览室，我感受到童话王国的浓郁氛围，身临其境才真正弄懂了故事里的事儿。童话王国是怎么建立起

① 苏霍姆林斯基著，苏霍姆林斯卡娅编：《我将告诉你一个故事：儿童哲学》，乌克兰哈尔科夫大学校出版社 2016 年版，第 18 页。

来的？根据安娜·伊凡诺夫娜的回忆录，苏霍姆林斯基最初想到写童话故事，源于他到学校初期遇到的一种瘟疫——当地叫“麻疹”的儿童疾病。因为苏氏一家人都住在学校，孩子们不得不被隔离。他们尽量找点乐子打发时光，于是父亲想出一个办法，就是讲童话，和孩子一起演童话。他首先写出的脚本是《麻雀》——畅想麻雀一家温馨生活的故事。这在《苏霍姆林斯基的一生》中可以找到点滴痕迹[①]：

> 当初，奥莉娅和谢廖扎在 1949 年生病的时候，有两个月的时间，他俩都被严格隔离起来。瓦西里·亚历山德罗维奇把玛丽娅奶奶的所有故事都讲完之后，便开始自己编故事，后来这些故事收入了《教育文选》。瓦西里·亚历山德罗维奇不光是讲故事，而且还加“表演”。门上扯起一条床单——这就是幕布。瓦西里·亚历山德罗维奇坐在沙发上，故事便开场了：
>
> “从前哪，有两个……”
>
> 这时安娜·伊凡诺夫娜则躲在幕后移动那些由瓦西里·亚历山德罗维奇事先制作好的故事人物纸形。

1950 年，苏霍姆林斯基曾写过一篇关于瘟疫的文章，也发表了他的第一篇寓言故事作品《鸽子和鹦鹉》，大意是讲鸽子的勤劳和鹦鹉的夸夸其谈。这位教育家给我们留下了 1 500 多个微型故事，都是带有明显道德方向的艺术作品。现在，苏霍姆林斯基教育纪念博物馆专门设有童话馆，收集了 100 多件童话手稿，这些都是他和学生根据观察大自然的材料创作的（图 5-1）。后来，这些童话和其许多故事由苏霍姆林斯卡娅编辑整理、汇编为《伦理学文选》（中文版著作的名字叫《做人的故事》）一

图 5-1 纪念馆中保存的苏霍姆林斯基写给孩子们的童话作品

① 鲍里斯·塔尔塔科夫斯基著，唐其慈等译：《苏霍姆林斯基的一生》，教育科学出版社 1986 年版，第 216 页。

书，1990 年在莫斯科出版。这本书收录了 500 多个童话故事和伦理学故事，语言通俗易懂，篇幅短小精悍，内容丰富多彩，充满智慧和教育意义。

德尔卡琪校长介绍说，作为一个传统，学校每年都要举办童话节，表演苏霍姆林斯基和师生自己编写的童话故事，作品展示一般在“母亲花园的草坪”上举行，也在大自然森林中进行。孩子们都会提前做好准备，一边讲故事，一边表演。家长很支持这项活动，服装和道具都是孩子与父母一起制作的，过节时，家长会被请来当观众。在学校室内体育馆，学生还为我们专门表演了节目。其中有一个自创的童话情景剧《石头下的花朵》——一株花苗被大石头压着，它见不到太阳，无法伸展枝丫，非常痛苦。后来，在同伴的帮助下，它请来大力士移走了石头，花儿茁壮成长起来。7 个小朋友演绎得惟妙惟肖，我赶紧用照相机记录下一个个精彩的瞬间（图 5-2）。

图 5-2　巴甫雷什苏霍姆林斯基学校学生表演自己创作的童话情景剧

经过德尔卡琪校长进一步解释，我才知道这个故事取材于苏霍姆林斯基的《女孩和野菊花》[1]，故事情节如下：

---

① 蔡汀、王义高、祖晶主编：《苏霍姆林斯基选集》（五卷本）第 1 卷，教育科学出版社 2001 年版，第 665-666 页。

一个阳光明媚的早晨，小女孩来到绿草地上玩耍。突然，她听到有人在哭。女孩在细听之下才明白：哭声是从草地边上的一块石头底下传来的。石头并不大，像家兔的头一样大小，但是很硬。她走到石头跟前问道："谁在石头底下哭呀？"

"是我，野菊花。"石头底下发出了低沉而微弱的声音，"救救我，小姑娘，石头把我压住了……"

女孩扔掉了石头，看见了野菊花的娇嫩、淡白的茎。

"谢谢你，小姑娘。"野菊花舒展了一下双肩，深深地喘了一口气说，"你把我从石头的压迫下解救出来了。"

"你是怎么给压在石头下的？"女孩问道。

"石头骗了我，"野菊花回答说，"我以前是一粒小小的野菊花种子。秋天，我要寻找一个暖和的角落。石头给了我一个栖身的地方，并答应保护我，使我不挨冻，不受热。可是，当我想见太阳时，它差点儿没把我压死。我想归属于你，小姑娘。"

女孩常来看野菊花，并和它一起晒太阳……

据了解，这个故事当初是苏霍姆林斯基在课堂上给一、二年级"困难学生"讲的。学校有一些学习吃力的孩子，他们的记忆力很差，思维能力迟钝，若不通过童话故事进行启发、激励，他们就会对自己的生活失去信心，成为不幸的人。浅显有趣的童话故事取材于大自然，通过最信任的教师娓娓道来，就如同甘露洒在干旱的土地上，像一束亮光射向他们记忆力的隐秘角落，促使心底迸发智力兴趣的最初火花。于是，苏霍姆林斯基老师就自编一些让孩子听得懂、不难想象的简单童话，使他们受到精神鼓舞，用自己的词汇描绘周围世界和自己，通过思考和言语表达自己的想法。这个办法产生了意想不到的效果。

校园的自然美和童话的意境美

现在，巴甫雷什学校的课堂依然继承这个传统，让孩子以主人公的身份参与进来，沉浸于童话的情境中，通过读童话、演童话、用言语和画笔描述自己心中的童话世界，在体验的乐趣中收获知识和乐趣。在这里，我收集到博尔巴斯老师的一个课例——《黄色和红色：秋天的盛装》。该课教学在校园里进行。

教师：今天，有一位让人着迷的客人来到我们的课堂。先猜一个谜语——他是一位慷慨的绅士，来到我们的身边，带来了丰收和喜悦，赐予我们果实，还把叶子染成金色。他是谁？

学生：秋天。

教师：很好，孩子们，猜到了谜语。今天的思维课我们就来观察秋天。它是什么样子的呢？

秋天（由一个穿着乌克兰传统服装的女孩扮演，朗诵）：

秋天

在这里，只有我
孤傲挺拔，
金黄的叶子散落地下……
我，就是秋天……

教师：你们知道吗，孩子们，谁被邀请来参加秋天的盛宴？让我们揭开谜团。

（1）没有窗户没有门，满屋子的小人。（黄瓜）

（2）衣服有七层，脱下满眼泪。（洋葱）

（3）她坐在花园中间，紧紧拥抱成一团。（卷心菜）

（4）我有白色的牙齿，但我把它们都藏了起来；我有黄色的辫子，但我偏要披散开。（玉米）

那么，秋天在花园、田野、森林为我们准备了什么礼物？过来看一看吧！

秋天（学生扮演）：当你想到冬天将要到来时，你会做些什么？

松鼠（学生扮演）：我赶快收藏蘑菇、坚果和马铃薯。

刺猬（学生扮演）：我有一件用针刺制成的毛皮大衣，口袋里装满松果。

教师：秋天，你看，我们的动物已经准备好了过冬的食物，但是他们还有要求。

兔子（学生扮演）：是时候换外套了，我要做一件厚厚的皮大衣，大衣不能做成灰色的，因为红狐狸容易看到，会抓住我。

秋天（学生扮演）：别担心，蹦蹦跳跳的兔子。白又白，像雪花；厚又厚，真暖和，你会有一件新外套的。

大熊（学生扮演）：我收集了好多覆盆子和蜂蜜，我腿脚发硬，我昏昏沉沉。我要建一个暖和的房子。好了，我要睡觉了，我会发信息给你们的。醒来后，我一定实现我的白日梦。

秋天（学生扮演）：动物是我们的朋友，要善待它们。好啦，我要去装点森林了。

教师：在我看来，你这个美女手里需要一根魔杖。孩子们，你们注意到这个季节自然界的变化了吗？像魔术一样变幻。具体有哪些特点？

学生（讨论）：

——太阳没有夏天火辣，变得温柔了。

——虽然天空是蓝色的，但在阴天，它被灰色的云层覆盖。

——天经常下连阴雨，不再像夏天那样炎热。

——叶子的颜色变了，开始凋落。

——果实成熟了，鸟儿飞到温暖的土地上捡食。蚂蚁、刺猬、棕熊和其他动物正在为冬天做准备。

……

教师：是的，秋天物象的变化特点从我们传统的月份名称上就可以看得出来。乌克兰语的“九月”之名源于“石楠花”。石楠花绽放的月份，光彩夺目，这个月被定为“石楠月”。乌克兰语的“十月”之名源于形容词“黄色的”。树叶变黄了，这个月被定为“黄月”。乌克兰语的“十一月”之名源于“落叶”，天气变冷，落叶萧萧，这个月被定为“落叶月”。

好啦，孩子们，坐到草坪上，我来讲一个关于秋天的童话故事，它是由作家 B. 纳戈尔尼亚克创作的《丰盛的秋天》①：

这是一个金色的世界。虽然忙忙碌碌，但秋妈妈还是放心不下她的儿子们——九月、十月和十一月，他们分开居住和生活。妈妈决定去探望他们中的老大——九月。

妈妈进入九月的院子。这是什么声音，这么吵闹！即使你的耳朵用棉絮塞住，还是能听到鸟儿咕噜咕噜的叫声。

“你在这里干什么呀？”她大声地问道。

① 摘编自乌克兰学龄前儿童民族学读本《乌克兰的一年四季》，作者为 B. 纳戈尔尼亚克，乌克兰作家和哲学家。

“我要把鸟儿放进鸟巢里！”九月回答。老太太为儿子的善良欢欣鼓舞：她吹了口气，把秋雨吹到云层里，太阳出来了。再看看九月的农场——田园里的农作物没有收获，苹果还长在树上，坚果没有打掉，牧草没有收割。她把儿子叫到屋里谈她的焦虑，九月只是微笑，不理睬妈妈。

“哦，早着呢！您休息吧，我要去工作了。您没事儿到处逛逛，我晚上回来咱们再聊聊。”九月很不耐烦。

“善良，勤奋——是个好孩子！”太阳温和地说。

“什么呀！他一点儿经验都没有！现在鸟儿是最重要的吗？”妈妈泪眼婆娑。

“好了，好了！让他安心工作吧，为什么要用泪水来打扰他——跟下雨似的？”太阳安慰她说。

雨停了，云却没有散去，天气阴沉沉的，只留下微风。

“以后别让鸟儿再被淋着了……”九月抬眼望着天空，显出一丝忧虑。

“是的，它们长有翅膀，让它们自己想办法吧！”秋妈妈生气了，一阵狂风，又是一阵雨。她看到鸟儿进了窝，九月似乎可以回家了。

“谁来替他干活？”雨过天晴，太阳又在地平线上升起，九月又在瞎忙乎。日复一日，老妈妈终于受不了啦。

“显然，我该离开了，我要去看看十月，他那里不知道怎么样……”老太太牵肠挂肚。

教师：现在暂停一下，让我们来回顾“九月”。妈妈来看儿子的工作，儿子跑到鸟儿住的地方，把被雨淋湿翅膀的鸟儿放进鸟窝中。这样的工作有意义吗？

学生：天气渐渐变冷，鸟儿很容易受伤，我们应当保护它们。

教师：你们知道下一步哪些鸟儿会飞到温暖的地方去吗？

学生：天鹅、燕子、雨燕、椋鸟……

教师：是的，它们被称作候鸟，冬季到来之前就飞走了，第二年春天再回来。对鸟儿来说，到了秋季哪个更糟糕——饥饿还是寒冷？

学生：寒冷。

教师（继续讲童话故事，师生在校园中漫步）：向四周看看，十月是用什么装饰大自然的？

学生：金色。

教师（到了桦树下）：让我们来描述一下秋天的桦树——叶子是什么颜色的？

学生：高高的躯干，纤细的小枝，上面挂着一把把金黄色的小雨伞，飘落时像一只只飞舞的蝴蝶。

教师：我们继续前进，看看其他树木。（走到了栗子长廊）栗子的叶子是什么形状，颜色有什么变化？

学生：栗子树主干粗壮，叶子又大又长，边上有许多小锯齿。现在树枝上挂满布满毛刺的小球，叶子由浅绿色变成浅黄色，有的变成黄色，颜色越来越深，飘落的栗子叶东游西荡，像水中漂游的小船儿一样。

图 5-3　仔细观察秋天的落叶

教师：你们的比喻好形象呀！坐下来，看看还有哪些叶子——仔细观察它们的形状和飘落的样子，展开想象用画笔把它们绘制出来，记住，给你的作品起一个好听的名字哟（图 5-3）！

（学生思考、绘画）

教师：好了，互相交换你们的作品，让同伴欣赏。我们来看看老校长苏霍姆林斯基是如何描绘秋天的——

秋天带来了金色的带子①

水塘边长着两棵桦树。他们挺拔、修长，树干是白色的。桦树垂下了绿色的长辫。风吹拂着，梳理着他们的发辫。桦树叶子在悄悄地耳语。他们在谈论着什么事情。

有一天晚上天气很冷，草地上闪耀着白色的冰珠。秋天来拜访桦树了，她给桦树捎来了金色的缎带，桦树把缎带扎在绿色的长辫上。

太阳升起来了，冰珠融化了。太阳瞧着桦树——绿色的长辫上扎着金色

① 苏霍姆林斯基著，诸惠芳等译：《做人的故事》，人民教育出版社 2015 年版，第 4 页。

的缎带，竟认不出他们来了。太阳笑了，然而桦树却很忧伤。

现在，孩子们，我提议每人编一个关于秋叶的童话故事，讲出来给大家听听。

（学生思考，编写故事）

学生（讲述作品）：

在校园里，桦树长出了细细的白色枝丫，秋天给他镀上了豪华的金色。桦树早上醒来，注意到一些叶子吸吮着太阳的颜色，变成了黄的，而另一些则没有。黄色叶子开始在绿色叶子面前吹嘘：“秋天妈妈特别爱我们，给我们做了一套新衣裳。”而绿色叶子则不以为然：“才不是呢！秋天妈妈更爱我们，舍不得我们失去青春的本色。”

风来了，吹了第一次、第二次……桦树的黄叶和绿叶都飞到地上。他们像被子一样覆盖了厚厚的一层，让大地睡着了。

风吹响了秋天的旋律。

……

这是一堂小学低年级的思维课。选择一个天气晴朗的下午，不需要紧张的脑力劳动，让孩子放松心情，漫步校园去感受秋季变幻的颜色，发现大自然的美，真可谓赏心悦目。可能是孩子们年龄尚小的缘故，博尔巴斯老师没有刻意设计特别具体的教学目标，也没有让孩子自己阅读太多的东西，主要是把校园的自然美和童话的意境美结合起来，让孩子扮演不同的角色去体会，作为美的创造者来欣赏世界。这节课的精彩之处还在于，教师注意到小孩子对微观世界的关注。季节变化标志主要突出两种颜色——黄色和红色；季节变化的表现主要突出一个特点——落叶。孩子们还不能用系统形象的语言描述时，可以运用手中的画笔随心所欲地描绘出来，用简单的语言形象地描述出来。如桦树，“高高的躯干，纤细的小枝，上面挂着一把把金黄色的小雨伞，飘落时像一只只飞舞的蝴蝶”；如栗子树，“叶子由浅绿色变成浅黄色，有的变成黄色，颜色越来越深，飘落的栗子叶东游西荡，像水中漂游的小船儿一样”……多么美妙的季节风景画啊！

传统童话的现代元素

我还很想知道现在巴甫雷什学校和乌克兰其他学校继承苏霍姆林斯基

童话教育艺术时是如何创新的。在收集的资料中，我惊喜地发现了《我探索世界》综合课程改革典型试点案例，小学二年级第三课《我的祖国》①成功地运用了带有科幻意蕴的现代童话。这个课例把视角从古代传说和动植物拟人化转向了未来的外星人，以宇宙的大视野来观察地球，从而更具神秘感和科学价值。课程设计大概是这样的（因篇幅所限，下面只介绍第一部分《火星人来到地球》）。

一、猜谜语

仔细阅读下面这幅画（图 5-4），猜猜它表达了什么意思，从词汇表中查找它的含义。

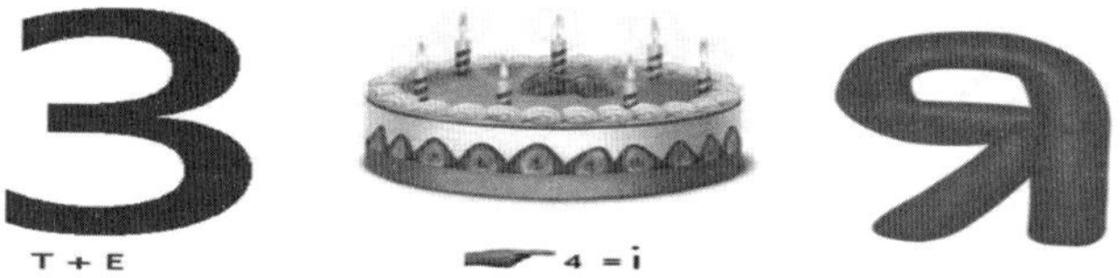

图 5-4 猜谜语

答案：Територія（领土）。

二、阅读与思考

（阅读科幻童话，设置情境，时光穿越）

认识火星人②

我的名字叫伊万卡·普希金，最重要的是，我有一条忠实的狗——泡泡。但它不是纯种的，这也没什么！

我有一个好朋友达尼尔科·西尔尼科夫。他比我大整整三天，但我没有因此而生气，这毕竟不是他的过错嘛。达尼尔科是个太空迷。他非常聪明，把所有的空余（甚至不是空闲）时间都用在了探索外星文明上，他最喜欢读行星和宇宙飞船方面的书籍。我则喜欢坐在电脑前，收集一系列老爷车的模型。但是，意想不到的事情发生了——

……

灵光一闪，三个外星人走下舷梯，停在我们的窗户边。“吱”的一声，门开了，还有音乐——外星人的翻译机。其中一个人说：

①《我的祖国》为 O. 沃洛申科、O. 科扎克、O. 罗曼尤克所编新乌克兰学校试点课程教材《我探索世界》（乌克兰基辅明灯出版社 2018 年版）二年级第三课。

② 摘编自乌克兰作家、儿童心理学家娜塔莉娅·丘布的《有趣的交通规则》。

“你们好，地球人！”

正在椅子上睡懒觉的泡泡突然跳了起来，开始大声地吠叫。

达尼尔科惊讶地张着嘴，什么也说不出来。

“哈喽！”我总是要打招呼的，妈妈教我要懂得礼貌。

“让我们认识一下。闭嘴，泡泡，他们是客人。”但是，我心里很没底。

“菲利普！”第一个外星人说。

“蒂基！”第二个外星人说。

“布鲁姆！”第三个外星人是个大嗓门。

“这是他们的名字吧？”我想，出于礼貌没有多说话，因为他们是客人。

这些人看起来很奇怪：像彩虹似的变幻着颜色，先是绿色，然后是黄色，然后是红色，并且表情滑稽地挥舞着手臂，向我们点头。他们的长相有点像我们地球人，只是耳朵看起来像根管子，不寻常的颜色说明他们是另一个星球的居民。

这时，达尼尔科终于缓过神来，他兴奋地问：“你们从哪里来？”

“来自火星，还有哪里？”他们友好地回答。

“太棒了！”达尼尔科激动地叫道。

“你们这里的语言太难懂了。”外星人说。

我们也有一样的感受，不过没关系！重要的是外星人真的存在，并且在互联网上找不到关于他们的任何信息。泡泡显然也同意我的意见，因为他长长地哼了一声，还用湿冷的鼻子碰了碰我的手。

“我们可以参观一下这座城市吗？”布卢姆说，“去博物馆，等等，我好想去动物园坐电动过山车。在我们火星人的宇宙网上——这与你们的互联网相同——看到过介绍，太刺激了。”

“没有问题，可以满足你们的。”达尼尔科表示同意，“只是你们应该打扮一下，穿得和我们一样，不要吓到了地球人。”

几分钟后，你几乎无法区分出他们是外星人还是美国牛仔了——漂亮的T恤、牛仔裤、棒球帽，涂上防晒霜，黑墨镜一戴，走在大街上肯定没有人会对我们的新朋友感到惊讶。

“准备好了吗？那我们出发吧！”达尼尔科下达命令。

（进入讨论环节）

这个故事的开头让你想到了什么？

当火星人来到地球上，你是什么感觉？

你觉得和陌生的朋友接触应该怎么做？

如何带客人领略你的城市和国家？

三、填空释义

向火星人介绍乌克兰概况。在图 5–5 的空格中填写字母，看看组成了什么词。然后，向火星人说明这些词的含义，讲讲其中的故事。

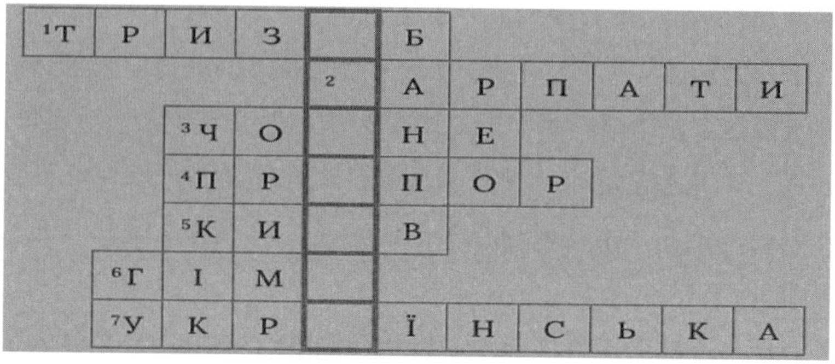

图 5–5 填空

答案：从上到下依次填入 У、К、Р、А、Ї、Н、А

1. ТРИЗУБ——三叉戟

2. КАРПАТИ——喀尔巴阡山脉

3. ЧОРНЕ——黑色的

4. ПРАПОР——旗帜

5. КИЇВ——基辅

6. ГІМН——国歌

7. УКРАЇНСЬКА——乌克兰语

四、拼图游戏

仔细观察图 5–6 中的小卡片，它们有什么特点？找到突破口，和火星人一起做拼图游戏，看组合后是一句什么话，说说你是怎么理解的。

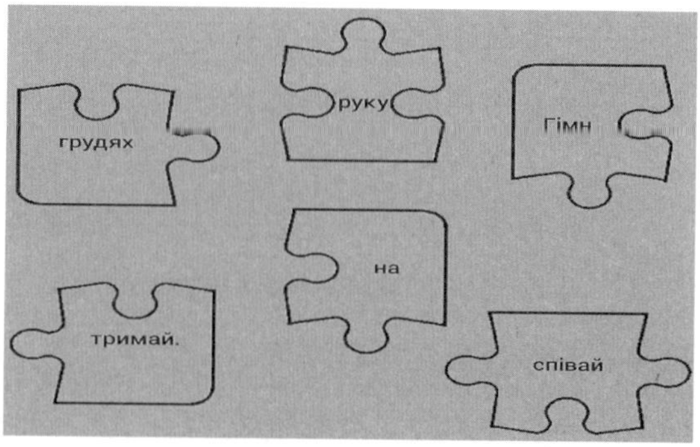

图 5–6 拼图游戏

答案：Гімн співайна грудях руку тримай.（唱国歌时，把你的手放在胸前）

五、手工制作

布鲁姆、菲利普和蒂基都注意到，城市中房屋的一些窗户上有美丽的装饰。他们的朋友解释说，这叫窗花剪纸，一种乌克兰民间装饰艺术。外星人很想学习，你来教教他们吧！

（1）将一张纸对折，画出一半的花朵图像。

（2）沿着图像轮廓裁剪所有的细节。

（3）窗花剪纸几乎准备好了！好好检查一下，看看所有绘制的细节是否都剪切到位。

（4）展开窗花剪纸，将其抚平（如有必要，可以将其放在厚重的书下压一段时间），贴在一张颜色不同的纸上。

窗花剪纸做成了，你想把它送给谁呢？

六、参观考察

（到历史博物馆“讲述”祖国领土上的故事）

（1）两个男孩和三个外星人去参观历史博物馆，伊万卡有45格里夫纳[①]，达尼尔科有53格里夫纳。如果一个人的门票价格是15格里夫纳，他们有足够的钱买票吗？

（2）布鲁姆对历史遗迹最感兴趣，请结合展品实物及图像，告诉他几千年前人们在该地区的生活状况（图5-7）。

图5-7　讲历史故事

……

这个课例下面的专题是“我们的城市和农村”“我们成员的大家庭（大自然中的动物、植物和各种资源）”“如何保护好我们的家”“如何使领土不受侵犯”等。火星人认为地球充满神秘感，与地球人对话错位，造成尴尬，冲突时又表现出友好，无穷的想象、无尽的好奇、虚幻与真实交错……好玩极了，

① 格里夫纳为乌克兰货币单位。

科学与知识、获得与奉献、担当与责任寓于其中。

事实上，苏霍姆林斯基思维课的成果《大自然的书》及《伦理学故事》等，较早地超越了学科教学的局限，在童话情境中营造了理想世界，使孩子们不仅在情感氛围中激发了敏捷思维，在对好恶的分辨过程中磨炼了道德品质，而且在人与自然的和谐相处中养成了个性与人格，在活动与生活的互动中协调了人际关系，在走向社会的劳动中成为合格的公民。现在，世界各国特别是发达国家，基础教育课程改革实际上都是向这方面努力的。乌克兰的课程改革吸收了其他国家的做法，尝试制定“我探索世界”的课程标准，目的是帮助学生在各类社会经验的同化过程中形成世界整体形象，使学生的个人发展涵盖自然与社会的综合知识体系、生活各个领域的价值取向和社会实践、研究行为方法等。这些课程可以在单独的科目中实施，也可以在关于各种类型整合的综合课程中运用。实现这个目标涉及解决以下任务：

（1）培养研究技能，掌握可用的方法，认识自然和社会生活的各种现象。

（2）培养自己对家人、社会和国家的公民义务。

（3）社会交往中的合作、包容、价值观的形成。

（4）为学生的自主发展创造条件，养成具有环境素养和适应社会的人格。

玫瑰园，来自中国的教师和教育工作者

（张聪　摄）

道德情感和道德准则是统一的

巴甫雷什苏霍姆林斯基学校是花的世界，花朵是师生传达情感的纽带。

在我们考察学习期间，校长德尔卡琪女士专门在主教学楼边的花园里腾出一隅，邀请我们和9—11年级的学生一起种植了52株玫瑰花苗。花园后面的牌子上有苏霍姆林斯基的一句名言：“劳动教育——这是三件事情的和谐统一：必要的、困难的和美好的。”她还专门为我们做了一个纪念性的牌子立在花园前面：“玫瑰园，来自中国的教师和教育工作者。2019年10月2日。”活动结束后，她邀请我们和参加劳动的学生合影留念。

玫瑰与菊花

德尔卡琪校长介绍说，巴甫雷什本来没有玫瑰，老校长到外地出差时把玫瑰花苗带回几株来栽在校园里，从此多了一道美丽的风景线。每年秋天要过玫瑰节，这是学校的节日，也是家庭的节日。秋天玫瑰节这一天，老师们在校园栽种或嫁接玫瑰，还把玫瑰苗分给孩子们，让他们和家长一起栽在自家的院子里，培养孩子的责任心。他们精心照料，松土、浇水，严冬时把苗木盖起来；春天里，玫瑰开出一个个蓓蕾，然后是色彩各异的怒放、四溢的芳香。儿童们从劳动中看到了收获美、欣赏美的快乐——为最亲爱的家人做好事而产生的快乐。5月的鲜花节上，每个学生都要带着自己照管的花儿前来展示，放学后可以到同学家里去欣赏……柳德米拉副校长回忆起自己当年在巴甫雷什求学时第一次参加鲜花节的喜悦场景，那些场景依然历历在目①：

还有我们学校的玫瑰园！其他农村学校也有这样的玫瑰奇迹吗？我确定——不。……节日的前一天，瓦西里·亚里山德罗维奇校长告诉我们带着家里种的花儿来。这是必须做的。那天，学校的操场就像一个硕大的、鲜艳的花坛。在我看来，我的花束是最棒的，因为我做得很精心。我整齐地剪下

① 柳德米拉·亚芙图申科著：《在我生活中的苏霍姆林斯基》，乌克兰《教育通讯》2023年第1、2期合刊，第209–210页。

所有的叶子，一朵一朵花形成了一簇大花球。然而，我的花束没有被评为最好的。我失望极了，伤心地哭了起来。你能想象得到一个 11 岁女孩彼时彼刻的感受吗？瓦西里·亚里山德罗维奇校长来到我面前，耐心地指出我制作花束时犯的错误。“没关系，米拉，我们这样的节日不止一次，我相信你的花束将是最好的。”他用这些话对我鼓励，我感到周围的世界再次绽放出绚丽的色彩。

谈到玫瑰，我想起我们国内教师常给学生讲的一篇阅读材料——《永不凋谢的玫瑰》，说的是一个小女孩在校园的花房里摘下一朵好大的玫瑰花，苏霍姆林斯基问她为什么会摘花，小女孩告诉他：“奶奶病得很重，我告诉她学校里有这样一朵大玫瑰花，奶奶有点不信，我现在摘下来送给她看，她看过以后我就把花送回来。”苏霍姆林斯基被感动了，又在花房里摘下两朵大玫瑰花，作为对孩子的奖励。

这个移花接木的故事的前半部分，还被某地选作高中统考作文题目，让学生续写苏霍姆林斯基看到小女孩摘下玫瑰花会如何处理。结果参加统考的几百名高中生，作文的中心内容无一例外对小女孩进行批评，即苏霍姆林斯基教育她不能损害公物，不能采摘花草树木，并为儿童缺乏良好的道德教育而忧心忡忡，甚至写教育家对小女孩进行处罚……由此，出题教师感慨道：“我们的传统道德说教都是如此‘深入人心’，让几乎每一位学生都耳熟能详。他们可以板着面孔说一番大道理，看他们的文章，也似乎只有道德规则。但他们缺乏对人性美与人情美的感悟，缺乏同情心与怜悯心，在他们的心中，似乎所有的玫瑰都已经凋谢了。”

这个故事还被进一步改写、编入教科书，原本充满内疚、尴尬异常的小主人公被暴露在公众面前，摘花摘得理直气壮：

这天早晨，又有许多同学来观赏玫瑰花。他们一边看，一边赞不绝口。这时来了一个四五岁的小女孩。她径直走向那朵最大的玫瑰花，摘下来，拿在手中，向外走去。同学们惊讶极了，有的非常气愤，有的甚至想上前拦住她。正在旁边散步的校长苏霍姆林斯基看到了，走过去，弯下腰，亲切地问小女孩：“孩子，你摘这朵花去干什么呀，能告诉我吗？”

事实上，这些教师和教材的编写者没有认真阅读过苏霍姆林斯基的著作，也没有真正体会到这个故事背后的深刻意蕴。苏氏笔下描写的原本不是玫瑰，而是菊花。故事来源于《怎样培养真正的人》《人需要人》《伦理学文选》等作品，后来被选入乌克兰中小学教科书。摘花的事儿是老师和小季娜之间的秘密，故事的前半部分是这样的[①]：

学校的温室可以说是花的王国。外面寒风刺骨，而在这里，蔚蓝色的、粉红色的、浅蓝色的、大红色的菊花竞相开放。一大早，一年级小学生季娜就来到了温室。室内空无一人，当季娜打开门时，花儿的小脑袋抖动了一下。它们喜欢安静，开门的“吱呀”声把它们吓了一跳。每一朵花儿都用眼睛盯着小女孩儿：她来干什么呢？季娜来到温室是要寻找欢乐之花——一朵浅蓝色的菊花。这种花只有学校的温室里有，其他地方根本见不到。季娜的奶奶得了重病，到了半夜痛苦异常。季娜想给奶奶带来欢乐，减轻她的病痛。

季娜刚摘下那朵欢乐之花，门就“吱呀”响了一声。花儿的小脑袋再次颤动起来，但当它们看到是老师进来时，便露出轻松的微笑。老师是一个善良而严肃的人，他热爱花，更尊重爱花的人。当看到季娜手里拿着一朵浅蓝色的菊花时，老师顿时惊呆了……

那么，故事的后半部分呢？

季娜看着老师的眼睛，心里想着奶奶——躺在床上遭受疾病折磨的奶奶，嘴里喃喃念叨着“欢乐之花能给奶奶镇痛”，眼神里充满乞求甚至是哀求。老师明白了，这件事情非同寻常，小季娜摘下花来并不是要玩儿后扔掉，她手里握着的，似乎是必须给另一个人的生命的希望。孩子灵魂中极微妙的波澜触动了老师，他走到小女孩面前，拥抱了她，说道：“再摘三朵花吧，季娜。一朵给你——因为你有一颗善良的心。一朵给你的母亲，一朵给你的父亲——因为他们养育了一个心地善良的孩子。”

故事还没有结束。因为“冬天，谁也不在温室里摘花，大家都在创造和保护美，到温室里来欣赏美”，受到心灵中高尚的热情激励而产生错误，不应该被指责，而应当被补偿：

春天，季娜和奶奶一起来到了学校。奶奶感谢老师送给她的欢乐之花，并向学校赠送一株紫菊花。

从此，我们的温室里便增添了一种非常好看的花——紫菊。

① 故事引自叶尔莫连科·C. Я. 等编《乌克兰语言》七年级，乌克兰基辅教育出版社 2015 年版，第 229–230 页。

《乌克兰语言》七年级课文《送给奶奶的花》（图 6–1）留给学生的课后作业：①阅读文本，提炼作者的主要观点，注意记下关键词。②为什么老师称赞季娜是“一个心地善良的孩子”？思考一下：如果是另外一个人，而不是老师，会对女孩的行为做出什么反应？③体会故事的语言特征，写出详细的反思文本。与教科书配套的教学参考书在反思中提示：如果你不仅能用语言，而且从内心、在行动上去怜悯别人的痛苦，做到为他人着想，那么，你就可以称得上是“真正的人”。

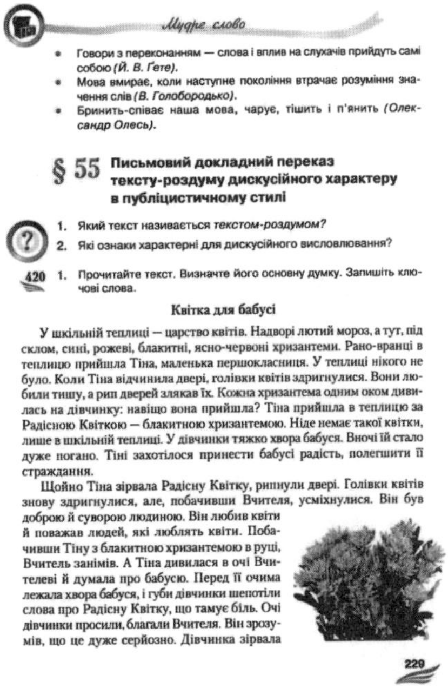
Мудре слово

- Говори з переконанням — слова і вплив на слухачів прийдуть самі собою *(Й. В. Ґете)*.
- Мова вмирає, коли наступне покоління втрачає розуміння значення слів *(В. Голобородько)*.
- Бринить-співає наша мова, чарує, тішить і п'янить *(Олександр Олесь)*.

§ 55 Письмовий докладний переказ тексту-роздуму дискусійного характеру в публіцистичному стилі

1. Який текст називається *текстом-роздумом?*
2. Які ознаки характерні для дискусійного висловлювання?

420 1. Прочитайте текст. Визначте його основну думку. Запишіть ключові слова.

Квітка для бабусі

У шкільній теплиці – царство квітів. Надворі лютий мороз, а тут, під склом, сині, рожеві, блакитні, ясно-червоні хризантеми. Рано-вранці в теплицю прийшла Тіна, маленька першокласниця. У теплиці нікого не було. Коли Тіна відчинила двері, голівки квітів здригнулися. Вони любили тишу, а рип дверей злякав їх. Кожна хризантема одним оком дивилась на дівчинку: навіщо вона прийшла? Тіна прийшла в теплицю за Радісною Квіткою – блакитною хризантемою. Ніде немає такої квітки, лише в шкільній теплиці. У дівчинки тяжко хвора бабуся. Вночі їй стало дуже погано. Тіні захотілося принести бабусі радість, полегшити її страждання.

Щойно Тіна зірвала Радісну Квітку, рипнули двері. Голівки квітів знову здригнулися, але, побачивши Вчителя, усміхнулися. Він був доброю й суворою людиною. Він любив квіти й поважав людей, які люблять квіти. Побачивши Тіну з блакитною хризантемою в руці, Вчитель занімів. А Тіна дивилася в очі Вчителеві й думала про бабусю. Перед її очима лежала хвора бабуся, і губи дівчинки шепотіли слова про Радісну Квітку, що тамує біль. Очі дівчинки просили, благали Вчителя. Він зрозумів, що це дуже серйозно. Дівчинка зірвала

229

图 6–1　《乌克兰语言》七年级课文《送给奶奶的花》

还是来看看苏霍姆林斯基本人的反思吧：一方面，了解儿童的情感——就是要人道地对待儿童，给他们带来安慰，消除惊惶不安的情绪，教育他们成为善良而富有同情心的人；如果不理解或对情感上的激昂与冲动漠然视之，孩子可能变得凶残、残忍，甚至故意干出坏事来。另一方面，训练敏锐感，培养同情心与热情——这并不意味着经常用慰藉与安抚的方法，如果儿童看到邪恶仍然泰然自若，或者不再感到惊奇，邪恶就有可能在儿童的心中扎下根来，所以要明智地、敏锐地、严格地对待孩子的内心表现与行为。

学会驾驭自己的欲望

哪些花不能摘？哪些花可以摘，什么时候摘？作为教育者如何拿捏才好？深入苏霍姆林斯基的著作中，我发现他的态度是明确的。

首先，欣赏花的美。教导孩子去发现、感知，进行创造，他们对于美的观照是通过对某种娇嫩柔弱而又无保护的有生之物的关注而体验的。

（1）大自然的书。花是大自然的精灵。带领学生走进田野，与大自然融为一体，找到知识的最初源泉——儿童是用形象、色彩、声音来思维的，但这并不意味着他们应当停留在具体思维上。

（2）校园就是花园。让麦子旁边有菊花，向日葵旁有玫瑰，马铃薯旁有丁香花，让它们竞相开放。每个年级在进校后的第一个秋天，都要栽一株自己的玫瑰，并长期进行照管。每个低年级集体都有自己的菊花。各个年级在校园开辟的美化角里栽培着玫瑰、丁香、葡萄和桃树等花卉和果木。

（3）放在讲台的菊花。每天上课前，孩子们都会采一朵不同颜色的菊花带进教室。这是孩子们情绪的晴雨表——在这种情感洋溢的集体生活中，教师不是一个冷漠的见证人，而是一个思想家，是学生的同志和朋友。

其次，激发纯洁的动机。人的行为由良心的呼唤所支配，而这种呼唤的主调则是情感，需要引导，并把这种痕迹留在心灵中。

（1）教室里的花。刚参加工作不久，一个名叫斯捷帕的男孩在玩耍中无意把教室里的一盆玫瑰花碰折了，老师大声斥责这个孩子，没让这个孩子再照看教室里的花——在孩子的生活中，故意捣乱的情况是极个别的，因此，也只有在极个别的情况下才能对学生进行惩罚。

（2）小女孩季娜摘了菊花。为生病的奶奶，再摘三朵花吧——孩子们有许多在我们成年人看来是应该受到指责的行为，往往是受到心灵中高尚的热情的激励而产生的，教师如果不了解、不发现这种热情，就可能将那微弱的人类高尚之情的星星之火扑灭。

（3）窗前的铃兰花。小学生娜塔莎已经病了半年，她病得很重，整天躺在床上，欣赏窗前的铃兰花是她唯一的安慰。夜里下了一场大暴雨，铃兰花全被打蔫了。同学们拿上铁锹，挖了一棵铃兰，带着一大坨土，把它移到了娜塔莎家的花园，种在她的窗前。

再次，不能随便摘花。如果每个同学都要满足这种愿望，将会是什么样子？校园的美将会荡然无存。

（1）小男孩托利亚要掐铃兰花。老师说："好的，在掐之前，你来说说它有多美！"——苏氏的理想就在于使每个孩子能实实在在看到美，让他们对这种美惊叹不已，把美的东西化作自己精神生活的一部分。

（2）少先队员们在校园角落栽培了菊花。孩子们摘下了几朵花，角落里的美消失了，那块地方顿时显得一片荒芜——告诉孩子们，不要忘了他们生活在人群中间，谁都爱欣赏美。学校里花虽多，可是如果每个同学都摘一朵，结果会怎么样？大家都没有可欣赏的了。为了能摘一朵，要培养出十朵才行。

（3）温室里的花有教育意义。秋天教师把菊花掘出来，移进了温室，孩子们每天都给移栽的花株浇水，急切地期待着开出第一茬花来。多数孩子都有弟弟妹妹，他们带弟弟妹妹到温室里来看；当弟弟妹妹们向菊花伸手时，他们便能制止摘花了。

最后，用鲜花表达敬意。采摘通过自己劳动得到的鲜花，体验劳动的收获可以使幼小的心灵高尚起来。

（1）野花节。师生们早晨到田野里去，采集一束束美丽的野花，这是真正的创造。他们把这些花束带到学校，大家都向往校园也有野花开放，于是，秋天到田野收集种子、挖掘根茎，矢车菊、母菊……也在校园、宅院里开放起来。

（2）玫瑰园。凡在公益劳动中取得最出色成绩的班级就被授权做花园的主人。这一权利往往给了低年级班和中年级班，允许他们每天剪下几十枝花。玫瑰花被送到各班，送给教师、母亲和村里优秀的劳动者。

（3）给妈妈献花。教师对孩子们说："如果我们能培养出好多花来，到妇女节的时候就给你们的妈妈每人送一朵菊花。"这个主意使孩子们受到了鼓舞。3 月初，学校已经有了足够的花朵。节日那天，学校邀请各位妈妈来参观温室，给每人都献了一朵花。加利娅的继母也来到学校，孩子也给她献了花。老师向双方谈爱的问题，他的话打动了母女的心。

……

人的情感是复杂的，对美的认识是逐步深化的，我们不能在赞赏一种做法时，一定要去谴责另一方。苏霍姆林斯基敏感地意识到，对美的东西的感受能在少年心灵中激发出一种力量，使之成为刚毅果敢、宽宏大量、心地善良而又十分热忱的人。一个人如果在童年时代没有领略到人的心灵美，就不可能成为有教养的人。但是，美所唤起孩子的欢喜往往是利己的，教师要培养学生对美的感受力，还要让学生明辨是非。生活中谁都爱欣赏美，但我们应该创造美，而不是去破坏、毁坏它。孩子的心对于为人们创造美和快乐的号召是敏感的，重要的是发出号召后还要有劳动跟随①。

如果孩子能意识到他身边有别人，意识到他的行动能给他们带来愉快，

① 苏霍姆林斯基著，唐其慈等译：《把整个心灵献给孩子》，天津人民出版社 1981 年版，第 102 页。

那么他从幼年起，就能学着使自己的愿望符合人们的利益。这对培养善良和人道是非常重要的。个人欲望无止境的人永远不会成为好公民。利己主义者，只图私利的人，对别人的忧伤和不幸漠不关心的人，恰恰就是由那些只管个人喜好而不顾集体利益的孩子发展而成的。会驾驭欲望——这个看来似乎很简单而实际上十分复杂的人的习惯——就是人道、同情心、热情、内在自制力的源泉。

因此，要真正理解苏霍姆林斯基以花比喻的良苦用心，教师应从叙事情节中体会教育家对儿童情感的细腻触摸，走出人性与道德判断的表象，走进儿童敏感的内心世界，珍惜、保护他们的快乐，防止幼小的心灵受到伤害，激励其心灵中高尚的热情动机，培养其对善与恶的鉴别力。加强这方面的修养，教师应尽量接触教育家的原著，走出盲人摸象和移花接木式的浮躁，带着问题从碎片化的检索进入系统化的阅读，练就将高深理论化为朴素实践的定力——善于感受你身边的人，善于了解他们的心灵，并能从其眼神窥视出内心世界的欢乐、痛苦、不安和烦恼，让他们得到激励和帮助。

应该记住：道德情感与道德准则是统一的！

关于道德教育的思考

由苏霍姆林斯基关于花与道德问题的辨析与解读，我开始思考关于苏氏的道德原则。

作为一名从基层学校成长起来的社会主义教育家，他的个性全面发展理论特别是德育主导地位的主张与诸育融通的实践，对中国的一线教师产生了深刻的影响，更对新时代构建德、智、体、美、劳全面培养的教育体系具有启发意义。在《关于全面发展教育的问题》一书中，苏霍姆林斯基明确提出，人的各个方面与特征的和谐，都是由某种主导的、首要的东西所决定的：“在一个全面发展的、活生生的、有血有肉的人身上，体现出力量、能力、热情和需要的完满与和谐，教育者在这种和谐里看到这样一些方面，诸如道德的、思想的、公民的、智力的、创造的、劳动的、审美的、情感的、身体的完善等。在这个和谐里起决定作用的、主导的成分是道德。”[①] 苏霍姆林斯基教育

① 苏霍姆林斯基著，王家驹等译：《关于全面发展教育的问题》，湖南教育出版社1984年版，第12页。

思想的系统传入，是中国改革开放大背景下对教育理想与现实本真的反省，初期的译介往往强调“德育的主导地位，并不意味着学校要拿出主要的时间专门进行孤立的道德教育”“没有单独的‘智育’，也没有单独的‘德育’，也没有单独的‘劳动教育’”“德育、智育、体育、美育、劳动教育，没有‘重要’和‘不重要’之分”，道德因素应当贯穿于学校的全部教学和教育工作中。借此，有的研究者把译介话语当作苏氏的观点或视为苏氏原著内容而广泛引用，混淆了“专门”“独立”和“单独”“孤立”等概念区分及语境内涵，从而弱化了和谐全面发展中“高尚的道德”的核心地位，在实践中造成了认识上的偏差。

仔细研读可发现，苏霍姆林斯基对诸育地位的认识有很强的时代背景，是融通性与独立性的辩证统一。索洛维伊奇克在《瓦·阿·苏霍姆林斯基论教育》中总结道：“没有单独的‘智育’、单独的‘德育’和单独的‘劳动教育’。教师面前只有一个整体——孩子的精神生活。我们可以从不同的角度来研究它，但我们不能忘记，它——孩子的精神生活——是一个整体……”但是，“教育的每一个方面有时都有独立的特征，各有各的目的”。[①] 作为经过战争洗礼的共产党员，苏氏坚信道德素养只有在伟大的共产主义思想照耀和鼓舞下才具有高度的思想意义，思想信念“是照亮全面发展一切方面的光源，同时，它又是人的个性的一个个别的、特殊的方面”。苏联在卫国战争后，迫切需要专业人才，苏氏作为基层学校校长，敏感地意识到“受教育者把考入高校当作唯一目标，这给他们的道德发展带来极其有害的后果，使他们脱离劳动人民的生活”，于是，他坚持结合城乡实际的乌克兰劳动教育实验。20 世纪 50 年代后期，苏联政府面对升学与就业矛盾，又提出将“培养正在成长的一代走向生活、走向有益的劳动”作为学校的主要任务，许多地方一边倒地突出形式化的劳动教育，苏氏勇敢地致信苏共最高领导人赫鲁晓夫，认为普通学校的工作要使孩子们从入学起就生活在尊重劳动的氛围中，使劳动的道德理想渗透于全部活动，不能搞形式主义、讲空话……

是的，把全面发展的思想作为统一的整体，教育中是没有主次之分的，但“道德教育——这并不仅是在掌握知识和进行活动的过程中形成世界观和种种信念，而且也是一项专门的具有特殊性的教育工作，有它自己的规

① C. 索洛维伊奇克著：《瓦·阿·苏霍姆林斯基论教育》，莫斯科政治书籍出版社 1975 年版，第 116 页。

律，需要花费时间和采取一些作用于人的意识、性格和行为的特定形式和方法”①。苏氏对“教育大纲无用”的观点提出批评，指出专门大纲的特殊性在于把握德育的“远景性原则”，不能像执行基础学科的教学大纲那样来执行它。在操作方面，他通过长期教育实践，形成了对学生进行伦理学谈话的体系，拟出具体谈话题目，和教师一起编写教学参考书，还编写了供不同学段学生使用的《伦理学文选》和《人类道德财富文选》，积极探索理论联系实际的“教育法”——从道德概念到道德信念的个人成长道路、信念与行为的统一。

即使在今天的乌克兰，苏氏的这些道德遗产仍然被高度认可，他的许多伦理、道德故事仍然被选进各种教科书中，阅读提示中常常写道：“他不仅教书，而且教育每个孩子都要有良好的品质：热爱祖国，讲究人性，富有同情心，为人善良……”“他的作品教育年轻人将善行和邪恶区别开来。”我看到《乌克兰语言和文学》教科书四年级第二册②“我们来到这个世界是为了行善”单元中，收录了苏氏的《充满善意的话》（图 6–2）：

有一个五岁的小女孩儿奥莉娅，她病得很重：感冒了，不停地咳嗽，身体日渐消瘦。奥莉娅的叔叔、婶婶、祖父、祖母来看她，都带来了美味和有营养的东西：椴树蜂蜜和奶油，新鲜的野生浆果和坚果，鹌鹑蛋和鸡翅汤。每个人都说：“你只要吃得好，呼吸新鲜空气，疾病就会跑到森林和沼泽里。”奥莉娅勉强吃了，但没有任何效果——女孩儿几乎无法起床。

Послухай уривок, а потім прочитай текст самостійно.

За Василем Сухомлинським

ДОБРЕ СЛОВО

В однієї жінки була маленька до́нька Оля. Коли дівчинці виповнилося п'ять років, вона тяжко захворіла: застудилася, почала кашляти й танула на очах. До нещасної матері почали приходити родичі: Олині тітки́, дядьки́, бабу́сі, дідусі́. Кожен приносив щось смачне й поживне: липовий мед і масло, свіжі лісові ягоди й горіхи, перепелині яєчка й бульйон з курячих крилець. Кожен говорив: «Треба добре харчуватися, треба дихати свіжим повітрям і хвороба втече в ліси й на болота».

Оля їла мед і масло, лісові ягоди й горіхи, перепелині яєчка й бульйон з курячих крилець. Але нічого не допомагало – дівчинка вже ледве вставала з ліжка.

Одного́ дня біля хворої зібрались усі родичі. Дідусь Опанас сказав:

– Чогось їй не вистачає. А чого – і сам не можу зрозуміти.

Раптом відчинилися двері і в хату ввійшла прабабуся Олі – столітня Надія. Про неї родичі забули, бо багато років сиділа прабабуся Надія в хаті, нікуди не виходила. Але почувши про хворобу правнучки, вирішила навідати її.

Підійшла до ліжка, сіла на ослінчик, узяла Олину руку в свою, зморшкувату й маленьку, і сказала:

28

图 6–2 《乌克兰语言和文学》四年级第二册课文《充满善意的话》

有一天，所有的亲戚都聚集在病人

① 苏霍姆林斯基著，赵玮等译：《帕夫雷什中学》，教育科学出版社 1983 年版，前言第 5 页。

② О. 彼得鲁克编：《乌克兰语言和文学》，用罗马尼亚语指导普通中等教育机构教科书四年级第二册，乌克兰利沃夫世界出版社 2021 年版。

床前发愁。祖父阿塔纳修感叹道："什么都给她了，还缺少什么东西？我真的无法理解！"

已过百岁的曾祖母娜杰日达来了。她走到床边，在凳子上坐下，用皱巴巴的粗手抚摸着奥莉娅，说："我老了，什么也看不见。亲爱的曾孙女，我只带了一件礼物——发自内心的祝愿。我心中唯一的愿望就是你，我的小花朵，在明媚的阳光下重新绽放。"就是这句暖心的话产生了巨大的精神力量，小奥莉娅的心怦怦跳着，脸颊变成了粉红色，眼睛里闪烁着喜悦的光芒。

"这就是奥莉娅所缺少的，"祖父阿塔纳修说，"一句充满善意的暖心话语。"

课后的阅读思考如下：

（1）女孩儿怎么了？她的亲戚给奥莉娅带来了什么？他们给出了什么建议？它帮助了生病的女孩吗？曾祖母带着什么来找她的曾孙女？用故事里的话告诉我们。

（2）你从这篇文章中得出了什么结论？分析文本的主要思想（道德原则），借助字典熟悉"Доброго слова"① 在乌克兰语中的含义，并将之与你从母语（非乌克兰语学习者）阅读课程中得到的信息进行比较。

（3）阅读瓦西里·苏霍姆林斯基的相关作品（《为什么鸽子会飞到奥列格那里》《为了小麻雀的圣诞树》《秋天花园里的苹果》《娜塔莎怎么从狐狸那里买到一个馊主意》《懒惰的枕头》），想一想它们在赞扬谁，谴责什么。

这个单元还做了进一步引申——你如何理解"我们来到这个世界是为了行善"，并且有探索性的小案例。其中一首小诗——Л. 扎巴什塔② 的《人的个性从善良开始》耐人寻味：

人的个性从善良开始，
从情感和爱心开始，
从父亲的房子和院子里开始，
从每一个字节中听到的尊重开始。

人的个性从善良开始，

① 字面意思为"好的话语"。

② Л. 扎巴什塔（1918—1990），乌克兰女诗人、剧作家、散文作家。

同情弱者，不惧邪恶。
是时候让每个人都明白这一点了，
我们就是为了做好事才来到这个世界。

人的个性从善良开始，
由透过心灵的一束亮光而高尚。
这个道理，亘古通今颠扑不破，
时时刻刻激励着我们。

和谐的全面发展的个性形成从行善开始，要走向高尚之巅峰必须有牢固的道德核心。苏霍姆林斯基认为："道德教育的核心问题，是使每个人确立崇高的生活目的。个人对未来的憧憬，应当同今后十年、二十年、五十年的社会生活紧密地联系在一起。优秀教师的经验表明，如果学生为了未来，不仅甘愿献出体力，而且献出精神力量，特别是毅力和情感力量的时候，可以说他们在青少年时期就有了崇高的生活目的。"[①] 这种"高尚""崇高"是一个潜移默化的过程。它不是靠背教科书、打分数来培养的，而表现在细水浇灌的向善向上所产生的行动、活动中，以及萌发于孩童心灵的相互关系里，个人道德信念是道德教育的最终结果；面对道德、精神、文化不断发展的社会，道德教育要在宏伟的生活背景下展示整个世界和个人的生活前景，使学生获得智慧、创造性及个性领域的尊重感，认识到自己是社会进步的参与者；一个真正的教育者用来衡量道德的、精神的和文化的标准的标尺，应当瞄准未来，教师为未来而工作，学生为未来而劳动，时时刻刻关注未来，由理解社会理想形成个人崇高的生活目的！

① 苏霍姆林斯基著，世敏、寒薇译：《爱情的教育》，教育科学出版社 1985 年版，第 123 页。

本书作者在巴甫雷什学校和中学生一起参加劳动后合影

（张聪　摄）

劳动与智能是并驾齐驱的

巴甫雷什苏霍姆林斯基教育纪念博物馆保存了许多当年巴甫雷什中学留下来的生产实习工具，有农用的播种机、脱粒机、扬谷机，有工用的车床、钻床、铣床，还有实验、供维修机械用的仪器仪表、钳工工具……学校参加了莫斯科经济成就全联盟展览，因成绩优异获得奖励，成为苏联中学劳动教育首批获表彰单位。苏霍姆林斯基创造性地发展和实践了教育与劳动相结合的原则，自主开发了一套完整的劳动教育体系。

“巴甫雷什牌小轿车”

因为我国国内对巴甫雷什中学坚持劳动教育的做法存在不少曲解，所以我特意了解了一下当时苏联政府的劳动教育政策。这个政策是站在列宁的综合技术教育理论的高度来制定的，但在具体实践中走了不少弯路：20 世纪二三十年代，片面地强调“实际”而忽略了基本科学知识，把教学的重心转移到了生产方面，教学从属于生产劳动，使普通教育也蒙受了很大损失；为了克服这一问题，苏联政府要求把全部力量放在学生系统的科学知识学习上，忽略了综合技术教育和劳动教育，教学又与生产劳动脱了节。苏共第十八次代表大会以后，政府重提教学必须同生产劳动紧密联系，重新审定了教学大纲，加强对学生的实际训练，但由于卫国战争而没有深入贯彻下去，只有乌克兰有结合自己实际的劳动教育实践实验（注意：不只是巴甫雷什中学一所学校）。苏霍姆林斯基 1958 年 7 月 13 日在给赫鲁晓夫的信中就写道[①]：

在 10 多年时间里，我们学校的教师集体，其中包括我个人，为达到一个高尚目的——不是帮助年青一代准备考入高校，而首先是准备参加工人和农民的劳动——而工作着，以使青年对劳动的追求如此热烈，如此充满崇高而豪迈的精神……在战后头几年我们就已发觉，受教育者把考入高校当作唯一目标，这给他们的道德发展带来极其有害的后果，使他们脱离劳动人民的生

① 苏霍姆林斯基著，韩骅译：《瓦·阿·苏霍姆林斯基致尼·谢·赫鲁晓夫的一封信》，《外国教育研究》1988 年第 4 期，第 39–42 页。

活。这一缺陷不单使我们农村教师感到忧虑，而且可以说使我们感到难过，引起我们的内疚……

我们知道有很多中学，那里的教育集体多年来一直为尽可能帮助青年作（做）好劳动准备工作着。……既（即）使数百所中学的工作尚无足轻重，既（即）使它没有解决生活提出的所有课题，但不能小看已取得的成绩。在数百个进行生产教学的乌克兰学校中，已作（做）到：中学生能熟练驾驶拖拉机、康拜因，具备了车工、钳工、畜牧技师、农业技师的专业技能，毕业后可立即走上工作岗位。

1952 年，苏共第十九次代表大会提出了向共产主义过渡的伟大任务和普及十年制中等教育的重大任务，迫切需要实行综合技术教育——学习现代生产的一般原理，掌握现代生产劳动的基本知识（动力学、机器学、工艺学、生产组织）和技能技巧（读图制图、计量实验、加工装备、农业生产）。综合技术教育所要研究和掌握的，是适应社会主义和共产主义建设要求的现代生产知识和技能，而不是一般意义的手工生产劳动。为支持建设教育实习工厂和教学实验园地，苏联政府下令把工厂、企业用不着的机器设备无偿地赠送给学校，要求地方政府把节余经费给学校作为购置综合技术教育的装备之用；修改有关学科的教学大纲，在教学计划里增设新学科，如一至四年级增设手工劳动课，五至七年级设实习工厂和实验园地，八至十年级设实习课，组织生产实习；加强师资培训，利用校外技术人员如工厂工程师、拖拉机站工程师、农学家、汽车司机、木匠师傅等到学校来兼课或帮助教师。

图 7-1　20 世纪 60 年代，巴甫雷什中学的学生在修理播种机

巴甫雷什中学的劳动教育可以说是理论和实践结合的典范（图 7-1）。他们最初的儿童劳动教育就显得与众不同——能够自己建造适

应不同学龄学生操作的实习工具，如儿童教学电站、低电流发动机、小型儿童机床、小型农机具……我们来看两篇小学生作文：

我的叔叔是一个康拜因手。他开着一台大机器。他面前是一大片麦子。锋利的刀子割断麦秆，脱粒机给小麦脱粒，麦粒小股小股地流入谷箱。一辆汽车开来，把麦粒运到麦场上去……会有很多的白面包……

——尤拉

我们学校里有一台小小的脱粒机。就是这一台机器……同学们在学校园地里收割完小麦，捆成5捆。小脱粒机开始嗡嗡响起来。它把小麦脱了粒，我们把麦粒装进口袋，将用它们来播种（图7-2）。

——万尼亚

图7-2　学生正用万尼亚描述的小脱粒机给小麦脱粒

村里有自动化的康拜因——联合收割机，但孩子们只能远看不能操作。苏霍姆林斯基认为，孩子如果玩单纯的玩具，很快就会厌烦了，如果是“真的”可以亲自操作的机器，这对孩子来说就是有益的、有用的，而且是有趣的劳动，是严肃的工作。劳动与智能是并驾齐驱的，你越会用手工作，通向科学的大门向你开得越大。较早地参加生产劳动，会使综合技术教育更容易实施，并为在学龄晚期广泛地掌握综合技术方面的技能和技巧创造条件。

参观各种农工机具期间，纪念馆的工作人员带着我们来到一个看似玩具的小汽车前：“你们看看这是什么？”

“小轿车模型！”仔细瞅——驾驶座位可以容纳两个小孩，方向盘、挡位器、刹车、转向灯一应俱全，真像那么回事儿（图7-3）。

“这可不是一般的玩具模型，”纪念馆的工作人员打开后备厢盖，露出发动机和电瓶，“它是轿车的微缩版，是真的，给电动装置换上新电瓶，还可以开着跑呢。”

我们昵称它为“巴甫雷什牌小轿车”。

回国后，我赶紧查阅《帕夫雷什中学》，在苏霍姆林斯基的实践记录中，

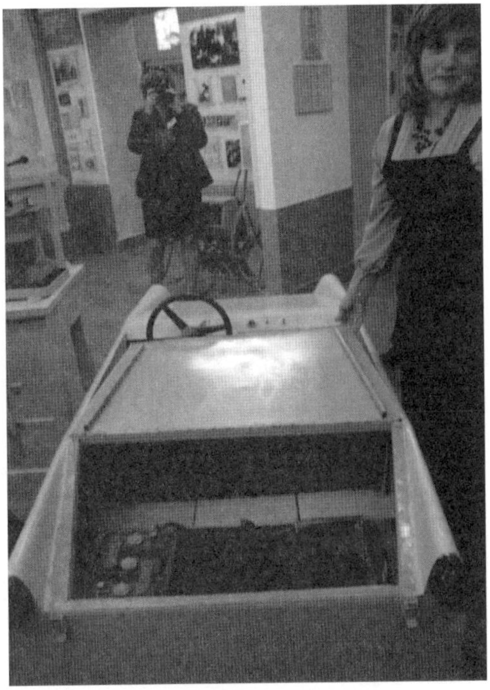

图 7-3　纪念馆的工作人员在介绍微马力汽车的内部结构

还真有这样类似高科技的新鲜玩意儿。

——低年级学生劳动中有游戏成分，构筑和制造模型先从使用软金属丝和塑料薄板做起，如用铁丝制作拖拉机、汽车、飞机模型。

——孩子们总是耐心地学习技能，学会了，他们就有权去学习驾驶微马力汽车（这是供八九岁的学生驾驶的）。学会驾驶微马力汽车之后，学生还想去驾驶摩托车，随后又盼着驾驶真汽车。

——少年机械师小组 10～12 岁的孩子学习驾驶微马力汽车，然后是摩托车；这个小组能力较强的学龄中期学生则学习驾驶拖拉机。所有的男女生到十四五岁时都会驾驶拖拉机和汽车。

——1965—1967 年，学校给高年级学生在自动化小组和无线电电子学小组里，以及在电工和无线电技术课上装配了 45 台“电子计算机”，它们都在数学、物理、化学和语法课上得到了应用。高中学生同五至八年级学生一起为低年级学生制作了 2 辆微型汽车，安装了 2 座儿童教学电站，制造了 40 多套儿童工具……

苏霍姆林斯基认为，儿童的智慧不光在头脑里，而且表现在指尖上。仿照真机器制造和使用活动模型只是创造的初步阶段，更重要的是，要让孩子们学会独立思考，编制新机组，发现新用途。他一再重申，这不是培养学生的职业化，也不是过早地专业化，而是劳动的基础、技术素养的基础、创造的基础。

既颁发毕业证书，又颁发职业证书

在巴甫雷什，我终于见到了寻觅已久的珍宝——巴甫雷什中学的第一个中国造访者王绮老师的留言资料，署名身份是浙江省杭州大学教育系教员、留苏进修教师，访问时间是1959年5月5日至12日，钢笔蓝色笔迹清晰可辨。留言全文如下：

还在我未来到这里之前，就已经读过校长B.A.苏霍姆林斯基同志写过关于这所学校的工作经验的文章，因而我怀着极为迫切的心情拜访了这所学校。在这一周的逗留时间里，我和校长做了详细的谈话，并参观了学校工厂、教学实验园地、温室以及实验室，和学校工作人员进行了详细的交流，并出席分析课，使我学到不少宝贵的经验。其中特别是从幼年阶段即组织儿童进行生产劳动的经验，对于我们来说显得有极为重要的现实意义。这所学校不仅在农业劳动方面取得极为显著的成就，而且在工业劳动方面也有不少好的经验值得我们学习。这所学校正确地解决了农业劳动和工业劳动紧密结合的问题，从而解决了培养全面发展新人的方向问题。事实证明了这所学校的毕业生已经不是过去的我们狭隘的手工艺者，而是掌握了多种专业的、兴趣广泛的、综合技术极好的基础的新的劳动者。让我热烈地祝贺这所学校取得的成就！

其次应当感谢B.A.苏霍姆林斯基同志对我个人极为热情的招待。在我逗留时他给予我无微不至的关怀和帮助，同时尽各种可能来帮助我解决由于语言所产生的困难，使我获得了需要的各种资料。更使我难忘的是与各个班级的孩子们的友谊的会见，这种会见极为鲜明地证实了中苏两国人民伟大的友谊！

请允许我再一次表示我深刻的感谢！

王绮

1959年5月11日

王绮老师之所以认为这所学校的劳动教育“有极为重要的现实意义”“解决了培养全面发展新人的方向问题”，是因为当时我们国家将教育工作方针确定为“教育为无产阶级政治服务，教育与生产劳动相结合”，并且正在如火如荼地实践，这一方针深受苏联教育改革蓝图的影响。

从小学开始对学生进行劳动教育不是巴甫雷什中学的独创，但它是这所学校一直坚持下来的特色，在全乌克兰起到了强烈的引领作用。我国的《教育译报》早期曾刊发过苏氏的《学龄初期和学龄中期学生的劳动教育制度》一文。1954年，乌克兰批准了32所学校推行实验，其中26所学校实验在普通学校培养中等技术人员，6所学校实验在普通学校培养熟练工人。1955年，培养熟练工人的学校增加了205所，涉及40个工种；培养中等技术人员的学校增加了56所，涉及28个专业。学生毕业时，学校给他们既颁发毕业证书，又颁发职业证书。

20世纪50年代中期，中国中小学教师代表团访苏时，曾对乌克兰的做法予以关注——为了使学生对参加生产有更好的准备，应当在普通学校里给学生以职业训练；也曾注意到苏联教育界的不同意见，为此专门向俄罗斯教育科学院了解情况，俄调研专家认为乌克兰的做法使学生对专业产生了兴趣，但过多地注意学生的实际活动，会减弱普通科学知识的学习，加重学生的负担，不一定能达到所希望的目标。

随着苏联七年制义务教育的普及和中等教育的发展，青年升学与就业的矛盾越来越大。1954—1957年，全苏联有250万以上的中学毕业生未能升学，仅1957年至少有80万名中学毕业生不能升学。他们对参加生产劳动既无思想准备，又无实际的劳动技能。对此，苏联政府提出“培养正在成长的一代走向生活、走向有益的劳动”应当成为学校的主要任务，延长学制为十至十一年，许多地方“一边倒”地突出学校劳动教育，规定九至十一年级每周劳动12课时，毕业生必须获得职业技术合格证书，否则不向其颁发中学毕业证书。如吉尔吉斯苏维埃社会主义共和国部长会议通过一项决议，责成各学校的八至十年级学生组织学生生产队，到集体农庄和苏维埃农场工作，生产队由生物教师领导，独立地完成任务，每日的劳动不得少于6小时，劳动定额比成年庄员低25%。苏霍姆林斯基对此忧心忡忡，本着对教育思想的执着追求，他在上书当时的苏共总书记赫鲁晓夫时，阐述了自己对改革国民教育系统的看法①：

我们的学校本应是统一的和多样性的，但实际上是统一的和单一的，结果不可避免地使教育日益脱离生活，成为国民教育的主要缺点。

我认为，应沿着开办不同类型的、统一的综合技术学校的道路改革国民教育系统。所谓统一，是在所有学校都应按照共产主义建设任务对人的要求，帮助所有人做好劳动准备这个意义上的统一。有些种类和级别的劳动，今后

① 苏霍姆林斯基著，韩骅译：《瓦·阿·苏霍姆林斯基致尼·谢·赫鲁晓夫的一封信》，《外国教育研究》1988年第4期，第39–42页。

将要求高业务技能等级的专家，所以帮助青年准备进大学应是普通中学的任务之一。……在社会主义社会里，儿童、少年、青年男女只有一种不平等，就是天赋和才能的差别。应为具有天赋的人们开辟通向知识巅峰、通向科学的广阔道路。这种能解决这一极其重要问题的办法，是与未来科学和我国文化的利益一致的。但这并不意味着要为最具天赋才能的孩子开办特种学校。在这个问题上我不能同意您的意见，因为这种学校与我们国民教育体系的民主精神是相违背的。……

普通中学学生除接受普通中等教育之外，必须获得普通工人职业知识，劳动教育在其他所有类型学校也是道德和精神上的教育方向。

……

在这洋洋洒洒的“万言书”中，苏霍姆林斯基针砭当时苏联教育之弊，分析是理性的、实事求是的。他提出学校应考虑农村青年涌入城市所必需的技能及培养，在规划完全中学网络时应严格遵循城乡均衡的原则，这颇具前瞻性。面对苏联最高领导人，他敢于直言“在这个问题上我不能同意您的意见”，表现出一名基层教师的勇敢担当。

劳动的乐趣是一种巨大的教育力量

置身于巴甫雷什，我们不得不再次思索劳动教育理论及其实践意义。

马克思主义经典作家最早关注的劳动与教育的关系，是近代欧洲广泛存在的长时间使用童工反映出来的问题，以及贫富家庭儿童接受教育极端不平等的现实情况，他们提倡把生产劳动同教育结合起来。如马克思、恩格斯在《共产党宣言》里就写道：“最先进的国家几乎都可以采取下面的措施……对所有儿童实行公共的和免费的教育。取消现在这种形式的儿童的工厂劳动。把教育同物质生产结合起来，等等。”[①]而劳动与教育的结合是建立在大工业、现代科学技术发展的基础上的，目的是培养全面发展的人。马克思在《资本论》第一卷中，针对《工厂视察员报告》提到的“工厂教育是强制性的，并且是劳动条件之一”“我希望我自己的孩子们能有劳动和游戏作为他们上课的调剂”“造就优秀工人的真正秘诀，在于从幼年时期起就把劳动与智育结合起来”等，以及大工业发展到一定水平，通过物质生产方式和社会关系的变革，

① 马克思、恩格斯：《马克思恩格斯选集》（第 1 卷），人民出版社 1995 年版，第 293–294 页。

使人的头脑发生变革的趋势，集中评论道[①]：

尽管工厂法的教育条款整个说来是不足道的，但还是把初等教育宣布为劳动的强制性条件。这一条款的成就第一次证明了智育和体育同体力劳动相结合的可能性，从而也证明了体力劳动同智育和体育相结合的可能性。……正如我们在罗伯特·欧文那里可以详细看到的那样，从工厂制度中萌发出了未来教育的幼芽，未来教育对所有已满一定年龄的儿童来说，就是生产劳动与智育和体育相结合。它不仅是提高社会生产的一种方法，而且是造就全面发展的人的唯一方法。

马克思还在《给临时中央委员会代表的关于几个问题的指示》中指出，首先应当使儿童和少年免受现代生产体系的破坏作用的危害。这只有通过变社会意识为社会力量的途径才能办得到，而目前只有通过普遍的法律才能办得到。“从这一点出发，我们说，如果不把劳动和教育结合起来，父母和企业主无论在任何场合下都不可能解决儿童和少年参加劳动的问题。”[②] 在《哥达纲领批判》里他又指出：“在按照各种年龄严格调节劳动时间并采取其他保护儿童的预防措施的条件下，生产劳动和教育的早期结合是改造现代社会的最强有力的手段之一。”[③] 请注意，马克思谈的是近代欧洲劳动与教育、教学的结合问题，他在不同场合谈到的“教育”与“教学”“智育”、“体育”与“体操”等用词是有区别的。

列宁更强调劳动是人的普遍和全面发展的条件，他早在《民粹主义空想计划的典型》中，就对民粹主义“中学应该同时是农庄，应该靠本校学生的夏季劳动来维持”的空想提出批评，认为不能把这种思想硬套在“中学”上，

①马克思、恩格斯：《马克思恩格斯全集》（第 23 卷），人民出版社 1972 年版，第 529 –530 页。瞿葆奎《劳动教育应与体育、智育、德育、美育并列？——答黄济教授》（《华东师范大学学报：教育科学版》，2005 年第 3 期）考证，在马克思德文版《资本论》中，“智育”用的是“Unterricht”（教学）这个词，“体育”用的是“Gymnastik（体操）”这个词（Band I，Berlin，1953，s. 508）；在恩格斯校订过的英文版《资本论》中，“智育”用的是“instruction（教学）”这个词，“体育”用的是“gymnastics（体操）”这个词（vol. I，Foreign Languages Publishing House，Moscow，1959，pp. 482–483）。

② 马克思、恩格斯：《马克思恩格斯全集》（第 13 卷上册），1936 年俄文版，第 198–199 页。转引自《教育译报》1957 年第 1 期。

③ 马克思、恩格斯：《马克思恩格斯全集》（第 3 卷），人民出版社 1972 年版，第 220 页。瞿葆奎考证这里的“教育”在德文版《马克思恩格斯文选》（两卷集）中为“Unterricht”（教学）（Band Ⅱ，1955，s. 28），在英文版《马克思恩格斯文选》（两卷集）中为“education”（vol. Ⅱ，1958，p. 36），1995 年人民出版社《马克思恩格斯选集》（第 3 卷）第 2 版将“教育”改译为“智育”。

硬套在用学生的劳动可能“抵偿”中学的经费这一点上[①]。

如果不把青年一代的教学和生产劳动结合起来，未来社会的理想是不能想象的；我们不可能把脱离生产劳动的教学和教育或者把脱离相应的教学和教育的生产劳动，提到现代技术水平和科学知识现状所要求的那种高度。……很显然，为了把普及生产劳动同普遍教育结合起来，必须使所有的人都承担参加生产劳动的义务。……我们的这位“民粹主义者”是这样解决这个问题的：他认为从事体力劳动的义务的确应当作为一项普遍的原则确立下来，但决（绝）不是对所有的人都规定这样的义务，而只是对那些贫苦的人规定这样的义务。

列宁在1917年《修改党纲的材料》关于学校教育的内容中又指出：“对未满16岁的男女儿童一律实行免费的义务的普通教育和综合技术教育（从理论上和实践上熟悉一切主要生产部门）；把教学和儿童的社会生产劳动密切结合起来。”[②]他还在1920年共青团第三次代表大会《青年团的任务》的演讲时强调：“把自己的训练、学习和教育同工农劳动结合起来，不要关在自己的学校里，不要只限于阅读共产主义书籍和小册子，只有在劳动中同工农打成一片，才能成为真正的共产主义者。”[③]列宁更远地考虑到了电气化时代高于一般劳动意义的综合技术教育。

这里之所以不厌其烦地考索经典论述，是因为实践中认识的偏差往往来源于对理论的误读。近年来，我不断参与中小学劳动教育课题评审，也经常到学校参观考察，发现好多课题是从概念到概念、从理论到理论的探索，缺少劳动试验场所，对当地资源没有有效利用；或编教材、讲教材，或以劳动代替教学，劳动教育在一些学校成了形式化的装扮。究其原因，我们也许认识到了劳动的意义，但对教育之根本却不知不觉地忽视了——没有弄清楚经典作家论述“教育”“教学”的时代背景、概念层次及先后关系区分，前述

---

① 列宁：《列宁全集》（第2卷）俄文版，《教育译报》1956年第6期将标题译为《民粹派空洞计划的典型》。人民教育出版社编译的《列宁教育文选》1957年版第20页将引文第一句译为“如果不把青年一代的教学和生产劳动结合起来，未来社会的理想是不能想象的”。而人民出版社的《列宁全集》第2卷1959年版第413页则将其译为“没有年轻一代的教育和生产劳动的结合，未来社会的理想是不能想象的”。

② 苏联教育科学院编，华东师范大学《列宁论教育》辑译小组：《列宁论教育》（上卷），人民教育出版社2001年版，第463页。

③ 列宁：《列宁选集》（第4卷），人民出版社1972年版，第358页。

苏联学校在执行中非“左”即右的做法就是值得吸取的教训。对于劳动教育，理论、决策层面更多考虑的是宏观的教育，实践层面则是要重点考虑具体的教学和实际操作。回想我刚上初中时，家里才通上电。为了多装上一盏电灯，我利用《工业基础知识》课本学到的电路理论和《农村电工手册》上“火线零线并排走，零线直接进灯头，火线接在开关上，通过开关进灯头”的口诀，对照简单明了的电路安装图，竟然接上了一盏灯。由于没有开关，我便用干木材和铁丝自制了个闸刀，下雨打雷时屋里燃起火球，吓得我母亲赶快用裁衣剪刀把电线剪断。惹了这场祸后，对理科特别迟钝的我，立刻刻骨铭心地知道了导体、半导体、绝缘体的概念区分，也萌发了探索的好奇心。

苏霍姆林斯基在运用马克思主义教育原理时朴素地认识到：在共产主义理论创立时，人们难以想象到，种地需要掌握电子技术，但现在我们的田野里已经出现了带有程序控制的点播机，农民也面临着掌握新型劳动工具的任务。这给新型分工带来了无限的可能性，从而为人的全面发展带来无限的可能性。对学生而言，劳动的乐趣是一种巨大的教育力量，使各门科目深入扎实的基础知识与某一门科目、某一方面知识的特殊兴趣的发展相结合，才能唤醒、发挥他们的创造力。如果本应成为少年科学家、未来学者的学生落到平庸书呆子的地步，那些没有表露出明显才能和天赋的天分，就永远也无法发挥出来了。

巴甫雷什学校的成功经验给了我们有益的启示：劳动本身不是目的。教育与生产劳动结合的前提是生产需求，而不是教育本身；是促进关系，而不是替代关系。教育的本真不能改变。真正的结合点是科技进步与人的需求的碰撞点，是受教育者的渴望，而不是消极的应付。这不仅有现实性，也更有前瞻性。教育的内容和方式必须改变。当今，我们的社会正从工业时代跨入信息时代、数字时代、智能时代，人的创造力和个性全面发展已达到前所未有的高度，劳动教育将被赋予新的内涵而得到加强！

苏霍姆林斯基在书房查阅资料
（苏霍姆林斯基教育纪念博物馆资料照片）

打开世界之窗的书

巴甫雷什苏霍姆林斯基学校是书的海洋，书籍是孩子观察、认识世界和自我的窗口。

驻足苏霍姆林斯基的书房，看到两边从地面到天花板的书墙，我被震撼了。虽然经济上付出不少，但苏氏心里一定是满足的：如果没有书籍，教师将无力影响学生的意志。由于读书，青少年的兴趣像火一样被点燃起来。

“思想之室”

德尔卡琪校长介绍说，学校图书分布有五个区域：

一是图书馆，这里有 3 万多册图书。书籍在学生心灵和文化领域架起一座真正的桥梁。在当今信息化时代，培养读书兴趣尤为重要。它让孩子们在纷繁复杂的世界之外静下心来，与自己的灵魂对话。

二是教学楼的每一层和楼道都有阅览室或书架，陈列适合相应年龄阅读的图书，老校长称它为“思想之室”。这些书由学生自己管理，也可以带回家阅读。

三是教室的后墙。根据学龄特点，每个教室都配有适合学生课堂阅读的童话、故事和各科课外阅读书。上课的许多环节是引导学生读书，他们可以随时随手去拿。

四是纪念馆，除珍藏教育家的代表作、手稿外，相当一部分是全乌克兰苏霍姆林斯基研究会的研究成果，国内和各国学习交流的赠书。

五是教育家个人藏书，现在保留在这里的大约有 7 000 册，只供参观并不外借。

此外，德尔卡琪校长这几年到中国开会，每次都要带回几大包书刊和会议交流资料，主要是苏氏著作的中文译本、学者研究著作、结对友好学校的实践成果，基本存放在纪念馆中，有的则放在基辅的苏霍姆林斯基国家教育科学图书馆保存。

作为一个传统，学校每年 9 月 1 日的开学仪式同时是图书节，一般在校园空地上举行，大型节庆活动则移到镇体育馆里举行。这天，扮演童话角色的人物来到现场，随着歌声响起，“知识王子”举起象征智慧的火炬，“科学女神”讲述书籍在人类生活中的作用，“童话之家”邀请新生加入，十一年级的学生走近刚入学的小孩，赠给他们每人一件纪念品——一本书。一年级的新生手持白毛巾排成一列，仿佛一只只小鸟向知识海洋张开了白色的翅膀。学期中间，学校还邀请家长参加学生阅览室的建设。活动在学校图书馆举行，邀请作家向孩子们介绍他们自己写的书，进行阅读知识竞赛，评选出“全班最佳读者”。父母根据学生的年龄特点选择书籍，将带有签名的图书作为奖品赠送给孩子们，并要讲述这本书的来源、价值。

在学生毕业前夕，学校还要组织隆重的毕业典礼，其中最重要的一项活动也是图书节。毕业生首先参观纪念馆，瞻仰教育家的手稿、作品和书房，告诫孩子们“没有书的头脑就像没有翅膀的鸟”，提醒他们尊崇知识、永远爱上书籍；然后，全校师生到体育馆表演童话剧，回顾老校长写的童话故事，师生共同做交流读书格言的游戏，“书仙子”送给孩子们一份读者备忘录——如何读书和利用图书；最后，一年级学生给每个毕业生献上鲜花和题写有临别赠言的一本书，毕业生向学校图书馆捐赠图书，学生代表向老师和学校致谢辞。

学校是书的海洋，教师则是带领孩子到世界各地旅行的舵手。苏霍姆林斯基教育纪念博物馆还收藏着苏氏教学用过的地球仪。正是这小小的“地球”，把孩子的视野逐渐从故乡的田野、森林，扩大到祖国与全球的大自然和生活图景：一年级，学生已经很清楚地球是一个巨大的球体，同一个时候的不同角落有的是白昼有的是黑夜，有的是酷暑有的是严冬；二年级，孩子们可以坐在“绿色教室”里，演示太阳、地球、月亮的运行轨迹，随着地球仪的转动做“环球旅行”，了解祖国的发展概况，理解社会主义和资本主义制度有什么不同，领略地球不同角落人们的劳动和生活场景；三、四年级学生可以看一些文学名著、历史知识、科普读物、名人和英雄人物事迹、介绍世界各民族的书；五至七年级学生就可以多看与学习有关的课外读物，甚至是自己感兴趣的专业书籍；八至十年级学生阅览室的图书反映了青少年认识世界多方面的意愿——他们对科学尖端问题尤为关注……世界的范围在孩子面前扩大了，不仅仅是海和洋、陆地和岛屿、植物和动物。孩子们不能作为一个冷眼旁观的人，而要作为能为人类的命运分担忧虑的人进入这个世界。

在这里，我还了解到苏霍姆林斯基引导学生对文明古国、社会主义中国的关注——“人类的物质和精神文明问题，在我校的课外活动中占有相当重要的地位。我们经常举办晚会，介绍古希腊、埃及、中国、印度、美洲印第安人、拉丁美洲各国人民及西伯利亚各族人民的文化。”“我们经常激起孩子们对他们在保加利亚、匈牙利、越南、中国、朝鲜、古巴、波兰、罗马尼亚、捷克等国的朋友生活的浓厚兴趣和同情。孩子们将图片、诗篇作为礼物赠送给自己朋友并向他们祝贺国庆节，祝贺生日。”

图 8–1　本书作者置身于苏霍姆林斯基的书房

在他向中学生推荐的外国文学名著书目中，我竟然找到了鲁迅先生的《阿Q正传》（图 8–1）。

1928 年，乌克兰人通过转译法文本第一次接触到中国现代文学作品《阿Q正传》（彼得马吉里内译）。1929 年，《阿Q正传》俄译本（瓦西里耶夫译）由列宁格勒激浪出版社出版，其后在苏联有 4 种俄译本，还有 20 多种苏联各民族文字的译本。1956 年，苏联著名作家鲍里斯·波列沃依[①]访华时，曾经对与鲁迅友谊颇深的翻译家曹靖华先生说，20 世纪 30 年代他最初读到《阿Q正传》俄译本时，发现书中描写的不是帝王与妃子们的逸事，也不是神话传说，而是苏联人民迫切关心的中国被损害、被侮辱的普通百姓的悲惨命运。他们

① 鲍里斯·波列沃依（1908—1981），苏联著名记者、作家，曾获“苏联社会主义劳动英雄”称号；1956 年访问中国后，写成《旅行中国三万里》一书，对新中国建设事业表示出极大的敬意。

很同情阿Q的悲惨遭遇，不甘心阿Q就这样被无辜杀害，便将这部作品改编成剧本——《阿Q在广州的街垒上》。波列沃依说："我还清清楚楚地记得，这个不幸的人的悲惨结局不符合我们的心愿。当时，这种结局和从中国传到我们身边的阶级斗争的回响不相称。经过我们的改编，这个可怜的雇工，在一个当苦力的共产党员的宣传下，走上了革命斗争的道路。他到广州去了，在那里参加了广州起义。最后一幕是，他为保卫广州公社，手擎飘扬的大旗，身染心爱的姑娘的鲜血（我们改编的戏里，当然也出现了这样一个人物），大无畏地奔向用桌椅堆起来的街垒……"①

在苏联读者看来，《阿Q正传》是20世纪触及中国国民灵魂、打开心灵钥匙的小说，鲁迅被认为是"中国的果戈理"，阿Q被比作"中国农村的堂吉诃德"。20世纪50年代，中乌文化交流频繁，从1955年开始，以伊凡·契尔科②为代表的汉学家集中将中国现代文学代表作由汉语直接翻译成乌克兰语，其中就有鲁迅先生的《故乡》（基辅：儿童出版社，1957年）、《阿Q正传》（基辅：青年出版社，1958年）、《鲁迅选集》（基辅：乌克兰国家文学出版社，1961年）等。因为"共同的时代问题"的共鸣，这些中国现代文学经典自然进入了苏霍姆林斯基的视野。遗憾的是，我在查阅20世纪20年代至21世纪初乌中文化交流资料时，没有看到乌克兰学者提及苏霍姆林斯基对中国教师的影响。

向乌克兰中小学生推荐的中国书籍

受好奇心驱使，我想进一步知道现在乌克兰中小学生是否读中国的书，他们对中国历史文化是否熟悉。经了解，乌克兰的中小学《语言和文学》《我探索世界》《历史》等教科书都或多或少地会谈到中国，尤其对中国古代四大发明和农业科技感兴趣；我们初到巴甫雷什镇时走进的那个中心学校的校长主动地讲他是教历史的，而且对中国历史特别感兴趣，平时喜欢读这方面的书籍，并向学生讲中国文化；在乌克兰国家教育科学院，瓦·格·克列缅院长也特别谈到中国近现代史，加之20世纪50年代中苏的特别友谊和现在

① 乌兰汗著：《〈阿Q正传〉在苏联》，《人民日报》1961年9月22日第8版。

② 伊凡·契尔科（1922—2002），乌克兰著名汉学家，世界反法西斯战争期间参军曾到过中国，1953年退役后担任报刊编辑，后任乌克兰基辅国立塔拉斯·谢甫琴科大学教授。他通晓中国文化，译介中国古今文字作品超过30种。

“一带一路”倡议下中乌两国的联系加强，他们特别想了解中国现代史及对重大历史事件的评价；在十、十一年级的历史课本中，有“中华人民共和国成立”“世纪之交的中国转型过程”“多极世界的中国”等章节。乌克兰的课程标准及解读中有专门介绍中国文学代表人物和代表作品的，主要有三个方面。

一、以童话和神话传说为主题——“世界人民的故事”

这部分对学生学科能力的要求如下：

（1）认真阅读童话故事的文本，了解阅读内容的主要观点，可以自己讲述童话故事（单个片段和整体）。

（2）表达对作品事件的印象和自己的态度，总结童话人物的特征，评估他们的行为，揭示童话故事的人文意义和体现的道德价值。

（3）明白民间传说和文学童话的主要特征，从阅读的作品中举例说明，揭示童话故事结构的元素（开始、起伏、结局，对话等）。

（4）知道“神话传说”“童话”的概念的定义，并在阅读的文本中区分它们，揭示其特殊含义，体现民族风味、创作的个性化方法（日常生活细节，民族形象，语言运用等）。

（5）知道著名童话作家和艺术作品名称（通过绘画、音乐、动画、电影等），比较乌克兰和外国民间故事，了解其中的共同元素（图像、情节、结构特征等）。

课程标准解读中给乌克兰小朋友介绍的中国作品，有创世神话《盘古开天地》和民间故事《神笔马良》（图 8–2）等。而“学校图书馆丛书”五、六年级文学课程读本则摘编了中国的《八仙》。其中的《让我们一起思考》给孩子们提出了一系列有趣的问题：

（1）你认为人们会长生不老吗？自然界中有什么永恒的东西吗？

ПЕНЗЛИК МАЛЯНА

(китайська народна казка)

Жив колись бідний хлопець на ім’я Малян. Із самого малечку він мріяв про те, щоб навчитися малювати. Та от біда: не було в нього за що купити пензлика. Якось довелося йому йти повз школу. Зазирнув він у відчинене вікно і побачив, як учитель малює картину. Зайшов хлопець у клас і попросив учителя хоч на деякий час дати йому пензлика. Учитель здивовано витріщив на нього очі, а потім як гаркне:

— Злидар! Малювати, бачте, йому захотілося. Ану геть звідси! — і вигнав Маляна зі школи.

«Хіба коли бідний, то й малювати не дозволяється?» — обурився хлопець, і йому ще дужче захотілося навчитися малювати. Бувало збирає хмиз у горах, візьме гілку і давай на піску пташок малювати. А то піде на річку, вмочить пальця у воду і тут, просто на камені, рибок малює.

З часом Малян навчився добре малювати, а пензлика в нього все не було. А як же він хотів його мати! Приснилося йому якось, що підходить до нього сивобородий дідусь і дарує йому вимріяного пензлика.

— Це чарівний пензлик, — сказав дідусь, — тож будь обережний із ним, бо може статися лихо.

Від радощів хлопець аж прокинувся. Що за диво! В руці він справді тримав пензлика. Схопився Малян й одразу заходився малювати птаха. Та щойно закінчив він роботу, як птах змахнув крилами та й полетів.

34

图 8–2 乌克兰《外国文学》五年级课文《神笔马良》

（2）对一个人来说，真正重要的是什么——活了多少年，或者什么东西能够满足人们的欲望？

（3）为什么人们自古以来就一直在寻找长生不老的秘密？有人设法找到它们了吗？

（4）设想这个话题——如果你永远活下去，或者至少活 5 000 年，你会如何规划自己的生活？

（5）一个人的哪些行为和思想会使他在后人的记忆中成为不朽？……

二、五至九年级的外国文学课程——“中世纪的东方文学”

这部分对学生学科能力的要求如下：

（1）了解并解释中世纪的年代界限、东西方中世纪文学的主要特征和趋势，知道西方和东方中世纪文学的杰出代表，确定他们对世界文化发展的贡献。

（2）描述中世纪文学发展的历史和文化背景，讲述作家（其作品用于文本研究）生活和工作中的主要里程碑，以及他们在民族文学发展中的作用。

（3）以阅读文本为例，展示宗教、哲学对文学的影响，了解西方和东方中世纪文学的主要时期和流派。

（4）定义英雄史诗（中世纪）、四行诗、十四行诗等体裁，突出其在所读作品中的体裁特征，确定艺术家诗词中的主题和动机，识别诗人作品中的代表符号及其蕴含的意义。

（5）比较东方诗歌中的抒情英雄形象（李白、杜甫、奥马尔·海亚姆①等），揭示中世纪作品的时代含义及历史价值。

其中关于中国唐代诗歌发展的专题中列举了代表人物李白和杜甫。介绍李白的作品有《玉阶怨》《落日忆山中》《南轩松》等，评价中提到“道家思想对他的世界观的影响”，有独创性的山水诗、奔放的风格是“自然之美和精神生活的体现”。介绍杜甫的作品有《蚕谷行》《春望》《旅夜书怀》等，评价中提到“儒家思想对他的世界观的影响”，认为他的诗突出历史与现实之间的联系，“以对生活和自然的感知、感情来表达自己的梦想和理想，以及对国家的忧虑”，他是一位现实主义抒情诗人。

① 奥马尔·海亚姆（1048—1122），波斯（今伊朗）诗人，数学家、天文学家，有诗集《鲁拜集》等。“鲁拜”是阿拉伯语，意为四行诗，第一、二、四行押韵。

图 8-3　“心灵之门——塔拉斯·谢甫琴科与杜甫对话”雕像

巧合的是，学习考察返程途中，在基辅国立塔拉斯·谢甫琴科大学植物园内，我无意中看到了杜甫的青铜雕像与乌克兰现实主义诗人谢甫琴科的雕像相向并立（图 8-3）。这是 2017 年中乌建交 25 周年时，中国美术馆馆长吴为山先生创作的作品。这组雕像被称作“心灵之门”，以两本书的形式呈现：左边是乌克兰的羊皮书，上面雕刻着头戴羊羔帽、手握鹅毛笔、凝目沉思的塔拉斯·谢甫琴科；右边是中国的线装书，上面雕刻着身体消瘦、背手挺立、眺望远方的“诗圣”杜甫，旁边写有他《茅屋为秋风所破歌》中的诗句：“安得广厦千万间，大庇天下寒士俱欢颜！”谈到“茅屋”，谢甫琴科也写过一首类似的诗——《茅屋旁有个樱桃园子》，还是在牢房里写的。与杜甫的忧思不同，这首诗倒有几分乐观的田园风格[①]：

茅屋旁有一个樱桃园子，
金龟子在树上嗡嗡飞舞，
农夫们肩扛耕犁往家赶，
女孩儿悠闲地唱着歌曲，
母亲早把晚餐摆在院里。
……

三、十至十一年级的外国文学课程——“青少年当代文学阅读”

这部分对学生学科能力的要求如下：

（1）作品阅读能力。了解世界当代作家及其作品与民族传统和文学发展趋势的联系，在阅读作品时举出联系的例子，讲述作品的主要事件和人物。

（2）价值判断能力。批判性地评估世界文学作品，对作品中的艺术形

① 塔拉斯·谢甫琴科著：《塔拉斯·谢甫琴科诗选》，乌克兰基辅第聂伯出版社 1977 年版，第 205 页。

象提出的问题进行判断，总结所读作品的普遍意义。

（3）语言表达能力。可以用流利的乌克兰语阅读内容，还可以使用外语交流，学会用外国门户网站搜索现代文学出版物（以外语知识为前提）。

（4）抽象思维能力。对作品的事件、过程、态度变化建立因果关系，通过探索形成研究结果，利用互联网资源获取新知识，在社交网络中撰写有关阅读作品的帖子，发表见解。

（5）自主学习能力。可以自主阅读，评论最喜欢的现代文学作品，揭示阅读作品中现代世界的实际问题，具备文化领域意识和自我表达。

其中介绍的中国现当代文学部分，仅能看到莫言和他的短篇小说《天才》（图 8–4）。课程标准解读中有这样一段话：“莫言（管谟业，1955—　），中国当代作家，诺贝尔文学奖获得者。《天才》讲述了一位才华横溢的年轻人，坚持不懈地寻找一种方法，来保护人们免受毁灭性地震侵袭的故事。”评价是“形象的人文本质和英雄在通往目标道路上的精神的稳定性”，认为作品具有强烈的神话色彩。

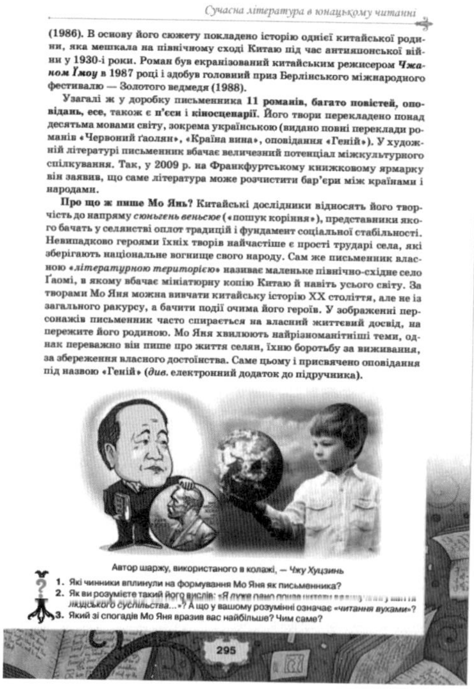
Сучасна література в юнацькому читанні

(1986). В основу його сюжету покладено історію однієї китайської родини, яка мешкала на північному сході Китаю під час антияпонської війни у 1930-і роки. Роман був екранізований китайським режисером ***Чжаном Їмоу*** в 1987 році і здобув головний приз Берлінського міжнародного фестивалю — Золотого ведмедя (1988).

Узагалі ж у доробку письменника **11 романів, багато повістей, оповідань, есе,** також є **п'єси** і **кіносценарії**. Його твори перекладено понад десятьма мовами світу, зокрема українською (видано повні переклади романів «Червоний ґаолян», «Країна вина», оповідання «Геній»). У художній літературі письменник вбачає величезний потенціал міжкультурного спілкування. Так, у 2009 р. на Франкфуртському книжковому ярмарку він заявив, що саме література може розчистити бар'єри між країнами і народами.

Про що ж пише Мо Янь? Китайські дослідники відносять його творчість до напряму *сюньгень веньсюе* («пошук коріння»), представники якого бачать у селянстві оплот традицій і фундамент соціальної стабільності. Невипадково героями їхніх творів найчастіше є прості трударі села, які зберігають національне вогнище свого народу. Сам же письменник власною «*літературною територією*» називає маленьке північно-східне село Ґаомі, в якому вбачає мініатюрну копію Китаю й навіть усього світу. За творами Мо Яня можна вивчати китайську історію XX століття, але не із загального ракурсу, а бачити події очима його героїв. У зображенні персонажів письменник часто спирається на власний життєвий досвід, на пережите його родиною. Мо Яня хвилюють найрізноманітніші теми, однак переважно він пише про життя селян, їхню боротьбу за виживання, за збереження власного достоїнства. Саме цьому і присвячено оповідання під назвою «Геній» (*див.* електронний додаток до підручника).

Автор шаржу, використаного в колажі, — *Чжу Хуцзинь*

1. Які чинники вплинули на формування Мо Яня як письменника?
2. Як ви розумієте такий його вислів: «*Я [illegible] людського суспільства...*»? А що у вашому розумінні означає «*читання вухами*»?
3. Який зі спогадів Мо Яня вразив вас найбільше? Чим саме?

295

图 8–4　乌克兰《外国文学》（概要）十年级教科书对莫言及其相关作品的介绍

莫言获得诺贝尔文学奖后，他的作品被大量翻译到了乌克兰。2016 年 6 月 13 日至 14 日，乌克兰全国作家联盟举办了莫言作品专题朗诵会，之前已被翻译的短篇小说《天才》[①] 引起教育界的关注，被摘要选入《外国文学》（概要）十年级教科书。课本导读中认为，莫言的故事可以毫不夸张地说，是对一位真正科学家的赞美诗；对于乌克兰读者来说，这个故事也很有趣，因为它的民族风味反映出中国人的

① 莫言著，Є. 克拉西科娃译：《天才》，乌克兰《世界文学》2010 年第 10 期“中国文学专号”，第 170–176 页。

思维方式，打开了理解东方精神世界的门扉[①]：

《天才》这个故事也唤起了我们对中国古代神话的联想。例如，在创世神话中，我们谈论的是先驱盘古。他为了让世界变得丰富美丽而付出了自己的一切；为了将新世界从地震的破坏力中拯救出来，他又把自己所有的体力和智慧赋予蒋大志，体现出为了崇高目标而自我牺牲的精神。

整合：积极的学习与阅读方法

在当今信息化时代，人们阅读碎片化，接受知识同步化，各种纷乱的信息充斥其中，同时使中小学生学习和阅读方式发生了变化，乌克兰的课程改革因此提出了融入式教育的整合学习方法。

课程改革培训指南对此有比较详细的解读。从概念上说，整合是两个或多个系统相互作用、相互影响、相互渗透，然后形成统一性的过程，聚合为新的系统。该系统在更新要素之间获得新的属性和关系。但把教育作为一个系统，需要考虑以下因素：作为在教学理论和实践框架内进行的科学整合，反映学习和教育过程的目标、原则、内容、组织形式的统一性；作为教育内容结构要素相互作用的过程和结果，伴随着学生知识储存量的增加；作为一个有目的的协作，将相关学科综合成一个独立的整体，以确保知识和技能的完整性。这是基于综合性学习的方法，必须跳出学科局限。当教师鼓励学生在学科之间建立联系并综合来自多个领域的知识和技能时，学科边界（分界线）就会消失。学校教育的整合既在单独的学科内实施，也在不同学科之间交叉。教师在每门学科的教育单元（或单个主题）之间建立联系时，就会实现特定内部的整合。在连续性的整合过程中，教师必须创造条件，使学生不仅学习主题，而且了解它们之间的联系。如果教师在各门学科之间建立联系，他就会实施跨学科整合。融入式学习使教师和学生能够“超越”一门单独的教育学科（或教育领域），并有助于形成儿童对世界的整体了解。学生可以在各种学科背景下更好地理解事物现象的本质，从不同角度分析，评估如何在生活情境中使用所获得的想法和技能，形成系统性思维。

整合的作用主要是让儿童保持天生的好奇心，能够反思严肃的问题并提

① O. O. 伊萨耶娃，Ж. B. 克里缅科，A. O. 梅尔尼克主编：《外国文学》（概要），供普通中等教育机构十年级学生使用。乌克兰基辅猎户座出版社 2018 年版，第 300 页。

出原创想法，具备批判性思维和解决问题的能力。这时，教师的角色是一个有思想的助手，指导儿童的独立认知活动并刺激认知。批判性思维主要在讨论和碰撞中发生，在与文本的积极互动、书面作品创作等过程中，教师的任务是协助扩展和重组在新信息的影响下获得认知，根据学生已经知道的来解释和理解未知，鼓励儿童积极参与寻找问题的答案。在实验过程中，课标组成员将传统的思维课与现代系统分析的“头脑风暴”①法结合起来，尝试运用尽可能多的想法来解决特定问题或收集有关特定主题的信息，如：

（1）教师宣布主题或命名要考虑的概念。

（2）教师提出主题概念，也可以使学生成组、成对或独立地在一张纸的中间写上主题。

（3）教师告诉学生：记住你从这个话题中知道的，或者认为你知道的一切，无论对错。

（4）学生说出他们对这个主题的见解，教师把所有学生的想法都写在黑板上，而不评论它们，不问任何问题。

（5）如果“头脑风暴”法发生在小组或个人中，学生将围绕该主题写下他们从提出的问题中知道的所有内容。

（6）将记录的信息按照一定的特征进行分组，教师宣布学生在课堂上应该阅读哪些信息，学生应该掌握哪些内容。“头脑风暴”有不同的思考与碰撞点，因此也有不同的结果。

还有一种方法是“关联发散”，又叫“聚类”。与“头脑风暴”的初始不同，其表达的观点与特定主题的信息有关（记住你知道）。“聚类”的方法鼓励学生自由和开放地思考特定问题、观察图像、确定主题，包括表达感受、情感、态度等。因此，“聚类”的方法激发了一种非线性的思维形式——联想思维。

（1）老师（或学生）提出一个主题——中心词，然后要求每名学生写下他们听到这个词时想到的单词和短语，但是不能漫无边际，需要有关联的类比或逻辑关系。

（2）学生可以在时间允许的情况下记录尽可能多的想法，不要考虑为什么会想到这个或那个词。如关于秋天，你会想到金色的叶子，松树的坚果；

① “头脑风暴”，原为精神病理学上的术语，指精神病患者的精神错乱状态，系统科学借用来指无限制地自由联想和讨论，以促使积极思考，激发创新思维。

也会想到松鼠采食松子，鸟儿飞走了，大熊要准备冬眠；更会联想到忧愁、悲伤的情绪……

（3）当所有的想法都被记录下来时，教师会引导学生在单词之间建立联系，在联想记忆的基础上进行发散思维，从不太复杂的任务（从思维活动的角度来看）到复杂任务的过渡中形成自己的想法和观点。

（4）形成系统思维和整体概念，构建立体模型（充实记录、建立联系、比较分析、提出“赞成”或“反对”的观点）。

把这种方法运用到学生的阅读学习中，就必须有充分的知识准备，腹中空空是不可能发表见解的。在新学年开始前，当考虑班级的阅读主题设计时，预测学生可能需要什么帮助，教师便邀请家长到学校来进行交流，告诉他们孩子的学习用品要放在哪里（例如特殊盒子中的示例），如何营造一个读书环境，进行亲子共读，读书后还要做些什么。家长陪同孩子一起参观新教室，到图书馆选择一本最喜欢的书带回去，孩子们就知道他们在开学第一天的任务——选择一本书阅读并开始讨论。每个孩子都应该有自己的家庭书柜，初学者通常有 8~10 本书可供选择。有条件的家庭要订阅一本适合亲子共读的杂志或一份报纸。家长要给孩子提供专门收集主题书籍的地方，存放主题书籍的可以是一个盒子、一个带拉链的塑料袋，也可以是一个塑料容器，甚至一个废麦片罐都可以，记住写上主题的名字。

学校里阅读讨论的地方应该是一个开阔的空间，在野外也可以。如果在教室里，可以把课桌撤到一边，让孩子们坐在地板上——这就是在教室里铺上地毯的原因。几分钟后，孩子们到处都是——在地毯上、桌子上，可躺可卧，或者把铅笔和纸条撒在写有“学习用品”字样的盒子里。读书有三种方式——读图片、读文字、讲故事，阅读时间一般为 5~10 分钟。

教师的任务是帮助学生选择一本书，与一群孩子一起阅读，发放阅读表格让学生进行自我评估。当孩子们的注意力有下降的迹象时，向学生发出信号，为大脑从一项活动切换到另一项活动提供额外的时间，并提供移动能力——让大脑和身体休息一下，开始讨论，让学生随意发表阅读感想，收集有价值、必要的信息，评价对阅读内容的理解。

当孩子的讨论进入沉默时，他们的思考已经开始了，立即让学生以书面形式表达自己的想法，在纸、笔记本或日记上自由地写上自己选择的主题。

可以选择使用工具（铅笔、软笔、彩色笔等），也可以绘制图画、装饰制作贴纸。教师不用去评判学生的作品，不要限制书写的篇幅、格式、时间。那么，谁来评判呢？还是再进入讨论环节，让孩子们去争论、查找资料，想办法自己解决问题。但学生有疑问而解答不了时，教师可不能袖手旁观。

把阅读交给孩子们吧，请相信他们！

《我把我的心献给孩子们》（新的读本）乌克兰文 2018 年版书影

（摄于基辅苏霍姆林斯基国家教育科学图书馆）

我把我的心献给孩子们

巴甫雷什苏霍姆林斯基教育纪念博物馆在介绍苏氏的研究成果时，将《我把我的心献给孩子们》摆放在显著的位置，认为这是苏氏名副其实的代表作。之所以如此，是因为这本书论述的是“教师的心”——爱孩子的炽热之心。这本书也曾因专门论述“心”，被认为离经叛道而受到批判。

“人道主义”思想遭受围攻

苏霍姆林斯基认为，教育首先是人学。作为精神导师，他带着31名“自己的学生”走进快乐学校，朝夕相处走过关键的5年“儿童时代”。苏氏以撕心裂肺的情感经历，与同样有苦恼、不幸、悲剧的孩子们一同治疗心之伤痛。他把人性作为切入点，以情感体验唤醒情感意识，产生心灵上的共鸣。在这所培养人道主义精神的学校里，他教育孩子们学会体察人，懂得爱与恨，播下了忠于共产主义崇高理想的第一粒种子。纪念馆里的介绍词是这样的：

从20世纪60年代后半期开始，苏霍姆林斯基的教育思想深化为一个整体的、自成体系的人本教育问题。人道主义思想在他的《共产主义教育初探》一文中有系统阐述，其中最重要的是：信任和尊重儿童的个性，将学生的学习活动视为创造性发现和自我认知的过程，限制集体对个人的影响范围，提倡没有惩罚的教育，增加教师对孩子的语言效果和人格魅力。

苏霍姆林斯基关于教育的这些观点引起了一些人的不满。《初探》遭到了毁灭性的批评，而且瓦西里·亚历山德罗维奇本人也被指控宣扬“抽象人道主义”，被剥夺了在教育媒体上捍卫自己立场的机会。由此，苏霍姆林斯基在受到迫害的情况下继续工作，完成了《我把我的心献给孩子们》等著名作品，以阐述他的思想。

1967年，苏霍姆林斯基总结自己30年青少年教育经验，为纪念十月革命50周年完成了《共产主义教育初探》，分7期在《国民教育》杂志连载。

他认为[①]，教育是一种给人以影响的多方面、复杂的综合作用，促使人成为和谐、全面发展的个体。个性谐调、全面的发展离开坚实的道德核心是不可思议的。共产主义社会的人，最基本的品性是人德。没有纯洁的道德，一切文化修养、精神品质、劳动技能和健全的体格都会失去意义。应深刻认识这样一条真理，学生对待知识的态度愈来愈取决于劳动——它闪烁着脑力和智力创造的荣光——在他们心目中的地位如何。我们的任务是培养幸福的人。所谓幸福，不是个人对物质和精神财富的享用，而是为着崇高的奋斗目的——创造一个新世界，尽情发挥自己精神力量所产生的深刻感受，在于关心其理智、感情的和谐发展，培养其美好、纯洁、高尚的情操。当代教育的任务，是使每个受教育者在劳动中表现出自己创造的个性……要在劳动中发现他做得怎样、做出了什么、自我表现如何，不要生硬地引导学生去思考什么是生活的意义和目的，社会福利最终也是为了每个人、每个家庭的幸福，自我牺牲并不是共产主义。如果没有个人的幸福，人也不会因全社会的幸福而欢欣。在学校里，教师与学生的关系应是一种人性的、仁爱的关系。教师是个性的设计师，他洞悉教育对象的现在，又明察他们的将来，谙熟人最微妙的心理活动；他是生活的教练和导师、道德的培育者。无论教什么课程，教师首先应该是育人者。儿童带着无限的信任和兴致勃勃的心情来校求学，教师在与他们接触时如漫不经心，出现尖刻的言辞、冷漠的态度，都会扑灭他们兴奋、信任、进取的火焰，打击他们的自尊心。教师语言的效果主要取决于他的真诚。只有真诚的语言才能得到积极的响应。有高度教育修养的教师总是开诚布公地把自己的观点向年轻人和盘端出，邀他们同自己一同思考——这样就创造出一种信任、坦率、交融的气氛。如果教师的好话说得很多，却并不身体力行，那么，学生就会认为这纯属纸上谈兵。

正是这些观点，让苏霍姆林斯基遭到“学阀”的围攻。苏联教育科学院院士、俄罗斯沃洛格达州教育学院教授 Б. 利哈乔夫，联合 Л. 戈尔丁、В. 库马林首先联名发出《对真理的态度：给编辑部的一封信》[②]，同时，《教师报》

---

① 苏霍姆林斯基著：《青少年的共产主义教育》，原载于苏联《教师报》1988 年 9 月 27 日第 2 版。以下观点转引自赵秋长、田耕译文，《外国教育动态》1989 年第 6 期，第 41–43 页。该译文把苏氏著作名称译为《共产主义教育研究》。

② Л. 戈尔丁、В. 库马林、Б. 利哈乔夫著：《对真理的态度：给编辑部的一封信》，苏联《青年》1972 年第 4 期，第 87–91 页。

的系列文章——《需要斗争，而不需要说教》（Б. 利哈乔夫）、《集体——个性教育的支柱》（В. 库马林）、《道德是在斗争中形成的》（Г. 加西洛夫）、《教育中没有万能的手段》（Л. 戈尔丁）等纷至沓来，对之进行猛烈的批判：

他将“抽象的人道主义”引入苏联教育学，希望在神话般的无阶级的人性基础上进行教育。……В.А. 苏霍姆林斯基为消除集体奠定了基础，只为个性留出空间……将自己的想法与 А.С. 马卡连柯的思想对立起来……试图忽略儿童整个生活集体的教育过程，取而代之的是教育仅作为向儿童传达某些想法的过程。（Б. 利哈乔夫，5 月 18 日）

《国民教育》的编辑们评价《初探》是走向共产主义教育方法论的一步，这并不符合事实。他们显然是以“自由教育”的方式写的，与马卡连柯的思想没有任何关系。（В. 库马林，7 月 20 日）

利哈乔夫是对的……如果你听另一个演讲者的话——什么纯粹的善良、永不妥协……现在你只能拿教学当喷壶，用粉红色的墨水去浇灌有生命的蓝色花朵……但是，人性不是用来宣扬的，它需要默默无闻和辛勤劳动去创造。（Г. 加西洛夫，8 月 24 日）

……

苏霍姆林斯基感到异常愤懑，他写信给好友爱德华·格奥尔吉耶维奇倾诉道①：

请原谅我写这封不寻常的信来打扰您。当然，您知道《教师报》发表了一篇文章，尖锐地反对我的《共产主义教育的探讨》一文。把这篇著作看作是没有错误的，那是愚蠢地自恃高明。然而，该文（《需要斗争，而不需要说教》），我以为，已超出了科学争论的范围，它的口吻就不配是真正的争论，文中充斥着粗野的谩骂。使我大为震惊的是，竟把我从未赞同过的观点强加给我。我在整个一生中，始终把自己看作是 A.C. 马卡连柯的学生，而文中竟突如其来地说我出来反对集体，等等。这简直使我莫名其妙。

他还在给儿子的信中吐露自己的满腹委屈②：

我被指责引入了一个叫作“人性”的模糊概念。这个指控让我感到惊讶：

① 原载于苏联《苏俄报》1983 年 10 月 2 日。转引自常建译：《苏联杰出教育家苏霍姆林斯基未发表过的书信》，《外国教育研究》1984 年第 2 期，第 3–7 页。

② 苏霍姆林斯基给儿子的信，发表于俄罗斯《自由教育》1993 年第 3 期，第 3 页。

“事实证明，人性与共产主义理想和共产主义教育格格不入。”我还被指责引入“抽象的人道主义”！……人性是什么？我这样向你解释：这是一般意义上对一个人的爱。对我的指控没有说明我们正在谈论什么样的人、生活在什么条件下，这是不公平的。我不能接受，儿子。……我坚信，只有人性、情感、善良才能培养出一个真正的人。

“真正触及孩子心灵”的书

事实上，《我把我的心献给孩子们》在苏霍姆林斯基的脑子中酝酿已久，而且是在实践中以手记形式断断续续写出的（图 9–1）。苏氏曾说，这本书讲述的是在战争结束不久后度过学校生涯的儿童，既描述了童年的快乐和明亮的一面，也能让读者看到儿童遭受痛苦的故事。书中的一些片段被《初等学校》杂志选发后，反响热烈，但是整本书稿从一家出版社到另一家出版社，从基辅到莫斯科，绕了一圈后，被退给作者修改。一家出版社对书稿的评论要点如下①：

图 9–1 潜心修改将要完成的书稿

鉴于作者单方面（主要基于自然）解决了一至四年级学生的道德和审美教育问题，并提出了其他同样重要的教育和培养因素——社会、环境、孩子每天面对的人，这里有必要展示个性全面发展的手段和方式……在我们看来，这个问题的成功解决，可以通过展现列宁及其他同志光荣的战斗生活和活动，苏联英雄及他们的生活……

作者提出用抽象的人道主义来代替“阶级斗争”的概念……在《我这些学生的家长》一章中，作者收集了罪犯、投机分子、叛徒等人的“花束”，不仅散发出恶臭，而且造成了人们对苏联人民不好的印象……作者引用了很多资料，但没有一个例子是关于苏联人民劳动主题的创造性作品……没有一

① Г.Д. 格雷泽编：《一颗献给孩子的心》，《人文教育学选集 · 苏霍姆林斯基》，俄罗斯莫斯科科沙尔瓦 · 阿莫纳什维利出版社 2002 年版，第 14 页。

个童话故事与苏维埃的现实、与劳动人民的生活有关……

苏霍姆林斯基感到绝望，他写信给民主德国的好朋友尤尔根·波尔津倾诉自己的烦恼。这位朋友是利希特费尔德一所寄宿制学校的校长，是一个教育家，后来成为民主德国教育科学院劳动研究中心的负责人。朋友建议在国外出版这本书，苏霍姆林斯基便将书稿邮寄了过去，但他培养儿童的方法在民主德国也引起了争议，尤尔根·波尔津与教育学研究所所长格哈德·诺伊纳一同向教育部部长玛格特·霍内克力陈出版这本书的价值和必要性。1968年5月，《我把我的心献给孩子们》在柏林正式出版，而且一炮打响，连续重印了7次。

苏霍姆林斯基对德国有切肤之痛，在卫国战争期间他与德军进行了面对面的战斗，自己身负重伤，家乡被占领，亲人被蹂躏……因此，在为德文版写的后记中，他自然流露出烦乱之情、伤心之笔，对人性的理解和教师的使命更有常人难以体验的深度[①]：

亲爱的德国朋友，教育界的同行！当我们教育孩子走向人道主义，培养他们对他人的同情心，并培养对人的尊严的尊重时，我们一刻也不能忘记，即使是法西斯主义刽子手，即使是那些自诩为超人的怪物，也曾经是孩子，也享受过阳光的温暖，也给他们的母亲和妻子写过感情真挚的信。即使是那个残害我妻儿的冷血军官——撞碎刚出生婴儿头颅的恶魔，也肯定有时会温柔地抚摸自己儿子和女儿的头发，那张他和妻子以及两个孩子在一起的温馨照片让我难以释怀。我希望他，还有亲爱的德国朋友和我的同行，能够认真反思我书中的内容，我将这本书奉献给高尚的人类价值观教育。我怀着一颗诚挚的心对你们说这些话，衷心祝愿你们、你们的孩子和孙子一切都好……

《我把我的心献给孩子们》在民主德国出版使苏联政府感到很丢面子，苏霍姆林斯基受到了严厉的批评，有关方面要求乌克兰立即出版这本书，终于，1969年5月，基辅苏维埃学校出版社用俄语出版了《我把我的心献给孩子们》。这本书于1973年获得乌克兰教育协会一等奖，1974年获得乌克兰科学技术领域国家奖。

同时，苏联各共和国纷纷介绍苏霍姆林斯基和他的新书，吉尔吉斯《共青团员报》称其“触动孩子的心”，白俄罗斯有关媒体也说这颗献给孩子的

① 苏霍姆林斯基著:《我把我的心献给孩子们》,民主德国柏林人民与知识出版社1968年版,第220页。

心是“从生活到书本又从书本到生活的良好体验”。从20世纪70年代中期开始，东欧社会主义国家普遍翻译了此书。

图 9–2　《我把我的心献给孩子们》不同国家、不同年代的版本展示

《我把我的心献给孩子们》不仅引起了社会主义国家的高度重视，而且在意识形态不同的资本主义国家也产生了共鸣（图 9–2）：1973 年，英文版、法文版同时问世；1977 年，芬兰版也开始在北欧流行。值得一提的是，苏氏在这本书里给孩子们介绍了日本广岛原子弹爆炸时得了放射病的小姑娘佐佐木贞子。这个小姑娘给自己提出了一个目标——做1 000只能给自己带来幸福的纸鹤。于是，巴甫雷什中学的同学们纷纷去做纸鹤，随同书信寄到了遥远的日本。纸鹤未能挽救小姑娘的生命，远方朋友去世的悲痛消息就像个人沉痛的不幸似的，镂刻在年轻的心灵中，也拉近了两国的距离。因此，日本对苏氏的跟踪学习与交流比欧洲一些国家更加紧密，苏维埃教育学研究者杉山明男为了翻译《中学的教育集体》，曾经给苏霍姆林斯基写信求教，苏霍姆林斯基欣然同意为日本读者撰写了序文，1968 年，该书由东京明治出版社出版。1971 年，由笹尾道子翻译的《教育工作：把整个心灵献给孩子》由东京新读书社出版（1975 年出版了第 2 版）——这是较早的外文版本，该出版社还于 1974 年出版了《要相信孩子》和《帕夫雷什中学》两本书。

《我把我的心献给孩子们》成了世界上受欢迎的教育读本之一，先后被翻译为 37 种语言，有 69 个版本。重要的是，与其他教育学著作不同，苏霍姆林斯基在这部著作中对教育问题提出了有远见的解决方案：强调教育的人文、道德导向，将学校作为自然的一部分，孩子需要到大自然找到自己的灵魂，教师是孩子了解自然和社会的桥梁，需要有“爱”，需要献出自己的“心”……这种教学和教育方式的确令人耳目一新[①]：

① C. 索洛维伊奇克著：《苏霍姆林斯基老师和他的新书》，苏联《共青团真理报》1969 年 9 月 18 日。

孩子们做好了上学的准备，但老师并没有带他们到所有学生都要去的教室门口，而是领着他们走进花园……

“咱们上学就从这儿开始。”老师庄重地说，就像剧院拉开帷幕一样，“我们将从这里看蓝天、果园、村庄、太阳……”

学校？是的，这就是学校，这就是教育之原始。老师与孩子们见面，为他们打开入门书，但他不是从第一幕开始演出，而是直接进入第二幕，就好像他真的没有时间，或者好像他可怜的学生一开始就迟到了……有一种负罪感。

学校的第一堂课不是在教室，而是在大自然，走向大自然绝妙美景的旅程也就找到了“走向思维和语言的源泉”。苏霍姆林斯基的孩子们手拉着手，和老师一起走了很多路——每天五六千米，他们欣赏日出和黄昏，观察秋天的落叶和白云，冬天看雪堆的奇妙景致……他们思绪飞扬，聆听童话传说，展开想象创作，想出押韵词句作诗，和老师一起高兴地尖叫，绕着灌木丛奔跑，重复刚刚想出的词语……他们有一个梦想的角落——山洞，这是他们自己建造的洞穴，当外面的秋雨沙沙作响时，他们聚集在那里……聆听大自然的音乐和唱片中的音乐，他们唱歌、画画——画了很多。但这一切不仅仅是游戏和乐趣：“在孩子们还没有感受到词语的馨香之前……先不要开始教他们认字，如果老师不这样做，就注定了孩子不应有的辛苦……”

是的，我们常常在理论著作中强调育人的平衡，但在诸多实践中要么以牺牲发展为代价——填鸭式教学让学生失去学习兴趣；要么以牺牲健康为代价——超负荷的脑力劳动摧残孩子的身心。我们曾经有很多教育学理论，有很多教学和教育模式，但是没有孩子……如今，孩子出现在科学的教育学理论之下，他的身旁陪伴着一位仁慈的老师，对这位老师来说，学生首先是一个孩子、一个人，然后才是一名学生……苏霍姆林斯基坚持不懈的研究探索与系列作品的问世，使他跻身世界教育家行列，成为人道主义教育的化身。

新的读本——“教师的心”

这次到乌克兰，在基辅的乌克兰苏霍姆林斯基国家教育科学图书馆（本书简称图书馆），苏氏的女儿奥丽佳院士和外孙女列霞助理研究员一同向我们介绍了《我把我的心献给孩子们》的完整内容和坎坷的出版过程（图 9–3），

图 9-3 本书作者与奥丽佳·苏霍姆林斯卡娅在苏霍姆林斯基国家教育科学图书馆合影

并展示了 2018 年为纪念苏霍姆林斯基 100 周年诞辰而出版的乌克兰文最新版本[①]。

最新版本的第一部分是奥丽佳写的一篇长文——《还原真实》。在苏霍姆林斯基 100 周年诞辰前夕，2017 年 10 月 26 日，联合国教科文组织发出倡议，举办全球性的纪念活动。瓦西里·苏霍姆林斯基全乌克兰协会委托奥丽佳重新整理这部“能够体现苏氏个性和教育思想的书”，出版完整的作品。但该书写作和出版过程非常艰难，由于时代原因不断修订、增删，对文字的准确性需要重新把握，力争还原教育家的真实写作过程和基本观点。奥丽佳还回顾了苏氏的学术历程、遭受的不公正待遇和保卫良知的抗争。

第二部分是正文——《我把我的心献给孩子们》。奥丽佳从能够找到的 8 份手稿中，选出她母亲安娜保存的 1966 年手稿，以此为基础，还原了完全原始的真实文本。这本书特别注明“新的读本”，并且穿插有部分作品手稿、教学笔记、活动图片。奥丽佳解释说书的前言还原了苏氏的一段话，是对人性化“心灵”最为贴切的阐释[②]：

学校有教学大纲、课程、学生、传授知识的教师，有学校的常规工作……但是，还有一个更重要的，那就是教师的心，一颗像母亲或父亲一样，对孩子的每一句话、每走出的一步、每一种行为和表情的每一个变化都格外关注的慈爱之心。用教育术语来说，这本书致力于课外教育工作（或者说是人格发展意义上的教育）。我没有试图描述常规课程或者详细说明知识基础的教学过程……用人际关系的语言来说，这本书致力于教师的心灵。我试图展示如何引导儿童走进他们周围的现实世界；如何帮助他们学习，减轻他们的课

① 苏霍姆林斯基著：《我把我的心献给孩子们（在瓦西里·苏霍姆林斯基 100 周年诞辰之际）》，乌克兰哈尔科夫阿克塔出版社 2018 年版。

② 苏霍姆林斯基著，艾伦·科克里尔译：《快乐学校》，澳大利亚布里斯班 EJR 语言服务有限公司 2016 年版，前附文第 15–16 页。

业负担；如何唤醒和培养他们心中的崇高情感；如何教育人有尊严，追求善良的人性，以及对祖国无限热爱；还有，如何在儿童敏感的心灵和聪慧的头脑中，播下崇高的共产主义理想的第一粒种子。

第三部分是出版情况介绍——《编辑策略》。一是关于当年民主德国出版过程情况的介绍；二是关于苏联时期各种版本出版过程情况的介绍；三是书评和相关来往书信。

第四部分是附件——《进一步的分享》。一是《我把我的心献给孩子们》世界各国不同时期出版版本索引；二是与《我把我的心献给孩子们》有关的出版物名称、版本索引。

《我把我的心献给孩子们》开篇写道："这部著作是我多年来学校工作的总结，是深思、关心、担忧和不安心情的总结！"对此，每个人可以有不同的理解。我的感觉是，这是一部心灵疗伤之作：正是由于诸多无法排解的苦恼，他提出回到学校去，要建一所"快乐学校"——每一天都应当充实孩子们的智慧、情感和意志；正是由于面对残缺不全的家庭，他要营造一个和谐的集体——具有家庭般的亲切、热诚、相互关心、信任和帮助的气氛；正是由于战争扭曲了人性，所以学校应该是培养善良情感的场所——善良情感是人性的核心，心灵中确定真正人性的东西，是和认识最初的最重要的真理和体验同时进行的；正是由于战争阴霾下心灵缺失，他要在学校之外搭起一个"健康乐园"——置身自然、通过蓝天下的学校进入人的品行美的境界，心灵中唤起对他人喜忧的共鸣，正确认识善与恶、美与丑、幸福与苦难……

乌克兰是一个多灾多难的国家，对人性的思考更多地体现在生活中。在克列缅丘格，我们一到宾馆，翻译就叮嘱我们：自己买纯净水，不要喝自来水；第聂伯河受切尔诺贝利核辐射影响还在持续。在巴甫雷什学校，我看到学校组织八年级学生到基辅切尔诺贝利博物馆参观的照片。这一段沉重的历史炙烤着心有余悸的乌克兰，一个孩子记下了博物馆入口处的一句话——"悲伤有极限，焦虑未有期。"2020 年春节，我在家整理赴乌考察资料时，正值抗击新型冠状病毒肺炎疫情的隔离期，趁机阅读了乌克兰的历史、政治和文学资料，不料在 2 月 20 日爆出一则令人心寒的消息：一架航班当日从我国起飞后，降落在乌克兰东部城市哈尔科夫，这架飞机载有 72 名乘客（乌克兰人 45 名，外国人 27 名），按照政府安排将被送到波尔塔瓦州的医疗中心进行为期 14 天的隔离。没想到当地居民强烈抗议，抗议者竟然对未出现病毒感染的同胞喊出“把他们送到切尔诺贝利去！”的口号……至此，我又一次捧起《我把我的心献给孩子们》[①]：

培养对他人灾难与不幸的同情心——是苏联学校的一项重要任务。一个人只有能忧他人之忧，才能成为他人的朋友、同志和兄弟。要让孩子们的心中有他人——可以这样来表述我为自己提出的重要的教育任务。

我又浏览起乌克兰的教科书，《乌克兰语言和文学》二年级第二册[②]关于“心灵”的专题，把苏霍姆林斯基的《聋哑女孩儿》作为精读课文：

医院的儿童病房里面有七个女孩。她们都在康复，但很无聊。

最大的一个是十三岁的塔尼娅，感觉自己像这个小团体的“孩子王”。她打开窗户，看着外面盛开的花丛——丁香花已经绽开，郁金香含苞待放。她若有所思地说：“姑娘们，我们摘一些花带到病房，放在玻璃花瓶里，那该有多好！”

“好吧，哦，真好！”每个人都很高兴。

只有一个女孩——八岁的尼娜沉默不语。她是个哑巴。尼娜很清楚这是怎么回事，她也很开心——病房里应该有温馨的花！她也想点头开心地笑，但她觉得塔尼娅不是在问她。

“那么，我们放什么样的花——丁香花还是郁金香？”塔尼娅又问道。

“丁香！”三个女孩说。

“郁金香！”另外三个女孩说。

……三个人想在房间里放郁金香，三个人想要淡紫色丁香花，怎么办？突然，塔尼娅看到了尼娜。这个女孩坐在窗边，眼睛噙着泪花。这是委屈的眼泪，是不公平的眼泪。她们忽视了她，没有问她想要什么样的花。

塔尼娅惊呼道：“你想要什么样的花——丁香花还是郁金香？”

尼娜笑了，用纤细的手指在空中画了一朵郁金香。塔尼娅转身出去摘了郁金香，尼娜微笑着，看着窗外。

为了使孩子们加深理解这个故事所表达的意蕴，教科书里接着提供了一

① 蔡汀、王义高、祖晶主编：《苏霍姆林斯基选集》（五卷本）第 3 卷，教育科学出版社 2001 年版，第 120 页。

② О.Я. 萨芙琴科编：《乌克兰语言和文学》二年级第二册，乌克兰基辅猎户座出版社 2019 年版。

图 9-4 《乌克兰语言和文学》教科书二年级第二册课本剧策划方案

个素材——还是苏氏的作品——《被遗弃的小猫》，让小朋友自己改编成剧本来表演，我看到这样一个课本剧脚本（图 9-4）：

（孩子们在院子里玩耍。一只小猫坐在附近，喵喵地叫着。一个个成年人走过，表情冷漠，熟视无睹）

小猫：我很伤心。我又冷又害怕！我没有妈妈，我没有家……

（其中一个女孩轻轻地跑过来）

第一个女孩：哦，谁在这里？——小猫。小家伙，你从哪里来？你的家在哪里？你妈妈在哪里？天已经黑下来了……也许我们应该把它带到自己身边！

（一个男孩不允许女孩带走小猫）

男孩：但是，你为什么要救它？你看多脏，不要碰它，不要！

（一个成年人走过来，注意到小猫）

成年人：灰扑扑的，喵喵地叫着，我脚下这是什么？你会弄脏我的新衣服！

（妈妈带着女儿过来，遇到了一个朋友，停下来打招呼，她们谈得很热闹，孩子去抚摸小猫）

第二个女孩：妈妈，妈妈！看，多么悲伤的小猫！

母亲（严厉地）：不要把它抱在怀里。它也许生病了！

（第一个女孩不听朋友劝阻，转向小猫）

第一个女孩：不管怎样，我会把小猫从死亡线上拯救回来。我要把它带回家，把它洗干净，喂给它食物。我知道如何照顾这个无依无靠的小动物。

（小猫和第一个女孩依偎在一起，男孩用谴责的眼神看着第一个女孩。第二个女孩向她微笑，她的母亲摇头叹息）

这个简单的课本剧使我想到，不仅读教科书的孩子需要心灵的磨炼，饱经世故的成年人也需要反思——从人们的眼神中察觉他们的情绪、烦恼与悲欢，不论这些人是朝夕相处还是不期而遇。这个浅显的“心灵”专题让我感动，是苏霍姆林斯基《我把我的心献给孩子们》的灵魂在持续感染后人，不要刻意回避人类生活的阴暗面，要让孩子包括成年人心里有他人的忧愁。

以心交心，为人性而抗争，苏霍姆林斯基曾经是孤独的，一个孤独的思想者！

“社会主义劳动英雄”苏霍姆林斯基墓碑落成祭拜盛况
（巴甫雷什苏霍姆林斯基学校资料照片）

要用什么来充实人的心灵

在巴甫雷什学习考察期间，学校专门安排我们到苏霍姆林斯基的墓地献花，举行祭拜仪式。教师们朗诵起歌颂苏霍姆林斯基的诗：

乌克兰光明与良知的代表——
来自巴甫雷什的著名教育家。
我们为您骄傲，
您的名字不朽长存。
一个老师，一个同事，一个校长，
一个忠诚的朋友和教育者。
但是，所有这些都显得多余，
简单地说——一个大写的“人”！
……

人是最高价值

在十字架林立的公共墓地里，苏霍姆林斯基半身雕像的花岗岩墓碑高高耸立，格外引人注目，墓碑上刻着：

苏霍姆林斯基，瓦西里·亚里山德罗维奇
（1918—1970）
社会主义劳动英雄
杰出的教育家和科学家
巴甫雷什中学校长

“社会主义劳动英雄”，这是苏霍姆林斯基获得的最高荣誉。德尔卡琪校长专门请来一位尚健在的苏霍姆林斯基的同事乌克兰功勋教师赖莎·赫里希娜来和我们交谈。这位已经退休的老教师是教历史的。1967 年，她作为州师范学院的实习生，冲着学校和老校长的名气，与三位同学一块儿来到巴甫雷什，对老校长的第一印象是消瘦、帅气、温和。那时，老校长已经很有名气了，可是一点儿架子也没有，亲自安排食宿，发给必需的备课和教学用品，他们紧张的心情一下子放松了。学校安排教师给实习生备课指导，还专门安排听课。老校长有个习惯，听课必做笔记，一开始并不评实习生的课，而是让实习生参加旁听其他教师的课并进行分析。她印象最深的是老校长一再强调注意思维的连贯性，教会学生独立思考，还要注意提问学生回答问题时，看其他学生的反应，不要被最好的学生给出最好的回答而迷惑。他不仅关注儿童的学习，还特别关心他们的心灵成长。她跟着老校长进行家访，得到家长和孩子们的认可，感觉自己也是学校的其中一员。回到师范学院后，他们之间没有再联系。没想到，1968 年 6 月她毕业时，老校长参加完全苏教师代表大会，成为"社会主义劳动英雄"，并且还记得她这个实习生，回来时特地在州里停留，把她动员到巴甫雷什中学来工作，在这里她一干就是 50 年……

1968 年，对苏霍姆林斯基来说是刻骨铭心的。这一年，他由于人道主义观点受到围攻，顶着病痛和心理的双重压力，坚持完成《我把我的心献给孩子们》，辗转在民主德国出版。这一年，他的教学和研究成就得到了广泛的认可，成为苏联教育科学院通讯院士，被选举为全苏教师代表大会代表（图 10-1）。6 月赶赴莫斯科参加大会，刚入住宾馆，许多同行纷纷去观看首都的市容、访亲问友、逛书店、看戏……他哪儿也没有去，而是在宾馆里翻看笔记，准备大会发言稿。

图 10-1 苏氏于 1968 年在全苏教师代表大会上与代表交流

他原本打算讲自己学校的办学经验、讲教师们的辛勤工作，这样有意义吗？他最后决定不着重讲工作和成绩——来参加大会的目的并不是展示自己，也不是为了夸耀巴甫雷什中学的成就，而是要讲自己在教育问题上的疑问和想法，把平常遇到的难题提出来相互切磋，请专家和同行们出出主意。他在思考、写作，根本不闻窗外事。突然，和他一起来参加代表大会的同乡敲开他的房门，热烈地拥抱他。大家解释后他才明白，为了表彰他在发展国民教育上的卓越功绩，苏维埃社会主义共和国联盟授予他"社会主义劳动英雄"称号。这个消息广播上已经播了出来，只是他没有听到。苏霍姆林斯基在给朋友写信时说道："这样对待教师，只有在国民受教育已成为国家最高法律而把教师当作人的造就者看待的国家里，才有可能。可是，天啊，需要知道多少，学会多少东西，才能不辜负对教师的信任啊！"①

作为社会主义教育家，苏霍姆林斯基认为，造就人的社会主义、共产主义原则在巴甫雷什中学不是用来宣讲的，而要靠教师深刻领会，化作实际的教学行动，让学生如实见到，在孩子身上变成现实的东西；教师要做理想的旗手，带来理想的火花，让孩子们细微地感知，与孩子内心活动中的善良、正义、美相一致，令他们欣喜万分、敬佩不已、为之折服，在教师的引领下攀登高峰。

在巴甫雷什公共墓地，面对林立的十字架，我想起苏氏曾经讲过的马林娜妈妈的故事：在德国法西斯侵入乌克兰时，她的丈夫上了战场，后来牺牲了，她自己带着三个孩子逃难，在第聂伯河边遇上飞机轰炸，孩子们失去踪影……战后，她到第聂伯河畔孩子们丧命的地方收集了一些泥土，带回乡村公墓堆成小小的坟丘，然后找集体农庄主席申请木料做三个小十字架，不想遭到拒绝和嘲笑；心灵没有着落的马林娜妈妈转而走进教堂，成为斯皮里东神父的忠实信徒，因为这个神父擅长把宗教信仰与善联系起来医治别人的心灵创伤。苏霍姆林斯基观察到，有远见的神父无论如何也不会忘记，自己活动的领域是人的心灵；而鼠目寸光的主管某方面事务的人，以为他的职务范围就是自己办公室里贴在墙上的日程表。苏氏由此反思②：

要知道，假如我们对信教的人不抱任何偏见，学会体贴入微、有礼有节、真诚恳切、同情关心、善良友善地对待他们，深入到他们的精神世界里去，扶持他们，在他们身上确立起人的精神和人的心灵真正不朽的思想，他们大多数人就不会去找斯皮里东神父，而会去找有教养、有知识的人，首先是找教师，找聪明的宣传工作者。我懂得，在与人（从婴幼儿，到耄耋老人；从刚刚出生并以诧异的目光观察这个世界而为之感到惊奇的人，到痛不欲生、痛苦地审视这个世界，并对它和自身进行哲学思考的人）打交道的教育工作

① 鲍里斯·塔尔塔科夫斯基著，唐其慈等译：《苏霍姆林斯基的一生》，教育科学出版社1986年版，第322页。

② 蔡汀、王义高、祖晶主编：《苏霍姆林斯基选集》（五卷本）第5卷，教育科学出版社2001年版，第654–655页。

中，应当提出的正是这个目的。

他对当时苏联教条主义的教育方式和“目中无人”的教育提出批评道：“社会主义确认，人是世界上所有价值中的最高价值，在唯一公正的社会主义社会里，人不是为生产而存在，而是生产为人的存在。社会主义结束了人的异化，创造了人全面发展的一切可能性，同时也创造了人的个性与社会完全和谐的客观可能性。”① 人是最高价值，人的精神永存，课堂上、生活中，孩子的命运掌握在教师手中。为了进行精神交往，创造幸福，提升人格，成为合格公民，需要深入思考用什么来充实人的心灵。

从人性化的教育智慧中汲取营养

时过境迁，物是人非。在全球化背景下，多灾多难的乌克兰正在探索教育体系的现代化进程。乌克兰教育专家认为：“处在当前这个过渡期，乌克兰社会及其体系会出现某些教育动态模式的矛盾。这种情况敦促我们实行以人文和创新为主题的教育模式，同时创造条件，培养学生具备作为欧洲信息社会和民主市场经济条件下的公民所具备的重要技能。”② 从整体上看，乌克兰教育系统创新发展与世界教育发展趋势是一致的，没有现代化的科学和教育，就不可能融入全球化的经济和信息化的时代。在具体改革过程中，“新乌克兰学校”③、农村“中心学校”等一系列新政策的推出和课程改革的深入，使教育现代化大大加强，学生公民意识得到增强，人性化教育得到扩展和深化。同时，乌克兰自独立以来，政治动荡，军事冲突，民族矛盾，出现国家认同危机，导致爱国情感缺失、价值观失衡、教育改革困难重重……这时，如何从苏霍姆林斯基的教育智慧中得到启迪？

乌克兰教育界也在探讨和争论中。有人认为，苏霍姆林斯基所处的时代已经过去，在当代运用他的教育思想和做法是困难的，甚至是不切实际的。对此，瓦西里·苏霍姆林斯基全乌克兰协会和巴甫雷什学校的态度是明确而

① 苏霍姆林斯基著：《苏霍姆林斯基选集》（五卷本）第 5 卷，乌克兰基辅苏维埃学校出版社 1980 年版，第 479 页。转引自吴盘生《走进学生心灵，培育“大写的人”——学习苏霍姆林斯基的重要文章〈人是最高价值〉》，《江苏教育研究》2014 年 6A 期，第 42–47 页。

② 鲁尼亚切克·瓦季姆著：《全球文明趋势化背景下的乌克兰教育发展战略》，《求知》2011 年第 12 期，第 44–45 页。

③ 新乌克兰学校，在我国又译作“乌克兰新中学计划”。

坚决的。苏霍姆林斯基教育纪念博物馆馆长里兹尼克认为[①]，苏霍姆林斯基致力于探索学校教学的方法，是适合乌克兰学生自主发展的本土化模式。孩子们不仅获得了知识，而且“学会了生活”，身心得到了和谐、健康的发展。现在，新乌克兰学校改革正是要解决这个难题，许多条件在巴甫雷什学校是具备的。

第一，现代化的教育环境。

巴甫雷什学校“现代教育空间”的创建把所有细节都考虑在内，如学校的主教学楼、图书馆、实验室、实习车间、花园温室、射击场等都是独立建造的。在博物馆中有一张实验室的照片，物理和化学教学实验室里有 20 张双人桌，有放映教育电影的屏幕（胶片放映机在相邻的实验室，可以投放过来）；每张桌子上都有一个水槽，用于在实验工作期间排出水和碎屑；每个工作场所都配备一个小型材料储放柜——一套单独的燃烧器、镊子、砂浆、玻璃棒、勺子、吸管、滤纸、焊管等。在生物实验室，每个工作台面都配有一台显微镜、一套放大镜，还有植物标本专柜、学生收集藏品专柜。在教师的桌子上有一个控制面板，通过一个电源连接到每个工作台面，每个台面上都有一个用于从控制面板接受任务的装置。教师可以随时在36个选项中同时给出任务，每个学生都会收到一个单独的任务，并与教师对话交流。

巴甫雷什学校的学生活动是丰富多彩的。他们有机会在温室、生活区、养蜂场和工作坊中拓展他们的兴趣，进行播种和收获。这是实实在在的劳动课，也是生活课。教育空间考虑的是“综合性”问题。例如，1957 年 9 月 18 日一年级写作课的分析，不仅仅在教室里进行，还在大自然中让学生体验。苏氏在课堂上说，教室里的花要浇水，美是道德纯洁、精神财富、身体完美的强大源泉。学校就是一个花园、植物园、童话世界，从 20 世纪 70 年代创建的教育环境至今仍保持不变。

第二，关于关键能力的培养。

语言能力——这是最重要的。母语交流非常重要，苏氏提出四个崇拜——祖国、母亲、母语、书籍。纪念馆第三厅的语言展台广泛展示了他在这方面的工作成绩，如文章《母语的智慧》（《乌克兰语言和文学》，1968 年第 12

① C.A. 里兹尼克著：《新乌克兰学校和苏霍姆林斯基学校——基于 B.A. 苏霍姆林斯基教育纪念博物馆的材料分析》，苏霍姆林斯基教育纪念博物馆内部资料，2018 年。

期）、《不朽之源》（《乌克兰文学》，1970 年第 4 期），书籍《祖国在我心中》《热爱母语》等，还有备受关注的童话手稿《鼹鼠与仙鹤》。外语交流也很重要。苏氏精通多门外语，学校课程中开设了英语、德语、法语等（图 10–2）。1969 年 1 月 31 日，在七年级的法语课分析会上，他说：“一门外语的单词与特定对象、现象、事件的概念相关联，是非常重要的。”

图 10–2 20 世纪 60 年代巴甫雷什中学进行外语教学的现代化语音室

自然科学和技术方面的能力。从思维课、大自然的书，到在温室、养蜂场劳动，在田野种植，再到物理和数学教室的设备与程序培训，化学、生物学、无线电实验室的工作，学生已接触到当时最先进的自然科学和技术。

学生终身学习的能力。如主动性和创业精神，学校尝试有偿劳动，学生劳动换取的收入可以在乡村集市上购买蔬菜、水果、兔子等，也可以购买书籍和学习用品。再如通过短途旅行熟悉祖国的文化和传统，作为爱国主义教育组成部分的意识和自我表达，这在巴甫雷什中学是一个传统。纪念馆的一份资料显示，1954 年 6 月 7 日至 10 日，学校在奥努弗里耶夫斯克区进行了四至七年级学生的旅行，主要是锻炼学生的教育耐力，考察当地名胜。1954 年 6 月 8 日至 12 日，八至九年级学生前往奇吉林，主要是研究波格丹·赫梅利尼茨基[①]的生活和工作情况，这也达到了锻炼身体的目的。

第三，关于教育中的合作关系。

在纪念馆的第二个大厅里，重点介绍了巴甫雷什创建家长学校的过程。这里有一份 1963 年第 5 期的《国民教育》杂志，其中苏氏写的《校长的星期

---

① 波格丹·赫梅利尼茨基（约 1595—1657），最初为哥萨克奇吉林团中尉队长，1648—1654 年反抗波兰统治的乌克兰民族起义领袖。奇吉林堡垒距巴甫雷什东北约 68 千米，在第聂伯河畔，是切尔卡瑟州重要的历史和文化遗址。

天》一文介绍了校长和教师团队关于学生综合教育的工作，还配有心理研讨会的照片。学校特别强调教育中团队的凝聚力，合作关系取决于“学生—教师—家长”的共同努力。学校充分发挥家长委员会的作用，在公众的支持下，“家长讲堂”一直开办至今，不仅有教师、家长讲课，社会上有特长的技术人员和普通工作者也会受聘参与进来。当然，这与学生系统和多样化的课外活动是分不开的。

第四，关于教学团队、教育创新与国际视野。

在巴甫雷什学校现有的 40 余名教师中，有乌克兰功勋教师 2 名，国家级教学法教师 5 名，高级教师 7 名；有 10 人被授予“乌克兰教育卓越奖”勋章，13 人具有专业高级资格证书，有 19 名教师是各类年度教师奖的获得者。巴甫雷什学校是“乌克兰 100 所最佳学校”竞选的获胜者，多年来一直致力于苏霍姆林斯基教育科学和方法问题的研究，同时还进行着苏氏教学遗产在现代学校的实践中的创造性实施和发展研究，吸引了国内高校和研究院所参加，世界许多国家的同行也申请加入，研究和实验成果得到国际认可。

许多教育专家和一线教师也认为，乌克兰现实中遇到的社会问题而产生的教育热点及当前学校课程改革实验，都可以在苏霍姆林斯基的教育思想中找到答案。

乌克兰著名教育方法论教师卡利尼琴科说，公民教育问题在当今普通教育机构中越来越引起重视，政府应当关注儿童在乌克兰国家认同意识中的公民地位，提高儿童公民教育教师的专业培训水平；中等教育机构要致力于在学生中树立公民价值观；教育学和心理学研究也要强调公民教育的社会意义。苏氏遗产在培养学生的公民素质和公民地位方面有创造性的工作，不仅在乌克兰，而且在国外作为教育模式广为人知，其中最重要的是公民爱国主义教育。

基洛沃格勒州学生青年生态和自然主义创造力区域中心主任波尔库扬说，目前自然环境状况是全球性关注的问题，应教育年轻一代与自然和谐共处，理性地利用和再生自然财富，树立正确的生态观和环保意识。苏氏所有作品都是“从自然中写成的”，并形成了学校传承的教科书。大自然的美丽是思想能量的强大源泉，是克服懒惰、困倦和惰性思维的推动力。让孩子置身于大自然，当陌生而有趣的世界在他们面前打开时，通过行动，教师才能最好地观察每个孩子如何看待他周围的世界，自觉地与自然世界和谐相处。

图 10-3　米赛在乌克兰纪念苏氏 100 周年诞辰研讨会上发言

科伊波苏霍姆林斯基教育与健康科学方法实验室主任米赛（图 10-3）说，苏氏从这样一个事实出发，即只有通过家庭、学校和公众的共同努力，对儿童和年轻人的教育才能取得成功。没有父母对孩子的精心抚养，没有父母对学校生活的积极参与，没有成年人和儿童不断的精神交流和相互间精神上的丰富，家庭就不可能成为社会教育的纽带，学校作为最重要的教育机构，也不可能促进社会的道德进步。苏氏的思想在今天仍然有效，“学校—家庭—社会”三位一体源于社会与公民利益的和谐统一。

乌克兰荣誉教师、克罗皮夫尼茨基第 26 学校语言和文学教师索科洛娃说得好：没有必要给苏霍姆林斯基贴上偶像的标签，有必要将其视为一种实实在在的生活实践。因为对他来说，实践在任何活动中都是起决定性作用的——“学生们要在学校里学会生活”。

对中国课程改革深化和课堂教学的启发

从世界眼光来看，社会的信息化、经济的全球化使创新精神与实践能力成为影响整个民族生存状况的基本因素，这时对“人”的作用的反思将促使“人性”的回归，进而让人们对生命教育、个性发展、全面和谐均衡发展更加关注。基于此，中国自 21 世纪初开始的基础教育课程改革，从学科本位、知识本位向关注每一个学生发展转变，培养目标从“双基”到“三维”再到“核心素养”，关注点从“物”走向“人”，更着眼于培养“担当民族复兴大任的时代新人”——

有理想、有本领、有担当，实现教育回归到落实立德树人的轨道上。这一切不仅与苏霍姆林斯基的教育理念高度契合，也使中国教师在课程探究、教学过程、教后反思、专业成长等方面找到具体的借鉴。

《义务教育课程方案（2022 年版）》（以下简称《课程方案》）提出建立中国特色、世界水准的义务教育课程体系："聚焦中国学生发展核心素养，培养学生适应未来发展的正确价值观、必备品格和关键能力，引导学生明确人生发展方向，成长为德智体美劳全面发展的社会主义建设者和接班人。"把学生发展核心素养列入课程目标是这次课改的一大亮点，前期研究者将学生核心素养界定为文化基础、自主发展、社会参与三个方面，综合表现为人文底蕴、科学精神、学会学习、健康生活、责任担当、实践创新六大素养（图 10–4），具体细化为国家认同等 18 个基本要点。作为课程改革实施者的一线教师，有的提出这个聚焦比以前"双基""三维"目标更复杂了，找不到焦点，教课时无所适从。这可以理解，但我们做教师的，就是要把复杂的问题变简单，把深奥的理论变通俗，把枯燥的课本变有趣。我想借助苏霍姆林斯基的课程思想，谈谈自己对新一轮课程改革实施三个难点的思考。

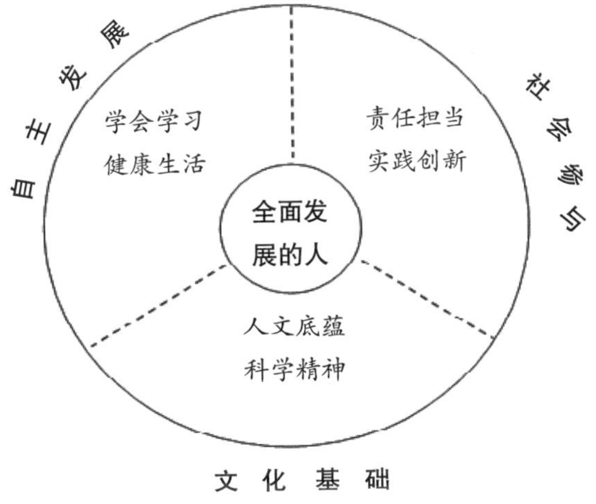

图 10–4　学生的核心素养

一、《课程方案》中关于结构优化后新课程的参照性

课程改革方案将小学原品德与生活、品德与社会和初中原思想品德整合为"道德与法治"，进行九年一体化设计。改革艺术课程设置，一至七年级以音乐、美术为主线，融入舞蹈、戏剧、影视等内容，八至九年级分项选择开设。将劳动、信息科技从综合实践活动课程中独立出来。科学、综合实践活动起始年级提前至一年级。

这里最大的变化是以上课程向下延伸至小学起始年级，与心智相对成熟的中高年级孩子适用的教学要求和教学方法不一样，教师教学时产生困惑是必然的。

例如，《义务教育科学课程标准（2022年版）》所附教学案例2《植物是“活”的吗》（一年级第二册），其教学思路是：“让学生从他们亲自种养的植物入手，通过交流讨论植物生长过程中的种种现象，把观察到的事实转化为证据，初步找出‘植物是活的’这一事实的证据；再让学生观察一棵树一年四季的生长变化……进一步丰富相关证据；最后通过对仿真花的分析，用反向证据引导学生认识植物是有生命的。”我看到一位教师亦步亦趋的教学案例：在课堂上把“证明植物是活的”作为教学难点，把“植物是有生命的”作为重点，用课件出示兔子和蝴蝶的视频引入“活”的概念，在教室内观察植物，出示图片让学生把春、夏、秋、冬相联系，最后研讨塑料花进行概念分辨，结束课程。

我认为这样的教学思路和方法并不成功。第一，教学思路提出的时间跨度太长，背离了低年级儿童思维与关注迁移的心理特点，课堂上照此讲授完成教学目标是困难的。第二，“证明植物是活的”对孩子来说难吗？恐怕幼儿园的孩子也可以讲明白，教学难点应该是儿童对“生命”的认识。第三，教学方式不应在教室内看视频，而是要走到校园（或野外）观察植物。这对任何学校来说，都不是什么难事儿。第四，教学重点应该是打开儿童的思维世界，教儿童去思考，需要的不是“情境”，而是“情感”——带孩子到生动思想的源头去旅游。第五，建议不要再看无聊的塑料花。植物无处不在，可以做一个儿童的科学探究——让学生说出自己的“观察报告”。所以，一年级的科学教师不妨认真学习一下苏霍姆林斯基的“思维与情感的统一”问题，读一读《大自然的书》。本书的下编提供了一些“春季思维课”和“秋季思维课”课堂实录。这是巴甫雷什学校几十年来积累下来的宝贵财富，具有启发意义。

二、《课程方案》基本原则中的“加强课程综合，注重关联”问题

上一轮的课改在学科知识整合及跨学科主题学习上做了不少努力，但有的没有成功，其中历史与社会、科学等课程在一些省份半途而废，地方课程名存实亡。这里有教育理念、评价机制、教学条件、教师知识局限等问题，但我的调查发现是教师受学科边界制约太深，没有找到立足点和切入点。

苏霍姆林斯基早就对科技快速发展过程中“今天是数学时代、电子学时代、宇宙时代”的观点提出批评，认为“它并没有反映出当今世界上所发生的事情的全部实质。世界正进入一个‘人的世纪’，我们现在应当比以往任何时候都要更多地考虑：要用什么来充实人的心灵”①。所以，课程关联的主体是“人”，核心素养用一句话概括就是“全面发展的人”，即苏氏表述的“真正的人”——“和谐”而又有“个性”；人的具体化就是“我”，即整合的知识与素养和“我”是什么关系，“我”在生活和社会中遇到的实际问题是综合的，而不是分学科的。有的国家正在减少学科课程，增加综合性主题课程——这是世界课程改革的趋势。欧美国家的教材中突破学科边界的课程实验，也都把“我是……”“我与……”“我们的……”作为切入点。

例如《义务教育历史课程标准（2022 年版）》“跨学科主题学习”示例 2——“在身边发现历史”，跨学科主题学习活动知识图谱展示，学习中国现代史“交通设施与交通工具的巨大改善”，需要关联地理学科中的“交通运输网、区域自然环境”，道德与法制学科中的“社会主义建设的伟大成就”，语文学科中的“当代文学作品”，美术学科中的“交通设施与交通工具”绘画作品等。我看过的一个类似的课例实验是把它整合在地方教材《河南省情》“新旧巨变的河南”之中，题目为“毛驴驮我奶奶来”（部分设计方案见图 10–5），材料源于《河南日报》的一篇“国庆征文”，并以此为切入点，让学生通过身边的故事，运用历史思维体验新中国成立、改革开放、现代化强国建设的重大转变，实验效果良好。

（1）家庭调查。我家交通工具的变迁——人力车、自行车、摩托车、汽车等与家庭收入的比较，通过收支情况反映家庭生活的变化。

（2）小组探究。研究《河南省交通旅游地图》，合作设计一条从我的家乡到某旅游景点的最佳线路，计算乘坐各种交通工具的性价比（汽车、地铁、火车、高铁……包括景区内观光车、自行车等），浏览沿途历史文化开

① 蔡汀、王义高、祖晶主编：《苏霍姆林斯基选集》（五卷本）第 4 卷，教育科学出版社 2001 年版，第 756 页。

图 10-5 《毛驴驮我奶奶来》部分设计方案

发与自然环境保护情况，组内分任务编写沿途解说词和景区导游词（文学性、艺术性）等。

（3）班级活动。参观亚洲最大的火车编组站——郑州北站，了解郑州交通枢纽地位的变迁（“米”字形高铁框架）和“郑欧班列”的运行情况，对比历史上的丝绸之路与当代“一带一路”建设的意义。

……

三、《课程方案》基本原则中的“变革育人方式，突出实践”问题

倡导“做中学”“用中学”“创中学”对于许多学校来说，困难是校园场地小，缺乏“做”的空间，学校与企业农场等没有合作关系而“用”不上，走出校园又怕安全事故不敢“创”……譬如劳动课，不少学校把实践课上成了理论课、观摩课、劳动观念课、家庭生活课，要么为劳动而劳动，为完成任务而劳动，低效重复，缺乏教育意义；要么采用打分划等次的结果评价、立竿见影的功利性评价，忽视过程性和激励性评价——正是苏霍姆林斯基批评的“目中无人”的教育。

例如《义务教育劳动课程标准（2022 年版）》有一个阶段性综合评价，设计的是一节“剪纸”课，春节来临前设计并制作一件“春”或“福”的装饰作品，评价标准如表 10-1 所示：

表 10–1　剪纸任务的评价标准

核心素养	主要表现特征
劳动观念	积极、愉快地参加劳动
劳动能力	文学构图设计合理，有一定的局部造型变化；熟练使用剪刀或刻刀；剪纸作品线条较流畅
劳动习惯和品质	认真完成劳动任务，劳动过程中注意力集中；能规范摆放剪刀或刻刀，能主动整理桌面，将废弃纸屑投入相应的垃圾桶，保持桌面干净整洁
劳动精神	遇到困难努力解决；对作品品质要求高，精益求精

类似这样的课程教学，我建议教师参考一下本书下编巴甫雷什学校的小学课堂实录“国际劳动妇女节——制作一张贺卡送给母亲”，对自己的教案做一个补充。课例的教学过程基本上是一样的，但是，对于针对小学生的课程来说，巴甫雷什学校的课程设计与评价方式值得借鉴。

（1）课程中心。“最好的礼物需要你的双手亲自制作，把你的灵魂、技能和想象力置于其中。”学会使用剪刀、胶水等生活工具，培养学生的动手能力，开动脑筋，设计一个丰富多彩的节日活动。

（2）课程延伸。当你在制作贺卡时，一定会想着自己的母亲。也许有人迫切地想对母亲说说心里话，也许有人渴望写一首歌颂春天、歌颂母亲的诗歌。写出来和大家分享吧！以此发展学生的创造力和语言能力，让他们懂得尊重女性。

（3）课程灵魂。回到家里，把制作的贺卡——自己的劳动成果向妈妈展示。根据课堂讲述的内容和教师的提示，和妈妈一起读苏霍姆林斯基关于母爱和赞美女性的童话，想一想我们在生活中怎样表达对母亲和对祖国的爱。

关于劳动教育，苏霍姆林斯基所强调的重点是“教育”而不是“劳动”本身，完成手工制作只是劳动教育的一半，下一步要做的是交流、体验、激励、培养情感，评价应该是人性化的[①]。

①蔡汀、王义高、祖晶主编：《苏霍姆林斯基选集》（五卷本）第 3 卷，教育科学出版社 2001 年版，第 331 页。

劳动要成为一种巨大的教育力量，就是必须成为我们的学生精神生活的需要：能给他们带来团结友爱的快乐；能促进钻研精神和求知欲的发展；能在克服困难之后，产生激动人心的欢乐；能在周围世界里不断发现新的美好事物；能唤起初步的公民义务感——人类生活必不可缺的物质财富的创造者的感情。

“运用别人的经验，从来就是一种创造性的工作。”让我们捧起苏霍姆林斯基的著作，细细品味吧！

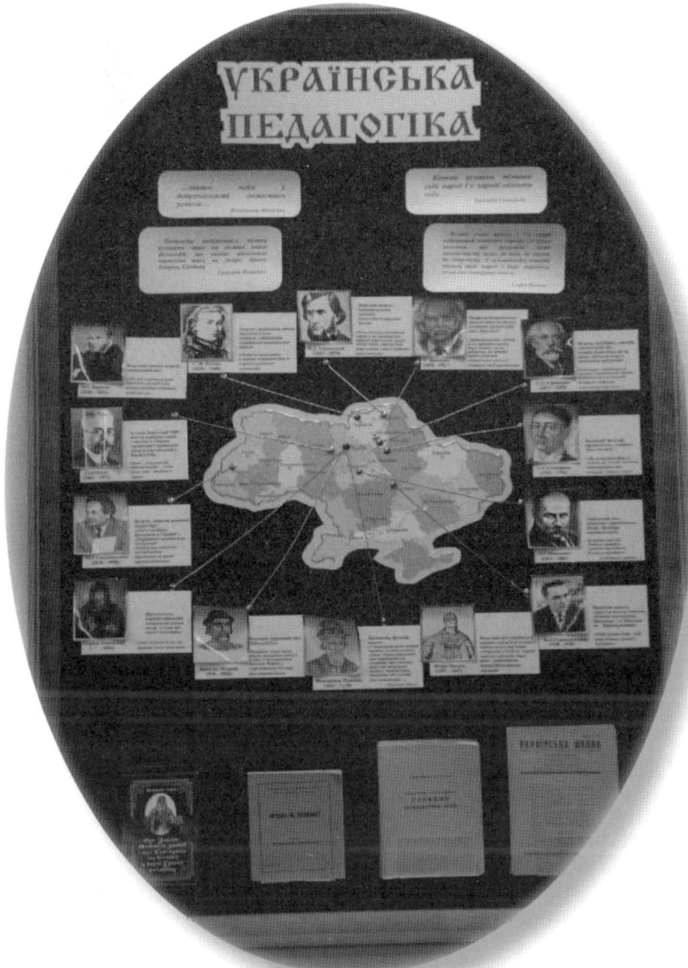

新乌克兰学校的教育传统支撑

（摄于乌克兰基辅市乌克兰人文中学教室）

新乌克兰学校印象

从巴甫雷什回国前，我们专门到乌克兰国家教育科学院拜访，讨教新时代如何继承和发展苏霍姆林斯基的教育思想。教育科学院外事处处长普·达岑科女士热情地把我们接到会议室，请来教育科学院原副院长、瓦西里·苏霍姆林斯基全乌克兰协会会长阿·萨夫琴科院士和苏氏的女儿奥丽佳·苏霍姆林斯卡娅院士等与我们座谈。大家提出了乌克兰学制、课程设置、考试升学制度等许多问题，主人耐心地一一解答。一会儿，教育科学院院长、国家科学院院士瓦·格·克列缅先生亲自过来了，给我们介绍了教育科学院的概况、职责和与中国教育交流的情况，然后把话题集中到苏霍姆林斯基教育思想上。

什么是新乌克兰学校

克列缅先生认为，当今世界已进入全球化、信息化时代，国家、民族之间的联系越来越多，相互影响越来越大，人们事实上成为世界公民，面向未来需要解决的共同问题也越来越突出，教育转型和创造智慧的作用就显现了出来。苏霍姆林斯基是一个有远见的、视野开阔的教育家。把他的思想融于学校的实际工作和常规的教育教学中，不仅得到了现实的借鉴，而且成为当前教育改革的轴心。苏氏教育思想最鲜明的特征是重视“个性”。人的个性发展是社会进一步发展的基本推动力。只有充分发展个性，人才会成为完全合乎祖国要求的公民，才会有效地促进社会的发展。另一个特征是对待儿童的人道主义态度。这是相对于现实主义的价值观而言的，应对市场经济人与人之间关系的冷漠与人格分裂，人们更加注重知识的价值、教育的价值对社会关系的意义。还有一个是发展性教学的思想，包括应用现代信息技术手段过程中如何释放天性、开发非智力因素、在生活过程中学习、进行自我教育，掌握经常更新的方法论。

几位专家都提到，乌克兰教育科学研究和国家教育政策的制定都“求教”于苏霍姆林斯基的教育思想（图 11–1）。瓦西里·苏霍姆林斯基全乌克兰协会每 5 年举办一次国际会议，应对教育现实进行专门研讨并出版论文集，教

图 11-1　乌克兰国家教育科学院院长瓦·格·克列缅先生等专家介绍对苏氏教育思想的继承和发展

育改革则充分吸收他们的教育研究成果。“新乌克兰学校”的现代观念，就是建立在苏氏主体思想基础上的。2017 年 9 月，乌克兰通过了新的《教育法》，规范了未来 12 年新教育体系的基本原则。《普通初等教育国家标准》（2018 年 2 月）、《普通中等教育国家标准》（2020 年 3 月）也相继得到了批准实施。从 2017—2018 学年开始，新基础教育标准在 100 所学校中成功通过测试；2018—2019 学年，全国范围内一年级新生教育开始按照该标准执行。

新乌克兰学校对管理者而言是责任与自主并重。基础教育学制开始与国际接轨，逐步实行 12 年学制。学校应是开放而有趣的，目标是改变教育环境，引入生活训练，给学校更多的回旋余地。新《教育法》规定了学校人事自主权。校长通过竞争选出，一个人在这个职位上可以有两个任期，一个任期不得超过 6 年（校长可以是非师范专业的，但不能低于硕士学位，有 3 年及以上教龄，私立学校除外）；此后，可以在这所学校担任其他职务或参加另一所学校的董事竞选。校长有权任命自己的班子成员，聘用或解雇教职员工。学校领导、教职员工均按照固定的合同期限聘用。

新乌克兰学校对学生而言，关键的变化是学习方法和教育内容。在教学方式上，无须让学生记住太多的事实和概念，而要让他们获得能力，即知识、技能、思维方式、价值观和其他个人素质的动态结合。学生获得的能力包括流利的官方语言——能够以母语（如果与本国语言不同）和外语进行交流，数学能力及自然科学、工程和技术能力，创新环境能力，信息和交流能力，终身学习能力，有关的公民和社会能力等。所有能力的共同点是具备跨领域的技能，如阅读理解能力、口头和书面表达意见的能力、批判性和系统性思维能力、创新能力、与他人沟通和合作的能力。为了获得能力，学生需要坐在教室里听老师讲课，还需要参加基于项目的综合学习。官方为此制定了一系列评价标准，新的评价模型基于过程性评估，而不仅仅是结果的正确与否。这种评价方式更加关注孩子寻求最佳的方式来促进学习愿望，有利于他们和谐发展、健康成长。

新乌克兰学校对教师而言可增强其自主性和主动性，提高其业务水平和社会地位，促进他们的职业发展和个人成长。在教学方式上，教育和科学部提供课程标准，教师（或教学团队）可以自主选择教材，补充或创建自己的课程，结合教学实际进行各种实验。同时，被赋予教学自主权的教师必须有职业发展规划。新的改革确定了“经费跟着教师走”的原则。2020 年 2 月，政府从财政预算中拿出 14 亿格里夫纳专项补贴，用于学校设备与教师的专业发展。全年国家计划总计投资超过 75 亿格里夫纳，用于学校发展。新《教育法》规定，教师 5 年的高级培训应达到 150 小时，每年必须进行 1 次培训。教师不仅可以在教育机构和科学机构中提高技能（如申请读研究生），而且可以利用包括个人（企业）在内的法人或自然人的服务来提高技能。研讨会、讲习班、网络研讨、实习等自己选择的灵活的培训方式也是被允许的。教师培训先由教育机构公布项目和预算公告，教师根据自己需求提交申请，包括主题、方式和持续时间，然后由教育部门批准实施。为将这项措施落到实处，政府引入了认证制度。认证申请通过后，教师可获得相当于薪水 20% 的奖金。

新乌克兰学校对家长而言是强化伙伴关系，包括学校与家长、学校与社会机构的伙伴关系。父母可以建立自己的自治机构——家长委员会，对学校教育和教育过程施加影响，也可以通过向学校捐款的方式参与管理，掌握资金使用流向和财务状况。当然，所有接受公共资金（例如预算资金和慈善捐款）的教育机构都必须披露其预算和支出信息。

新乌克兰学校课程对苏霍姆林斯基教育思想的继承

乌克兰国家教育科学院专家介绍说，新乌克兰学校课程正在由小学、初级中等学校向高级中学推进。按照国家标准，在“改革教师培训和专业发展制度”框架内分专家组组织课例，编写实验教材，进行课程实验。我从赠阅的资料中发现一个很有特色的小学示范课程案例——“我的环境”。这个课例是“在实施新的普通初等、中等教育国家标准的背景下发展和实施教育方法支持”研究课题的一部分，由教育学博士、高级研究员纳扎连科牵头，联合教科院、教育学院、中小学校开展的攻关项目。

“我的环境”一课分 5 个部分，每个部分 1 个课时：①我周围有什么？②校园里有什么“秘密”？③校园里种有什么植物？④在这优美的环境中有什么颜色和声音？⑤我应该如何表现，才能不对大自然造成伤害？示范课程是在问题探索的基础上开发的，目的是让孩子熟悉“环境”的概念，区分自然物体（有生命的 / 无生命的）和人造物体，以一对一或小组的形式互动，明确环境安全和保护的行为规则，帮助学生树立对自然的道德规范。课程进度设计与苏霍姆林斯基的思维课非常相似，明显借鉴了《大自然的书》中的“有生命的东西和无生命的东西”[①]一课。这里仅展示第一部分——“我周围有什么？”并加以说明。

一、课程导入：你在上学的路上看到了什么？

1. 分组讨论。

“我在上学的路上看到了什么？”学生分享对上学路上有趣事物的印象。完成任务后，让学生回答问题：谁在上学的路上看到了一些有趣的东西？教师总结引导：“我们周围的世界非常有趣，因此需要探索。”这使所有学生都成为我们周围世界的研究者。

2. 游戏：盒子里的未解之谜。

教师提前准备好一个盒子，将要研究的问题存放其中，然后告诉学生以下信息：上学路上，你看到你周围的世界，也许这些就是你感兴趣的秘密；鼓励学生不要害怕提问（哪怕是提出最愚蠢的问题）。如果孩子们感到困惑，不妨举几个例子：鸟儿为什么会飞？为什么早上露水会落在草地上？为什么会出现彩虹？

① 苏霍姆林斯基曾写道：“这里是《大自然的书》的第一页，它被称为《有生命的东西和无生命的东西》。在早秋的一个温暖、明媚的中午，我们走到河边，在一块草地上坐下。我们面前是一片开满了秋季鲜花的草地，清澈见底的河里游着小鱼儿，蝴蝶在空中飞舞，燕子在蓝天飞翔。我们走向高峭的悬崖，那儿在旷日持久的岁月中裸露出土壤的剖面。孩子们饶有兴味地观察着各种颜色……”〔《苏霍姆林斯基选集》（五卷本）第 3 卷，教育科学出版社 2001 年版，第 175 页〕

二、问题探究："环境"一词是什么意思？

1. 请学生破译一个今天在课堂上不能没有的秘密单词。这个词的意思是"我周围的东西""我周围的世界"。进行这个表达时，可以在黑板上画一幅画（图 11-2）。

2. 如果学生知道这个词，询问他们是否可以把字母填入空格。如果他们不会填，请尝试做语言拼图游戏。

图 11-2 "我周围的世界"问题探究

Д__ __ __ __ __ __ __Я

这个词有 8 个字母，单词以 Д 开头，以 Я 结尾，我们必须找到它们：

这个词的第二个字母类似于一个圆圈 / 箍（О）；

如果用大写字母（Л）写，这个词的倒数第二个字母类似于房子的屋顶；

在这个词中有一个类似于棍子（І）的字母；

在这个词中有一个类似于字母 Ж 的一半的字母，或者"猫"（Котик）这个词的开头；

这个词与坐在第一张桌子上的女孩（Валя，瓦利娅）的名字有相同的字母。

组词完毕：**довкілля**

3. 问学生：

你知道 довкілля 这个词是什么意思吗？

请学生用另一个意思相同的词（世界 / 周围世界 / 大自然 / 生活处境）替换这个词。

如果学生不能完成这项任务，请给予提示。

三、聆听诗歌《环境赞美诗》，识别自然体和人造物体。

1. 欣赏并体验诗歌所表达的情绪。

环境赞美诗

这里有太阳和月亮、电闪和雷鸣，

繁星调皮地眨眨眼睛，

向所有人致以问候，流星划破长空。
和煦清风吹过，绿草如茵，
淙淙溪流，从山谷流到平原，
世间万物有了生命——
你耕种的土地，你喝过的水，
你居住的房屋，
还有朋友、学校，以及周围的鸟儿欢腾。
万物钟爱，赢得尊重，
好好珍惜它吧，
它是谁？——它被称作“环境”！
它给我们以力量、灵感，
享受惬意的生活，
我们是自然界的生灵。

2. 对自然体和人造体的识别（小组合作）。

将图片分发给学生，请他们找出文字中提到的物体的图片（表 11-1）。然后将图片分别装进三个信封中：第一个，有生命的自然体；第二个，无生命的自然体；第三个，人类创造的物体。

表 11-1　识别自然体和人造体

有生命的自然体		无生命的自然体	人类创造的物体
人	出生	太阳	建筑、家具
植物	呼吸	水	衣服、鞋子
动物	吃饭	空气	校车
昆虫	生长	地球	家用电器

3. 活动（识别自然和人造体）。

将学生分成三组：第一组在召唤有生命的自然体时拍手，第二组在召唤无生命的自然体时拍手，第三组在召唤人造物体时拍手。清晰而缓慢地列出环境中物体的名称（如太阳、花、汽车、麻雀、树、书、石头等），让学生不仅有时间做出反应，还要有情绪表达。

4.“花园草坪”游戏（如图11-3所示，用于小组或一对一结对工作）。

任务：

（1）数昆虫，在图中的圆圈里写下数量。

（2）哪些昆虫比较多？

（3）每只昆虫都能找到一朵花吗？

（4）有多少瓢虫必须飞起来才能像蝴蝶一样多？

……

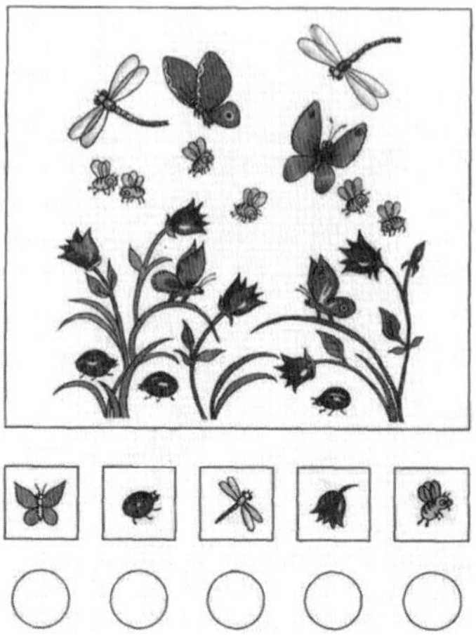

图11-3 “花园草坪”

四、阅读苏霍姆林斯基的童话故事《麻雀与火》，回答问题。

1.邀请学生一起朗读，注意故事情节和细节。

麻雀与火

老麻雀终于让她的孩子飞出了鸟巢。小麻雀非常高兴，一边飞，一边不停地问妈妈：“这是什么？那是什么？”母亲向他解释，这是土地、草、树，那是鸡、鹅、池塘。

麻雀看见天上有一个巨大的火球，便问妈妈：“这是什么？”

“这就是太阳。”老麻雀说，“它会发光，会燃烧。”

“太阳是什么？”不安分的小麻雀又问道。

“嗯，你为什么要知道这一切？”老麻雀不耐烦地回答道，“是火。”

“我想知道火是什么。”小麻雀啁啾着，在太阳旁边上下飘动，直到他翅膀上的细细羽毛被烧焦了。他吓坏了，赶快往回飞。母亲在焦急地等着，他回来时已经奄奄一息了。

“唉，现在我知道什么是火了。”小麻雀呻吟道。

2.这里并不是要考查故事的寓意，请注意故事之外的细节。

这个故事中有的词是表示无生命的物体（顺便问一下有多少），但还有一些词是用来表示生物的，这些词又是什么？它们之间有什么联系？

五、反思：回到“盒子里的未解之谜”。

向学生提问：

——你们还记得今天早上出现的那个盒子吗？

——有没有人能找到问题的答案？

——如果是这样，那么是哪一个？

如果有的问题被证明太难了，那么下次课堂上继续讨论。

……

这个研究性课题触及我们生活中的现实环境问题。课程设计结合少年儿童的心理特点，可谓深入浅出、妙趣横生，体现了课程标准的精髓，从中也可看到苏霍姆林斯基设计《大自然的书》的良苦用心①：

我把阅读《大自然的书》看成是培养智力方面的积极性的一种手段。概念、画面、形象——这些只不过是积极的思维活动的开端。……我力求避免使阅读《大自然的书》的活动成为对大自然的画面和形象的简单感知，而极力使它成为积极思维和从理论上认识世界的开端，成为获取系统科学知识的开端。

新乌克兰学校计划对班主任和学校的期望

为增强新乌克兰学校实验的实效性，在乌克兰教育和科学部的支持下，实验课题组开展一项“班主任：新一代教师的能力”的调查。调查的目的是了解人们对班主任和学校的期望——应该具备哪些能力和素质，以及确定与教育过程中的其他参与者相比，教师对引入新教育标准的影响程度，等等。调查对象涉及来自乌克兰所有地区的 642 名受访者。他们的身份是父母（家中至少有一名学龄儿童）或教师。受访者被要求为理想班主任“画像”——选择应该具备的最重要的能力。这些能力体现在新的教师专业标准中。

调查统计发现，家长和教师对理想班主任的愿景大多趋同，但期望值存在细微差别。教师认为理想班主任是能够激发学生的学习兴趣和启发学生的，而家长则更喜欢尊重和平等对待所有学生的班主任。理想班主任的能力期望值从最高到最低排列如下：

1. 尊重每个学生，平等地对待所有人，占 72%；
2. 对学习感兴趣，注重学生的能力培养，占 70%；
3. 了解孩子，有找到与他们的共同语言的能力，占 67%；
4. 开发学生潜力的能力，占 51%；

① 蔡汀、王义高、祖晶主编：《苏霍姆林斯基选集》（五卷本）第 3 卷，教育科学出版社 2001 年版，第 184 页。

5. 社交能力，对沟通的开放性，占 48%；

6. 耐心和自我控制能力，占 43%；

7. 关心学生的健康和情绪状态，占 36%；

8. 保持自己特有的教学风格，占 33%；

9. 解决冲突的能力，占 31%；

10. 对学科有全面的了解，占 30%；

11. 学历达标，占 22%。

受访者还被要求评估教育过程中每个参与者对引入新课程标准的影响，分值从 1（轻微影响）到 5（重要影响）。根据调查，他们中的大多数人得出的结论是：班主任（5）是教育过程中最重要的参与者（5），在实施新课标方面发挥着关键作用；排在第二位的是任课教师（4）；再下来是学校行政部门（3）、父母（2）、公众和社会（1）。

在调查期间，受访者被要求评估学校面临的任务的重要性。教师和家长的评估完全一致。他们认识到，舒适安全地留在学校，孩子的心理发展以及从学习中获得情感满足是当务之急。各任务按重要性从高到低排列如下：

1. 学生在校期间舒适、安全；

2. 孩子的心理发展（思考、说话、注意力、想象力）；

3. 学生对学习的情感享受；

4. 儿童人格的形成（社会化、公民能力的形成等）；

5. 发展软技能（团队合作、寻找共同解决方案、领导能力、社交能力等）；

6. 掌握教育内容，形成学科知识（技能）。

调查参与者被要求根据学校面临的任务来确定班主任所需的能力，主要包括确保学生在校条件舒适安全、关心学生的健康和情绪状态、组织激励的教育空间的能力。这些群体之间唯一的区别是，教师认为要确保学生在学校有舒适和安全条件（74%），而家长则关心学生的健康和情绪状态（63.3%）。关于开发学生潜力的主要能力，两组受访者都称鼓励学生进行认知（研究）活动——分别为父母中的 72% 和教师中的 66%。其他给定能力包括：关注孩子的年龄和个人特征（56% 的父母和 56% 的教师）；使用创造性的教育方法（50% 的家长和 55% 的教师）；组织团队中学生的有效互动，鼓励他们共同创造（47% 的家长和 58% 的教师）。

在任何教育环境中，欺凌和冲突都没有容身之地。在这方面，父母和教师的认识是一致的。为了防止出现校园欺凌现象，班主任工作责任重大。他们必须做到：尊重每个孩子（72%），具有预防此类情况发生的技能（58%）；当冲突无法避免时，能够尽快采取措施解决冲突（55%）。班主任的这些能力对于预防冲突、欺凌和其他侵犯儿童权利的行为至关重要。

教师和家长的愿景也会集中在另一项重要任务上——建立伙伴关系，参与教育过程。其中给定的主要能力是：社交能力，占64%；解决冲突的能力，占63%；责任、耐心和自我控制，占60%。教师在教育过程中创新教育技能和专业发展也是很重要的。教师对发展的愿望和渴望即终身学习的能力，占70%；使用创造性的教学方法，占65%；为时代变革做好准备，占63%。

调查统计结果还表明，一方面，教师的声望水平以及他们的社会地位今天还不够高，这就是为什么参与调查的许多人低估了他们的工作和角色，也对调查活动失去兴趣。另一方面，对教师技能和能力的要求也在发生变化，现代教育工作者必须学会运用信息技术、数字技术“武装自己”——了解孩子的需求，倾听和理解每一个学生，不断提升自己，以能力之魅力成为学生崇拜的对象。在这里，班主任是孩子们最喜爱和家长最信任的导师、朋友。新乌克兰学校需要博学、积极进取、有创造力的中流砥柱。他们是教育改革的推动力。

为使我们对新乌克兰学校有一个直观的印象，通过基辅市苏霍姆林斯基实验中学原校长瓦西里莎·哈伊露莲娜女士的引见，我们参观了基辅市乌克兰人文中学。这所学校有4个年级（八至十一年级）①、68位教师、350多名在校生，在乌克兰普通中等教育机构中位列前15名。校长尕林娜·斯捷潘诺夫娜·萨佐宁科女士把我们带到一楼的杰出学生墙前，一一介绍优秀毕业生及其所做出的贡献，还有坚强的董事会支撑，以及公共机构和国家机构相结合的参与性管理原则（图11-4）。在办学理念上，她认为“学校是孩子的生活空间，他们不是为生活做准备，而是实实在在地生活”。她以“健康的

① 八年级：一般人文教育，学习两门外语（可选）；九年级：一般人文教育，深入学习人文学科和两门外语（可选）；十年级：专业学科、特殊课程和选修课学习；十一年级：大学预科培训、个人规划设计、国家最终认证。学校以乌克兰语为官方语言，还提供5～7门外语供学生选择（英语、德语、法语、西班牙语、意大利语、汉语、日语）学习，并与相关国家教育机构交流合作。

图 11-4 本书作者与基辅市乌克兰人文中学校长尕·萨佐宁科女士进行交流

孩子、成功的家庭、稳定的国家”为办学宗旨，强调人文素养（为学生提供以下领域的高质量通识教育：语言学、历史和哲学、经济、法律和国际），注重培育学生的人道主义精神和国际视野，促进学生全面发展。作为基辅国立塔拉斯·谢甫琴科大学的附属中学，该校课程资源丰富，选课制度和专业教师可以满足所有学生的需要。该校因为一项天文学观测成果得到了国际相关组织的认可，2005 年发现的一颗小行星（编号：318794。名称：УГЛІЯ）就是以这所学校的名字（УГЛ）命名的。2013 年 3 月，在基辅举办的“国家对话和教育伙伴关系”国际论坛上，该校学生们展示了“中国的历史和文化传统”。2019 年 3 月，在中国北京举行的第 39 届世界青少年科技创新大赛上，该校参赛选手获得了生态组金奖。联合国教科文组织公布的 2019 年度世界国际化学校（“科学与教育”类指数比较）100 强排行榜，该校榜上有名……

在学校三楼会议室，萨佐宁科校长介绍了乌克兰人文中学积极践行苏霍姆林斯基教育思想和吸取其他教育家成果的经验，重点谈到苏氏“爱孩子”“发展个性”“培养人文素养”“教师要有研究意识”等思想对学校的影响。作为校长，她以苏氏为榜样坚持上课（本职是一名化学教师），注重国际交流（曾到过中国的北京和石家庄；乌克兰人文中学与上海中学结为友好学校）。她特别欣赏苏氏的“教育研究是一条幸福之路”“课就是教育思想的源头”等观点，带领教师共同进行研究，先后有《乌克兰的中学教育：现实与发展前景》等 6 部著作出版……她最欣赏苏霍姆林斯基的这样一段话①：

每个学生的才能和天赋都能在教育过程中得到发展。日后，一些人将成

① 蔡汀、王义高、祖晶主编：《苏霍姆林斯基选集》（五卷本）第 4 卷，教育科学出版社 2001 年版，第 16 页。

为科学家、思想家、艺术家，另一些人将成为工程师、技师、医生、教师，又一些人将成为钳工、车工、农业机械师，但是有一个共同特点会使他们很相似，这就是智慧和创造性在劳动中起主导作用。……开发每个人的天赋和才能，使他享受到为社会、为人民的幸福进行饶有趣味的、充分发挥了智力的创造性劳动的幸福，这就是学校的任务。

下编　课堂实录

我仔细思考所有应该成为学生思想源泉的东西，确定了孩子们在 4 年中日复一日地观察什么，他们周围世界的哪些现象将成为他们思想的源泉，300 页的《大自然的书》就是这样诞生的。这样，300 个观察结果、300 幅鲜明的画面，就印入孩子们的脑海之中。我们每周两次进入大自然——不仅仅是观察，更是学会思考。事实上，这就是思维课；不是令人兴奋的散步，而是实实在在的课程。但这堂课也可以很精彩、很有趣——更大限度地丰富了孩子们的精神世界。

——苏霍姆林斯基

扎连科老师的思维课

（巴甫雷什苏霍姆林斯基学校资料照片）

宝石般五彩缤纷的春天

【授课教师】

扎连科·维多利亚·弗拉基米洛夫娜。

【授课地点】

校园的森林角，栗子长廊。

【教学目标】

（1）教学生观察和注意自然界的变化，看到春天的色彩。

（2）发展和丰富学生关于季节的词汇量，教他们学会思考。

（3）开发学生的好奇心，提高其审美品位，教他们热爱和关心周围的世界。

【课堂实录】

教师：孩子们！我们今天一起走出教室，到学校的院子里进行蓝天下的一课。

（朗诵诗）

一声长鸣，
飞往大洋彼岸的鹤，
回到了北方的故土。
晨露晶莹，
小蚱蜢蹦跳嬉戏，
忘记了什么是疲劳。
蔚蓝色的天空，
朵朵白云飘浮游荡，
暖阳普照大地。
草丛中，
蒲公英鼓起小嘴巴，
盈满了黄色的气球。

教师：诗句中反映出一年中的什么时间？

学生：春天。

教师：自古以来，人们就非常期待春天的到来。经过寒冷的冬天，人们迫切想见到温柔的瓢虫、美丽的蒲公英、欢快的鸟儿。那么，春天到啦，人们如何去庆祝呢？

学生：人们唱歌跳舞，记下谚语，举办欢庆仪式……和百灵鸟一起进入田野。

教师：所以，我们伴随春天的到来走向大自然课堂。来吧，来吧，春天来了，让我们振作起来！

（3个男孩一起唱歌，女孩们载歌载舞）

当丁香花吐出第一个蓓蕾，
布谷鸟开始放声歌唱，
太阳暖暖的，
融化了白雪皑皑的小岛。
溪流喝饱了，
小草伸出头，
野兔坐在灌木丛中，
懒洋洋的。
花儿露出小脑袋，
我来了——春天。

阳春三月：蓓蕾满枝

教师：选择你想形容春天的美丽词语。

学生：美丽的少女、绿色的翅膀、繁花似锦、温暖柔和、风和日丽……

教师：我们可以将春天分为哪三个时期？（对春季外部迹象的观察结果）

学生：早春、仲春、晚春。

教师：什么是早春？春天第一个月叫什么名字？

（一个穿着乌克兰传统服装的男孩扮演三月。朗诵）

二月，黎明前的寒夜，
冰封被撕裂。

三月，悄然升起的旭日，
坚硬的冰块融化了。
冬天不甘心，寒气袭来，
付出代价才能得到快乐。
冰凌从屋檐下跌落，
像咀嚼着的糖果。

教师：关于阳春三月，还有哪些美妙的词语？

学生：蓓蕾初绽、乍暖还寒、青草萌发……

教师：民间谚语呢？

学生：

——融雪滴滴是三月的眼睛。

——三月小雨淅沥沥，春风拂面草青青。

——三月白桦吐絮一扫寒冬，邀请春天来访问。

教师：是的，所以我们国家把三月称作“桦月”。为什么三月有这样的说法？

学生：因为白桦比其他树醒来得早，其他树上的叶子还没长出来的时候，它就开花了——像耳环似的挂在树梢。

教师：这个月还有哪些名字？

（学生回答略）

教师（总结）：俄罗斯人称之为 Март，法国人称之为 Марс，意大利人称之为 Марцо，匈牙利人称之为 Маріуш……在古罗马，为了纪念战神玛尔斯，人们用他的拉丁文名字 Marrius 作为三月的月名。

芳菲四月：百花绽放

教师：春天的第二个月叫什么名字？你如何描述春季植物发育的中期阶段？

（另一个穿着乌克兰传统服装的男孩扮演四月，朗诵）

我，四月——
百花绽放的季节。
阳光明媚，

万紫千红，
我发出讯息，
倾吐我的芬芳。

教师：四月主要有什么颜色，与三月有什么不同？

学生：蓝色、紫色、白色、黄色、淡绿色、红色……与三月相比多姿多彩。

教师：是的，我们可以称这些颜色为春天的宝石。春天的颜色是什么味道？

学生：温柔芬芳，像蜂蜜一样，空气特别甜。

教师：下面，来猜一组关于春天花朵的谜语。

（朗诵）

风来啦，
大树耸了耸肩，
你悄然飘洒，
飞向太阳，
和蓝色铃铛花一起，
迎接春天。

学生：雪花。

教师：（朗诵）

那么细腻和柔软，
粘在你的脸颊，
如刚刚制成的果酱，
小心翼翼，
在你的头上编织花环。

学生：蒲公英。

教师：（朗诵）

骄傲地昂着头，
我从不在风面前点头哈腰，
这是我的天性。
黄色，白色，
还有像苹果一样，红润，

在花园里，我在春天绽放。

学生：郁金香。

教师：孩子们，谁知道四月这个月的名字来自哪个词？

（学生回答略）

教师（总结）：在古罗马，四月正是春回大地、百花争艳的美好季节。因此“四月”便由拉丁文 Aprilis（Апріліс）演变而来，意思是百花绽放的日子。摩尔多瓦人把它称为 Апреліє，它在匈牙利语中被称为 Апріліш，在保加利亚语中被称为 Цвятник，在波兰语中被称为 Квєцень，在乌克兰语中被称为 Квітень。

雷雨五月：五彩缤纷

教师：告诉我，孩子们，野百合花是哪个月的花？

学生：五月。

教师：在春天的排列中，五月是什么样子的？

（邀请春季第三个月——五月来到学生身边。第三个穿着乌克兰传统服装的男孩扮演五月，朗诵）

五月，我要歌唱，
高唱热情的颂歌。
大雨来啦，
雷声在田野上空响彻，
不是倾盆瓢泼，
而是从乌云身上抖落……

教师：事实上，雷暴从每年的五月开始，雨水充沛，绿意盎然。在傍晚和夜间雷暴之前，大地具有微红的色调。那么，在五月，我们可以补充说一下春天的颜色吗？

学生（思考）：

——开始耕种，充满生机的黑土地。

——日落前的红色晚霞。

——彩虹。

——草地鲜艳的色彩……

教师：真的是五彩缤纷呀！百花盛开，吸引着挑剔的蜜蜂和翩跹的蝴蝶，它们就好像魔法花的花瓣，而真实的花瓣又像展开的翅膀。然后，很显然，春天是想让我们看得见，便在它们的身上染了神奇的颜色，并撒上宝石。

（师生共同欣赏美妙的诗——《蓝蝴蝶》）

很难用玻璃花瓶装下，
阳光普照的花朵，
慢慢地伸出纤细触角。
贪婪地吸一口，
滴滴花蜜掉进砂糖里，
充满情趣和欢乐。
如梦似幻，
徘徊流连，
就像在灌木丛中迷了路。
疯狂地飞起来，
和着弓一般的弯月，
隐匿在苍穹褴褛中。

教师：蝴蝶在自然界中扮演什么角色？

学生：给花授粉。

教师：所有的树都开花了吗？现在刚刚绽放的有什么？

学生：樱桃、栗子、花楸……

教师：接着会有什么开花？

学生：金合欢。

教师：你对金合欢了解多少？

学生：

——这是一种南方植物。

——它的花非常香，并含有大量的花蜜。

——金合欢花蜜味道甜美，营养丰富。金合欢花可以做成茶，还具有药用价值。

教师：继续往前走吧，还有好多秘密等着我们呢！

栗子长廊：点燃的蜡烛

教师：我们来猜一个谜语。

夏天它穿着带刺的长袍，
在树上荡秋千；
秋天它脱下长袍，
从树上跳了下来。

学生：栗子。

（栗子长廊到了，学生观察）

教师：孩子们，在你们面前的是威武的栗子树。它由于春天令人陶醉的美丽和秋天果实的慷慨，被定为基辅的市树。老校长苏霍林斯基和他的学生们在校园里种植了这条绿色长廊，我们才能方便地欣赏到大自然的馈赠。仔细看看栗子的花，你怎么描述它们呢？

学生：浅黄褐色，花被收集成一束，像一只只大毛毛虫。

教师：栗子为壳斗科植物，花分雄花和雌花，雌雄同株。雌花呈绿色的小球状，长在枝条的顶端；雄花细长，毛茸茸的，从新生枝条向外延伸。你们知道栗子花有什么药用价值吗？

（学生回答略）

教师（补充）：有健脾止泻、散结消肿的作用，还可以治疗心血管疾病，增强血管功能……

教师：漫步栗子长廊，让我们听听关于栗子树奇妙的童话故事，先来欣赏苏霍姆林斯基的奇妙作品《是谁点燃了栗子树上的蜡烛》吧！

（师生共读）

是谁点燃了栗子树上的蜡烛①

小马琳卡与妈妈一起到林子里去。这是五月。所有的一切都在变绿。马琳卡看着栗子树的绿色的枝条。她的眼睛高兴得发亮。

“看，妈妈，”小姑娘说，“栗子树上的蜡烛在燃烧。谁把蜡烛点上的？”

“早晨我们再来看看吧。”妈妈笑着说。

一清早，妈妈和马琳卡踏着寒冷的露珠来到了树林里。小马琳卡看着栗

① 苏霍姆林斯基著，诸惠芳等译：《做人的故事》，人民教育出版社 2015 年版，第 35–36 页。

子树的绿色的树冠。她看到了一只小松鼠正在树上蹦蹦跳跳。啊，原来是这只小松鼠点燃了栗子树上的蜡烛！那么是谁给了她火柴呢？是太阳。太阳升了起来，把燃烧着的火星递给了小松鼠。小松鼠就点燃了栗子树上的蜡烛。

（教师一边教学生观察栗子树，一边启发学生思考、回答问题）

教师：童话里讲的是什么季节？栗子树是什么样子的？

学生：春天的五月。树枝是绿色的，正是我们现在看到的颜色。

教师：栗子树真的燃烧了吗？

学生（疑惑）：不是的，我们也奇怪……

教师（启发）：仔细看看眼前这棵栗子树，燃烧的蜡烛是什么？

学生（若有所思）：原来是绿叶中盛开的栗子花，毛茸茸的长条嫩黄肥硕，从叶柄处伸展开来，真像一支支蜡烛。

教师：为什么栗子花看起来是燃烧的样子？

学生：早晨的栗子花缀满露珠，太阳把“火星”给了小松鼠，小松鼠“点燃”了露珠，露珠发出耀眼的光。

教师：一棵普通的栗子树，一簇看似单调的栗子花，苏霍姆林斯基老师用他的智慧与想象，给我们绘制了一幅美丽的图画——令人回味无穷的春色图。我们自己也来编写一个童话吧！我先开一个头。

（讲故事）

在秋天收获的季节里，一只乌鸦飞了过来，她的嘴里含着一颗栗子。她不饿，因此把栗子藏到了一个花园里……

孩子们，现在，展开你们的想象，继续编这个故事。

（学生思考，各自表述自己的想法）

（展示一个例子）

在和煦的阳光下，花园变暖，大地回春，小栗子醒了过来。他吃饱喝足，变得很强壮，摇摇手臂，轻松地挣开襁褓，伸出小脑袋向外张望。一缕活泼的阳光透过来向他招手，给予他力量，小嫩芽的脑袋开始迅速地长大……

教师：今天，我们看到许多植物，看到美丽的春天赋予生命的力量，给了我们生机勃勃的万千气象。那么，我们将把什么规则带入生活呢？请记住：

不要轻易摘掉花朵，它会枯萎的。

不要随意捕捉蝴蝶，它会死掉的。

不要折断树木和灌木丛的嫩芽，它的生命刚刚开始。

不要在野外放火烧残留的枯草，新的生命已经露出小脑袋。

不要在嫩草坪上留下你的足迹，还它们一片安宁的天地。

【观摩感悟】

苏霍姆林斯基认为，对儿童的智力培养要在思维源头，即在直观形象中，为此首先应在大自然中培养儿童的智力。他编写了《大自然的书》，把儿童带到教室外，在他们还不能打开书本按音节系统地读单词前，让他们用直观有趣的现实对象去感觉，用形象进行思维。如果孩子离开大自然，如果孩子从学习的最初日子就只感知词语，脑细胞就会迅速疲劳，他们看似目不转睛地听教师讲课，实际上一句话也听不懂。所以，到大自然的每一次游览，都是一堂思维课、一堂发展智力的课。“宝石般五彩缤纷的春天”是感知季节的思维课。看似普通的校园漫步，作为著名教学法专家的扎连科老师却能在学生心中漾起层层涟漪，抓住时令变换敏感的细节——阳春三月，蓓蕾嫩芽，白桦吐絮“像耳环似的挂在树梢”；人间四月天，百花盛开，“这些颜色为春天的宝石”；五月乌克兰进入雨季，五彩缤纷——挑剔的蜜蜂和翩跹的蝴蝶“就好像魔法花的花瓣，而真实的花瓣又像展开的翅膀”……走到校园的栗子长廊下，她又神奇般地引入“是谁点燃了栗子树上的蜡烛”的童话。我以前多次见过栗子花，但从来没有想过那是“点燃的蜡烛”，教育家的匠心独运和教师的敏感细心在此完美结合。别忘了，孩子不是被动感知词语的——理解每一个鲜明的形象，与词语相对应，都要花费时间和精力。这时就要给孩子思考的机会，让他们听一听、看一看，引导他们去感受，“展开你们的想象，继续编这个故事”，把这节思维课成功地推向高潮……

学会观察

（巴甫雷什苏霍姆林斯基学校资料照片）

白色的铃兰花睁开了眼睛

【授课教师】

博格丹诺娃·奥丽佳·维克托罗夫娜。

【授课地点】

学校校园森林角。

【教学目标】

（1）教学生感受春天的颜色，观察并从中得出结论，让学生熟悉铃兰花的结构、发育特点和用途。

（2）学生根据所见所闻所思编写童话故事，发展思维。

（3）培养学生对大自然的热爱，树立保护自然的意识。

【课堂实录】

教师：孩子们！今天，我们在教室外上课，现在是大自然中的什么季节？

学生：春天。

教师：你现在看到了春天的什么现象？

学生：绿意盎然，鸟语花香……

教师：在我们的家乡，哪个月份最能体现春天的特色？

学生：五月。

教师：我们的传统如何给这个月命名？

学生：草月。

〔教师讲五月（Травень）与草（Трава）的概念联系〕

教师：人们还叫它什么？

学生：如诗的五月。

教师：诗人是如何描述五月的？让我们听一听。

（播放柴可夫斯基的《四季·五月》，朗读费特的诗歌《又是五月之夜》[①]）

多么美的夜啊！周围多么静谧安逸！
感谢你啊，故乡午夜的原野！
从冰霜的王国，从风雪的领地
冲出了你清新而纯洁的五月！

多么美的夜啊！漫天晶莹的繁星
亲切而柔情地又来窥视我的心灵，
在夜空中随着夜莺的啼鸣
迅速传播着无尽的春愁和春情。

白桦树在期待。那半透明的叶子——
羞涩地诱引和撩拨我的目光。
它簌簌颤动。宛如新婚少女
又喜悦又惊奇地初着艳装。

哦，夜啊，你温柔而无形的面庞，
不，从来也未曾使我忧烦焦灼！
我哼着情不自禁的歌又走到你身旁，
情不自禁的——也许是最后的歌。

教师：你们自己感觉春天是什么样子的？想象一下，把自己的想法描述出来。

学生：

——花仙子穿着绿色的裙子，刘海儿是卷曲的。

——春姑娘走过花园，步态轻盈，用她的头发扫过大树，然后是灌木丛，最后是草地。她的颜色是明亮的、多彩的。

——春天女神篮子里放着一束鲜艳的花。她给大地涂上温暖的颜色，在阳光和微风中顽皮、天真地笑着。

① 费特·阿法纳西·阿法纳西耶维奇（1820—1892），19世纪俄罗斯诗人。此段译文转引自黎华选编：《外国唯美诗精选》，百花文艺出版社1994年版，第136–137页。

教师：女神篮子里有什么花可以代表五月的到来？

学生：郁金香、水仙花、铃兰花……

细致观察：一串小铃铛的花

教师：猜猜它写的是哪种花？

走过姹紫嫣红的傍晚，
迎来旭日东升的清晨，
小铃铛挂满滴滴露珠，
银光闪耀，装饰森林，
颔首微笑，摇曳多姿，
我的心绪已平静如初，
淡淡的哀愁渐渐消退。

学生：铃兰花。

教师：显然，没有人会对春天里森林的花朵——铃兰花无动于衷。孩子们，今天，我们将谈论这种美妙的花朵，了解它的结构，知晓它对人类生活的用途。首先，让我们走近点儿，低下头，看一下这种植物的结构。

（学生在森林角低头观察）

这种植物在形态上由什么组成？

学生：叶子、茎、花、根。

教师：其中最重要的部分是什么？没有它这棵植物就不能存在。

学生：根。

教师：今天，我们不能把铃兰花的根拔出来，现在大家看这幅图片（举起铃兰花植物手绘图，见图 13–1）[①]，它的根系有什么特点？

图 13–1　铃兰花

学生（观察）：长，弯曲，多结。

教师：是的。每年，这种植物的根须都会延长 15 厘米，随着时间的推移，

① 此图片选自法国皮埃尔－约瑟夫·雷杜德（1759—1840）著：《世界大师手绘经典·百合之书》，光明日报出版社 2012 年版，第 37 页。

在一层浅浅的泥土下形成长长的细根，并且曲曲折折，打了很多小结。就是依靠这些，铃兰花逐渐征服了地下空间，迅速蔓延开来。

教师：现在看，从根部往上看有什么东西？（举起图片）

学生：叶子和茎上有花。

教师：铃兰花的叶子是什么样的？

学生（观察地面实物）：一片或三片长条形的叶子，顶部尖尖的——椭圆形，叶柄底部变窄。

教师：茎和花分别有什么特点？

学生（边观察边回答）：

——植株矮小，茎很细，从叶子的中间露出来。

——白色芬芳的花朵被收集在一个方向，像低头含羞的少女。

——在形状上，它们向下打开时呈球形腹状，像一串小铃铛，又像快要落下的泪滴。

——花茎从鞘状叶内抽出，在 6 到 20 朵花的茎上，每朵花有 6 个花瓣，裂片卵状三角形，里面有 6 根雄蕊。

……

教师：好，拿起你们手中的画笔，把观察到的铃兰花画下来。

美丽传说：少女的眼泪

（学生完成绘画。教师综合、补充讲解）

教师：在我国古代的传说中，这些奇妙的花朵是从新娘的眼泪中生长出来的。很久以前，有一位美丽的姑娘，痴心地等待远征的哥萨克新郎回来，思念的泪水滴落在林间草地，变成芳香四溢的铃兰。在保加利亚语中，铃兰花被称为“少女的眼泪”。

在俄罗斯还有一个传说，说的是白雪公主逃离了邪恶的继母，她的项链掉落，变成了有香味的花朵。

关于铃兰花许多传说中的女主角，我们将在民族学课上与你们一起分享。现在告诉我，你们见过铃兰花的果实吗？

（教师出示铃兰花果实图片）

这些是红色球形浆果，在秋天成熟。它们心甘情愿地被长距离传播种子的鸟类食用。至于铃兰花的果实，有一个美丽的传说：

春天女神非常喜欢铃兰花，给她穿上绚丽的衣裙。她可怜精灵般的小铃铛，怕炎热的太阳伤及她们，便给了她们遮阴的绿伞。春季结束了，春天女神要离开，铃兰花伤心极了。她忧伤的泪水流尽了，化作血水；血水又凝结起来，变成了一颗颗红艳艳的浆果。

你们知道铃兰花适合生长在哪里吗？

学生：森林里、田野里、灌木丛中。我们校园的大树底下、花坛中……

教师：是的，这种植物生命力强，要求不高，在许多地方都可以生根发芽。在校园中，我们每年五月都能看到铃兰花在森林角开花，所以，它是一年生植物还是多年生植物？

学生：多年生植物。

教师：是的，这是一种多年生植物。它属于天门冬目百合科，学名是“谷中百合”①，意思是山谷里的五月百合。它还有许多好听的名字，如“五月钟”“坚贞百合”“女人眼泪”“天堂之梯”“世界之福”等。

科学知识：有用的铃兰花

教师：铃兰花对人类有什么用途？

学生：

——人们用这种植物的叶子和花朵制造药物。

——治疗心脏病。

——医治胃痛。

——医治眼部疾病。

——治疗人体神经系统疾病。

……

教师：但是，使用含有铃兰花的药物应该在医生的监督下谨慎使用，需要在药师的指导下到药店购买，而不要自作主张。切记，铃兰花体内含有铃兰苦苷、铃兰毒苷等成分，毒性是很强的，不要随便触碰它。它还很“小气”，微妙的香气可以杀死许多其他靠近它或放在花瓶里的花朵。还要记住，当一

① 谷中百合（Конвалярія майаліс），或称深谷百合。拉丁学名：Convallaria majalis. 英文名：Lily of the Valley. 法文名：Muguet de mai.

个人长时间停留在房间里的时候，不要把铃兰花放在房间里。即使是蜜蜂也不会在这种芬芳的花朵上停留很长时间，它采集到花蜜后会飞快离开。

现在，我们来欣赏一个关于铃兰花的童话故事——苏霍姆林斯基的《蜜蜂是怎样找到铃兰花的》①：

蜜蜂是怎样找到铃兰花的

一只蜜蜂从蜂房中飞了出来，在养蜂场上空盘旋。她听到在远处的什么地方响着铃声。蜜蜂向着铃声飞去。她飞到了林子里。在林中草地上长着铃兰花，每一朵花都是一只小小的银色的铃铛。在中间是一根金色的铃槌。铃槌敲打着银色的铃铛，就回荡起了铃声。在草地上，在养蜂场上都能听到。铃兰花就是这样召唤蜜蜂的。

蜜蜂落在了花朵上，取走了花蜜。

“谢谢你，铃兰花。”蜜蜂说。

花儿默默无语。她不会说话。她只是不好意思地低下了头。蜜蜂明白了：这是铃兰花在回答她的谢意。

蜜蜂把花蜜带给了她的孩子们。

教师（提示）：蜜蜂在花园里飞翔时听到、闻到了什么？

学生：听到动听的铃声，闻到美妙、细腻的香气。

教师：她做了什么？

学生：她飞到铃兰花的小铃铛上，问道：“我能从你那里拿走花蜜吗？”

教师：你说铃兰花能说话吗？

学生（思考）：铃兰花不能说话，只是敲打铃铛作为同意的标志。

教师：蜜蜂接下来做了什么？

学生：蜜蜂从温柔的铃铛中取出花蜜，把她带给孩子们，感谢铃兰花的馈赠。

教师：铃兰花还能用于香水行业，是制作精油的好原料。

谁不喜欢铃兰花？谁不被花朵的温柔和独特的香气所吸引？在法国，甚至还有庆祝铃兰花的节日。过去，大家要去森林采摘这种鲜花，用来装饰住宅，他们以铃兰花为主题唱歌、舞蹈；如今，这个节日被定在5月1日，这一天，

---

① 苏霍姆林斯基著，诸惠芳等译：《做人的故事》，人民教育出版社2015年版，第20页。

铃兰花随处可见。

但是，这个节日也产生了不可预料的后果——来自那些为了致富而在市场上出售数十万束花的人。这是一种犯罪，因为谁也没有权力无限地掠夺大自然的资源，即使采集这种植物用于药用和香水需求也应该有所节制。收获花朵时，最好用剪刀剪切下来，以免损坏茎部和根部。目前，这种植物已被列入“红皮书”①。那么，我们应该从中得出什么结论呢？

学生：保护并利用好铃兰花。

课堂总结：无穷的韵味

教师：今天，关于春天的花朵——铃兰花的故事结束了。最后，让我们共同欣赏费特的另一首诗——《第一朵铃兰》。

哦，第一朵铃兰！隐在白雪之下，
祈求太阳的光芒；
犹如少女的童贞，
纯洁而芬芳！

春天的第一缕阳光绚丽无比！
孕育着甜蜜的七彩梦想！
多么的迷人啊，昊天罔极的馈赠
怎不让人心驰神往！

关于春心萌动的第一缕愁绪
眷恋什么——莫可名状——
一声声羞怯的叹息，
散发出盎然生机的馥郁芳香。

孩子们，思考一下，为什么第一朵铃兰，会“隐在白雪之下”？

学生：我知道，这里说的是春天刚刚到来时田野里初开的雪滴花。

教师：是的，雪滴花又称雪花莲，一茎单花，长花下垂，内外两层花瓣，

① “红皮书”，这里指1973年世界各国签署的《濒危野生动植物种国际贸易公约》。

钟形。还有一种姊妹花是雪片莲，也叫雪玲花，一茎多花，花瓣短圆，6片花瓣大小相同，像悬挂的小铃铛。它们与铃兰花外形相似，花朵洁白典雅，人们通称其为铃兰，但科属不同（以图片演示）。铃兰花属百合科草本植物，5—6月开放；雪花莲和雪片莲都是石蒜科球根植物，早春开放。细而言之，雪花莲在2月积雪还没消退时就已绽放，让人们感受到春天的“希望”；雪片莲在积雪消融后的3—4月才开花，它的花语为“新生”。

这就是春天的生命，这就是春日的美丽！根据今天的观察与学习，仿照苏霍姆林斯基的《男孩和铃兰花》①，自己制作一则关于这种奇妙花朵的童话故事。

男孩和铃兰花

春天来了。从地里钻出一支绿色的小箭。她迅速长大，分成了两片小叶子。叶片越来越大。在叶片之间出现了小小的幼芽。幼芽挺立起来，向另一片叶子弯下身子，突然在一个清晨开出了银色的风铃草花，这就是叫作铃兰花的风铃草。

一清早铃兰花就看到了一个小男孩。花的美丽把小男孩惊呆了。他目不转睛地盯着铃兰花。他伸出手想把花摘下来。

花儿悄悄地对男孩说：“孩子，你为什么想把我摘下来？”

“我非常喜欢你。你很美丽。”男孩回答。

“很好，”铃兰花说，轻轻地叹了一口气，“那就摘吧。不过在你摘之前你要告诉我，我究竟有多美。”

男孩看着铃兰花。花儿美极了。她像早晨的天空，像池塘中蔚蓝色的水，还像异常优美的一种什么东西。男孩感觉到了所有这一切，但他说不出来。

他站在铃兰花旁边，被花的美丽迷住了。他站在那里，默默不语。

“长大吧，铃兰花。”男孩轻轻地说。

【观摩感悟】

这堂思维课，博格丹诺娃老师带领孩子们观察的是不起眼的铃兰花。从整体上，这是一堂常规的思维课，没有什么特别之处，但我认为这位老师给了儿童一个别出心裁的选题——植物的两面性和利用自然资源的两面性，美

① 苏霍姆林斯基著，诸惠芳等译：《做人的故事》，人民教育出版社2015年版，第64-65页。

丽的铃兰花是有毒的，不要随便触碰它，“即使是蜜蜂也不会在这种芬芳的花朵上停留很长时间，它采集到花蜜后会飞快离开”“即使采集这种植物用于药用和香水需求也应该有所节制”。大自然的一切生灵都有它的尊严，玫瑰花好看，却是带刺的；铃兰花很美，却有毒性；无限地向大自然索取，资源会枯竭；许多野生动物是餐桌上的美味佳肴，但病毒传播是会报复人类的……作为教育家的苏霍姆林斯基告诉我们，人不可能单独一个人生活，一个人最大的幸福和快乐就在于与他人友好交往，与大自然和谐相处，欣赏大自然的美，但不要破坏它；深入儿童的情感深处，但是不要忽视道德准则。你的满足与欢乐有他人的付出，每个人都应当尽义务。作为教师，通过简单的形象，把孩子引进错综复杂的人类社会关系境界中，这是极其重要的教育课题。儿童的生活不能没有快乐，但快乐并不等于无所用心，引导孩子从认识人的心灵开始去认识世界，需要把握那种心灵上的精细，让自然现象、语言概念成为教育的强大工具。

思维课中认真观察的小学生

（巴甫雷什苏霍姆林斯基学校资料照片）

荚蒾花儿开

【授课教师】

梅尔尼琴科·奥莱娜·赫里霍里夫娜。

【授课地点】

校园“美角”。

【教学目标】

（1）扩大和丰富儿童关于荚蒾[①]生物特性的知识，认识荚蒾花这个概念的象征意义。

（2）教儿童仔细观察，认真比较，对他们所看到和听到的内容进行归纳总结。

（3）培养儿童的好奇心和审美感知，增强他们对自然的关怀态度。

（4）继续致力于儿童思维的发展，提高学生对民族语言和民族精神的认识，培养爱国主义情感。

【课堂实录】

荚蒾花儿：一个悲壮的传说

教师：孩子们，我们到学校院子里的“美角”，进行一堂不一样的思维课。今天，我们将思考并寻找乌克兰语一些单词的特点，这将是我们观察中需要注意的。在理解词语的基础上，把它们组合成美妙的句子，编写一则童话故事。先猜一个谜语吧！

---

① 荚蒾，我国广为流传的苏联歌曲《红莓花儿开》，中文歌词译者孟广钧曾专门发表文章《错把荚蒾做红莓》：“（20世纪）40年代末50年代初，我在长春电影制片厂译制苏联电影。当时我们没有自己的俄华词典，仅有的工具书只是日本人八杉贞利编的《露和词典》（岩波版）。《红莓花儿开》是苏联影片《幸福的生活》中的插曲。翻译时我不知俄文的‘卡里那’（音）是什么花。在《露和词典》中，这个词用的是日文片假名文字（バイバーナム）做解释，怎么办？当时我凭年少胆壮，看画面忆起儿时与俄罗斯小伙伴们时常一起玩耍采摘悬钩子（又名马林果，但不知为什么我小时叫它红莓子）吃，便杜撰出个‘莓花’来，再加上原文中的形容词‘红’，正好，不管三七二十一就叫它‘红莓花儿’吧，这就是此名的来历。多少年后，有了俄华词典，我才知道这种植物应该译作荚蒾花或绣球花。”（《大众电影》2001年第3期，第15页）

她在房子后面的花园里，
戴着白色的花环，
佩着红色的项链，
像一个小公主，亭亭玉立。
所有的孩子都聚在一起，
注视着她：
每条项链的背后，
扎着一个蝴蝶结！

学生：红荚蒾。

教师：好的，今天我们就来聊一聊荚蒾。这种灌木是我们国家的重要象征。当我们谈论起这种植物时，可以想象有一个圣洁的白色房子，房子的主人就是乌克兰。她热爱自由，坚强、勇敢、无所畏惧。在我们的城镇、乡下，没有一所房子旁边是不种植荚蒾的。自古以来，我们的人民在歌曲中唱着荚蒾，在诗歌中赞颂她的荣耀，在俗语和谚语中铭记它并世代流传。有谁读过关于荚蒾的诗？

学生：我读过谢甫琴科的《在山谷中盛开》。

红荚蒾的花啊
在山谷中尽情绽放
张开嘴巴笑啊
宛若无忧无虑的少女
可爱的俏模样啊
引来小鸟叽叽喳喳
……

教师：很好！春天，荚蒾开花，美丽得像个戴着双层花环的少女；秋天，红色浆果令人赏心悦目，得到人们和鸟类的共享。你有没有想过，为什么荚蒾有红色的浆果和坚硬的果核？来听听这个动人的传说吧！

那是鞑靼人践踏乌克兰土地的时候。他们像死神一样，残暴地袭击了我们的村庄。

有一天，东方浓烟滚滚，喊杀声如雷霆。一队外族骑兵闯进了村子。他们杀死男人，掳走了年轻的女孩。那些没有落入魔掌的人慌忙地往森林里跑。

但他们注定是无法逃脱的，鞑靼人追上男人就杀掉，追上女孩就蹂躏，鲜红的血滴溅落在草地上。

春天来了，处死女孩的地方长出了细长的嫩芽，长成一簇簇灌木丛，接着长出了淡白色的花朵。到了秋天，这种灌木上的花朵变成了一团团红色的浆果——鲜血一样的颜色，那些坚硬的果核就是女孩的心脏……

教师：现在，靠近荚蒾树，仔细观察并思考一下。孩子们，还记得这种灌木丛早春时是什么样子的吗？

学生：毛茸茸的小枝丫。

教师（提示）：幼枝密被星状毛和柔毛，冬芽小而有毛，有两对外鳞片。枝芽上首先长出来的是什么？花还是叶？

学生：先长出叶子，然后开花。

教师：我们先来看看叶子——颜色、形状、大小？

学生：绿色的。

教师（伸手压下一枝，讲解）：一根长茎上会长出三至五枚叶片。它们是嫩绿的，边缘像锯齿一样；顶部浓绿光滑，向下变浅、发白。摸一摸，好像很粗糙。我们再仔细看看：荚蒾的叶子是什么形状的？

学生：扁扁的、圆圆的。

教师：叶子上有什么？

学生：一根根交错的静脉。

教师：对，它就像人的血管一样，为叶片输送营养。那么，叶子是如何长在树枝上的？

学生：一对一对的。

教师（补充）：这样的排列被称为单叶对生。叶子长出来以后，接着会出现什么？

学生：开花。

奇妙花序：责任与担当

教师：是的，荚蒾在每年五月开花，在这个时候怒放。有时天气异常，出现倒春寒，一股强烈的寒流袭来，对娇嫩的花朵造成冻害。如果在开花时人为地伤害荚蒾，花朵就有可能掉落下来，也不会再结果了。所以，人们常说：

“不要伤害开花时节的荚蒾！”你们还知道哪些关于荚蒾的俗语或谚语？

学生：

——小朋友的脸颊红红的，像荚蒾的浆果。

——没有柳树和荚蒾，就没有我们的乌克兰。

——爱抚荚蒾花，像自己的亲生孩子一样。

……

图 14-1 荚蒾花

教师：仔细看看这朵花。告诉我，它的形状、大小、颜色是什么样子的？

学生：小花，集为一簇，白色的。

教师：再看一看，这些小花是如何聚集在一起的？

学生：细细的小枝向一起靠拢，聚集在枝丫的最上面。

教师（提示，见图 14-1）：花生于第三至第四级辐射枝上，花萼像一个小筒，有暗红色微细腺点，萼齿卵形；花冠白色，向外散开，裂片为圆卵形；雄蕊高出花冠，花柱高出萼齿。你们知道它的花序是什么样的吗？

学生：一组花紧紧地聚集在一起，但排列得很有秩序。

教师（补充）：这被称作复伞形式，聚伞花序。你们注意到没有，这从荚蒾的花序和其他的有什么不同之处？

学生（观察）：外面的一圈很大、好看，里面的细碎、不好看。

教师（讲解）：是的，当我们仔细观察时，我们会在花序上看到外围的花和里边的花明显不同。外围的花朵很大，郁郁葱葱，竞相怒放，闻起来很香；而中间的部分则很小，似乎是刚刚开花，不怎么引人注目。外围的花（边花）大，但无雄蕊及雌蕊，是不育的无性花；里边的花小，但有雄蕊和雌蕊，是可育的两性花。同一花序中出现内外不同的两种花，显示了花序中花的功能分化。这些难以察觉的、不起眼的小花是植物的母体。它们的任务——专司生殖；而边花没有孕育功能，是专门吸引昆虫来传授花粉的，相当于一簇花中的花冠。在秋天，浆果成熟了，这些奢华的花朵完成了它的任务，花瓣掉落到地上，化作了泥土。

总的来说，一些花朵起到将昆虫吸引到整个花序而授粉的作用，而另一些则用于繁殖结果。

学生：这么好玩，真奇妙呀！

教师：再仔细看看，告诉我荚蒾花有多少朵？每朵多少片花瓣？

学生（查数）：外面的一圈有的 10 朵，有的 12 朵，每朵有 5 片花瓣；里面的很多，数不清。

教师：听，那是什么？灌木丛附近有什么声音？

学生：蜜蜂的嗡嗡声。哇，好多飞舞的小昆虫！

教师：是什么吸引了它们？

学生：花朵的芳香。

教师：昆虫对花朵有什么作用？

学生：传授花粉，帮助繁殖。

教师：所以，荚蒾是一种蜂蜜植物。现在休息一下，根据刚才的观察与思考，组合成一个故事，讲出来和大家分享。

（分享过程略）

红色浆果：不只是好吃

教师：继续上课啦！想一想，到了下一个季节，开花的地方会出现什么？

学生：结出果实。

教师：你们知道，荚蒾的果实是什么样子的吗？

学生：红色的，像个红色的小鸟蛋。

教师：你们品尝过吗，浆果的味道如何？

学生：我尝过，又甜又酸，可以吃的。

教师：果实什么时候成熟？

学生：九月就可以吃了，经过霜冻变成黑色，更好吃。

教师：浆果的内部结构是什么样子的？

学生：两层，外面光光的，里面的核扁扁的，还有条纹。

教师（举起手绘图片资料讲解，图 14–2）：外部椭圆状、卵圆形，长七八毫米，无毛。剥开后看，里面是一个扁核，卵形，有浅浅的腹沟和背沟。想一想，荚蒾的叶子、花朵和浆果，在我们的生活中有什么用处？

图 14-2 荚蒾的花序与果实手绘图①

学生：

——我查过资料，果实富含糖、蛋白质、有机酸、维生素 C、多种氨基酸，可以吃，还可以榨油、酿酒。

——我爸爸用荚蒾的树枝做成绳子，很结实；我还听说枝叶入药，可以清热解毒、疏风清表、治疗感冒。

——我知道树皮、树根入药，可以化瘀消肿、治疗过敏性皮炎。

……

教师：是的，荚蒾叶甲醇提取物对人表皮样瘤、鼻咽癌细胞有明显的抑制作用，还对人血浆胆碱酯酶有较强的抑制作用。

讨论环节：荚蒾与我们的生活

教师：荚蒾的用途还不止于此，它与我们的精神生活息息相关。有谁知道呢？

学生：

——荚蒾是爱与美的象征。我们搬新家时，都要在院子的花园里和水井的附近种上一株荚蒾。看到秋天的红色浆果成熟，家庭和和睦睦，日子红红火火。

——荚蒾是婚姻美满与生活幸福的象征。我们国家传统婚礼上的大列巴

① 此图片选自德国奥托·威廉·托梅著，铃兰图书编译：《托梅教授的植物图谱》（下），中国青年出版社 2015 年版，第 576 页。

要放在绣花毛巾上，上面所绣的麦穗象征财富，荚蒾象征爱情。

——荚蒾是祖国安宁、民族精神坚不可摧的象征。在我们的传统文化中，荚蒾承载着乌克兰民族的欢乐和悲伤，代表着一个民族的抗争、不屈和坚强，荚蒾种植在家家户户的庭院，家、国便坚如磐石。

……

教师（补充）：所以，荚蒾一直得到乌克兰人的钟爱。全世界常见的荚蒾品种，在我们国家都有种植。此外，我国还有 8 种类似的野生植物。荚蒾作为民族精神的象征，渗入我们民族的血液中，我国直接以荚蒾命名的地方——“卡利诺夫卡”这个名字就有 70 多个，其他还有“卡利纳”“卡利诺维桥”“卡林卡”等。著名诗人谢甫琴科在他的诗集《科布查歌手》中提到荚蒾多达 385 次。民间关于荚蒾的童话故事、传说、诗歌、歌曲、谚语更是不计其数。现在大家来欣赏谢甫琴科描写荚蒾的另一首诗——《溪流》。

师生（共读）：

溪水从亚沃拉[①]旁
顺着山谷奔涌流淌。
一株株红荚蒾层层白花
倒映在水中多么漂亮。
红荚蒾骄傲地站在水边，
年轻的亚沃拉陪伴身旁。
它们的周围，柳树
和藤蔓碧绿闪光……

教师：多么美妙的田园风光啊！这就是我们的家乡，这就是我们的国家！世界上几乎所有国家都有自己最喜欢的植物，就像加拿大有枫树、俄罗斯有桦树一样，我们有柳树和荚蒾。从波格丹·赫梅利尼茨基时代，哥萨克人就唱着《红荚蒾》为乌克兰的自由和幸福而斗争：

哦，草地上那株红荚蒾，
为何弯下了腰？
她为光荣的乌克兰，

① 亚沃拉，或称山枫，也译作白槭树，高加索和喀尔巴阡山脉的一种树木，因纹理为波浪形图案而又被称为雀眼枫。

满怀悲伤。
我们要让那红荚蒾挺起胸膛，
斗志昂扬，只为祖国荣光！
……
哦，草原上那狂暴的风，
为何不停咆哮？
她为自由的乌克兰，
怒吼出鞘。
我们要让哥萨克血性永葆，
昂扬斗志，只为祖国荣耀！

今天的课程结束了，但与大自然的交流并没有结束，我们要学会观察，善于幻想，热爱大自然，热爱自己的故乡，保卫我们的祖国。课后，请根据我们在课堂上听到和看到的内容写一篇作文，题目是“真正的友谊”。

【观摩感悟】

“田野小河边，红莓花儿开……”到了乌克兰，才知道我们国家广为传唱的苏联歌曲《红莓花儿开》，“红莓”原来说的是“荚蒾”，而且乌克兰人对此有那么深的民族感情！《荚蒾花儿开》——看似一节思维课，实际上是一堂实实在在的爱国主义教育课。苏霍姆林斯基认为，教育者的一个任务，在于向每个学生开发可以培养他们热爱祖国的强烈感情的一切源泉。而儿童的世界是环绕他们的自然界，是父母的关怀，是童话和歌谣。爱国主义教育的第一步，在于使人的心灵中有一个生活内容丰富的、绚丽的和难忘的童年，使家乡的自然景物、传说故事、感人瞬间在儿童脑海里留下深刻的印象，这些奇妙幻影便是儿童少年因祖国美丽而振奋的最初印象。形成印象，情感铭刻于心，仿佛在一个人生命的田野上留下一堆永不熄灭的篝火，让人一辈子难以忘怀。在这节课上，梅尔尼琴科老师心细如丝——以一个悲壮的民间传说把孩子们引入欣赏民族之花“荚蒾”的情境中。她没有用大道理似的说教，而是带着孩子细致观察荚蒾的叶和花，特别是不厌其烦地讲解花序的特征：“外围的花朵很大，郁郁葱葱，竞相怒放，闻起来很香；而中间的部分则很小，似乎是刚刚开花，不怎么引人注目。”“同一花序中出现内外不同的两种花，显示了花序中花的功能分化。这些难以察觉的、不起眼的小花是植物的母体，它们的任务——专司生殖；而边花没有孕育功能，是专门吸引昆虫来传授花粉的，相当于一簇花中的花冠。”通过自然物，孩子们不由自主地感觉到，原来，不会说话的小花也有责任分工和担当奉献精神——外围的一圈花是守城的卫队、战斗的将士，是伟岸的大丈夫；里面数不清的碎花是繁育后代的母亲、刚刚出生的孩子，是平安的乐园……后面的讨论环节，学生有感而发，对民族之花的认识更深刻了。

森林牧场

（摄于乌克兰基辅市郊外森林牧场）

五月露水草茂马肥

【授课教师】

扎连科·维多利亚·弗拉基米洛夫娜。

【授课地点】

学校母亲花园里的草坪。

【教学目标】

（1）了解四五月的天气状况，明晰大气中露水形成的原因，树立科学观念。

（2）教孩子观察自然界的变化，从所见所闻中得出结论，培养他们的认知兴趣，激发其想象力。

（3）孩子用比喻性的词语丰富词汇量，能够根据观察进行细节描述，创作童话。

（4）培养孩子对大自然的热爱和关切，增强其对祖国土地的热爱。

【课堂实录】

湿湿的草地：晨露晶莹

（早上第一节，组织学生上课，进入学校院子，通往母亲花园的草坪，进行介绍性对话）

教师：早上好！孩子们，向周围看看，告诉我你们看到了什么？

学生：校园、绿树、开着的花……

教师：校园里的天气是什么样的？将其与冬季进行比较。

学生：天气晴朗。不再下雪了。天气变热……

教师：这是一年中的哪一个月份？

学生：五月。

教师：五月特有的颜色是什么？

学生（七嘴八舌）：

五月——五颜六色！

奇迹——大自然醒了过来，绿色无处不在。

清新——芬芳的香气，它给人以欢乐之感，春天树木白色的花朵令人赏心悦目。

五月——下雨多了，空气湿润，打开了通往夏天的大门。

教师：现在，太阳刚出来不久，向下面看，草地还是湿漉漉的、亮晶晶的，为什么？

学生：地上有水，草里有水。下雨了……

教师：不！孩子们，这是五月大气中最典型的迹象。我出一个谜语，大家猜猜：

我是一个小精灵，
我是夜行的小姑娘。
我走啊走，
满脸汗珠。
我望着月亮，
眨巴调皮的眼睛。
太阳公公出来了，
我要去亲吻他。

学生：露水。

教师：是的，我们今天就来观察和了解露水。现在白天天气变热了，但晚上气温还很低。当天气温差较大、空气中湿气很重的情况下，水汽就会冷凝成液态的小水滴，附着在树叶上、花朵上、草丛上。露水还叫晨露，一般出现在温差较大的凌晨时分，太阳出来，气温升高，露水就慢慢地蒸发了。你们能讲一句关于露水的谚语吗？

学生：

——草地上的露水，见不得太阳。

——夜里露水凝，白天太阳红。

——五月露水是宝贝，擦在身上能治伤。

——五月，不要用燕麦喂马——让它多吃露水滋润的青草。

美丽的传说：圣乔治日

教师：今天的讨论不是那么热烈。是的，确实，露水在一定时间内存在，我们平时都不太关注，对它知之甚少。今天，我们将打开《大自然之书》的神奇篇章，探索露水的奥秘，揭示大自然赐予我们的奇迹。先来听一首小诗——《清晨》：

黎明时分
晶莹剔透——远望
草地是银色的
我打着赤脚
轻轻地踩在草甸上

旭日东升
没有碰到的地方——金光
在草丛中燃烧
和雏菊的花环一起
跳跃欢畅

我们不只是在迷人的大自然中上一堂课。谁知道刚刚过去的一个重要节日是什么？

学生：圣乔治日——“胜利者乔治！”①

教师：人们常说：“乔治的春天，春天开始了；伊利亚②，夏天就要结束了。”关于4月23日——圣乔治这个重要节日，我们还是来听听古老的传说。

在古罗马帝国时代，赛伦拉城附近有一处圣洁的泉水，这是城市唯一的

① 圣乔治，约公元260年出生，罗马骑兵军官，因试图阻止戴克里先皇帝统治下对基督徒的迫害而于303年被杀；494年，被教皇格拉修一世封圣。乌克兰人多信仰东正教，圣乔治作为重要圣徒而被纪念。“胜利者乔治”成为斯拉夫人的一个标志。圣乔治之所以受到尊敬，是因为他曾经勇敢屠龙救公主，传说这一天是4月23日，作为报答，公主赠给乔治一本书。从此，书成为胆识和力量的象征。联合国教科文组织于1972年向全世界发出“走向阅读社会”的号召；1995年宣布，将4月23日定为“世界图书与版权日”。

② 传说，伊利亚在公元前9世纪诞生，为拯救庶民与暴君进行了英勇的斗争，成为古犹太拥有天空力量的自然神。后来在东正教中，其与斯拉夫雷电之神佩伦（Перун）合二为一。每年8月2日（俄历7月20日）——伊利亚日（亦即佩伦节）的正午，是季节由夏天转换为秋天的标志，所以谚语说：“从伊利亚日开始，夜越来越长，水越来越凉。”

水源。汩汩而出的清泉供市民们饮用。旁边的沼泽中住着一头喷火的恶龙，它霸占了泉水，要求取水的人每天献祭两只绵羊。有一年春天，天降瘟疫，牛羊全死光了，恶龙要求必须让一个少女去代替。很快少女也没有了，厄运最后降临到国王女儿身上。当恶龙正要吞噬公主时，圣乔治骑着战马及时赶到，他铠甲护体，手持利矛刺向恶龙，不仅拯救了公主，而且保护了全市的生灵免遭侵凌。他消灭压迫者和拯救弱者的精神世代受到崇拜，人们把屠龙的这一天——4 月 23 日定为圣乔治日、春天的节日。

圣乔治是与龙战斗的英雄，带来春天的希望！人们相信，在圣乔治日，整个大自然都充满勃勃生机。这一天，蛇在冬眠后爬出巢穴，这是万物复苏的象征，因此人们对它们表示敬意。孩子们，我们今天早上来到这个地方看露水。告诉我，你们看到了吗？它可以与什么相比？

学生：珍珠、眼泪、汗水、水晶、宝石……

教师：露水喜欢触摸什么？

学生（观察）：叶子、小草、花瓣、石头……

教师：谚语说，“露珠和收集的露水可以延年益寿”。我们的人民非常聪明，善于在自然界中观察现象，总结规律，为我所用，因此，我们现在可以了解自然界的各种秘密。下面请两个男同学根据小剧本《爷爷和孙子》来演示一下，一个扮演爷爷，戴上大胡子，拿上拐杖；另一个扮演孙子，提出问题。开始吧！

爷爷和孙子

孙子：（跑向爷爷）爷爷，请告诉我，露水对我们有什么作用？

爷爷：（有点不耐烦的样子）我以前不是给你讲过嘛！

孙子：（做央求状）我不记得了。

爷爷：（捋着胡子）嗯——，好吧，好好听着。俗话说：“五月露水，草茂马肥。”马儿吃露水润泽的草比燕麦更有营养。五月的露水很特别，非常有用。你有没有见过，马儿一出马厩就在充满露水的草地上打滚儿？

孙子：（故意的）不，没有见过。

爷爷：（失望的样子，用拐杖指指孙子，又捣捣地面）唉——，粗心的孩子。

孙子：（做央求状）给我讲讲嘛，爷爷——

爷爷：（诙谐地）一旦马匹被赶出马厩时，它们就会立即跑向草地，躺倒在地上，开始来回地翻动身体——打滚儿，显得非常快活，起来后还要打个很响的“咴儿咴儿”，舒服极了。因为草地给它挠痒痒，露水可以治疗各种皮肤病。

（意味深长地）在波利西亚，人们有采集露水的习俗，这个仪式就定在圣乔治日。这一天，人们穿着喜庆的服装，带着食物，黎明时分就与邻居们一起进入田野，从树叶上、草尖上、花朵上采集露水。

一块亚麻布在一片空地上铺开，早餐已经摆好。女主人拿出一条绣花毛巾铺在手上，捧着大列巴邀请大家绕着场地转三圈。然后，人们互相给对方洒露水，祝大家身体健康，幸福快乐！

这时，大人召唤孩子们：“把露水敷在眼上、脸颊上、身子上，轻轻地揉搓！”同时，将露水收集在掌心，小心翼翼地倒入瓶中保存起来，以备身体有创伤时使用。

孙子：（惊呼）爷爷讲得真有趣！

爷爷：（拖长嗓子）现在——，你了解到露水在我们生活中的用处了吧。

孙子：（调皮地拉拉爷爷的胡子）谢谢您，爷爷，我明白了！

教师：两个小朋友表演得惟妙惟肖！还有，男孩们割草时，如果受伤了，一定要用露水清洗伤口。女孩，第一次戴上耳环时，一定要把它用露水浸润一段时间。而且，早上起来，孩子们可以跑到外面用露水洗脸。

学生：妈妈也用露水给我洗过脸。

教师：是的，它可以保持面部清洁、美丽、红润，消除粉刺。谁知道为什么露水有这样的特性？

学生：露水清凉、纯净，无污染，有营养。

教师（补充）：因为它从它赖以生存的植物中汲取力量，与它们的汁液混合，并从植物中吸收了各种维生素。

有趣的童话：露珠与珍珠

教师：露水究竟是什么？先来听听女诗人因娜·库尔斯卡娅[①]对此的描述吧。

① 因娜·库尔斯卡娅（1909—1993），乌克兰诗人，儿童文学作家。

第一缕晨曦，
几乎没打扰睡眼惺忪的叶子……
它在蓝色的笼雾中，
和着微风轻轻摇曳！
露珠——在湿湿的叶子上打滚儿，
犹如皇冠上的宝珠，
一粒粒一颗颗，
明眸清扬充满银亮！

倏地，太阳通红，
从小树林中勃然而起，
闪耀着光芒，
犹如金色的瀑布倾泻而下！
所有的液滴——
小水珠复活了，
化银成金，
盏盏灯笼瞬间辉煌！

教师：诗人把露珠比作什么？

学生：皇冠上的宝珠。

教师：露水是如何出现在植物上的？

学生：

——它在叶子上打滚儿，微笑。

——太阳出来了，一个一个像点着灯火的小灯笼。

——我讲一个笑话：“‘告诉我，伊万卡，露水是从哪里来的？’老师问道。‘地球在不停地旋转，太累了，出汗了。’伊万卡回答道。”

教师：还有更动听的童话故事——《露珠与珍珠》。

“露珠姑娘，这些天不见，你去哪里了？”清晨起床，在阳光下询问，她才告诉我惊心动魄的冒险历程。

那是一个万里无云的早晨，露珠邀请所有的朋友到草地上参加一个盛会——庆祝自己的生日，太阳也应邀而至。露珠姑娘把自己打扮得特别漂亮，她头上戴着一项金冠，脖子上挂一条串着珍珠的七彩项链。舞会开始，伴随着优美的音乐，大家有唱有跳，玩得开心极了。突然，太阳一不小心碰到露珠姑娘，珍珠项链的穿线断了，一颗颗珍珠散落到地上，在花瓣和草丛间瞬间消失了。

太阳感到很不好意思，从那时起，只要是晴天，他就早早地起床，勤勤恳恳地去捡拾珍珠。

教师：很久以来，人们都无法理解露水是什么。直到18世纪以前，人们都认为露水是像雾和雨一样从天上“脱落”下来的。事实上，露水根本不会“掉下来”。它的形成原理是，空气中含有一定量的水分，白天气温高的时候，水分饱含其中。晚上，当充满水分的空气接触到植物寒冷的表面时，一部分会冷却、凝结，变成小水滴附着到植物身上。当然，还有一部分露水是通过植物叶子的毛孔从里面释放出来的①。现在，你们明白露水是怎么形成的了吧？

学生：明白了，露水的营养成分，原来是从植物的体内分泌出来的。

教师：好的，我们再来回顾一下民间的谚语：“早上不见露水，下午定有雨水。”这说明了什么？

学生：这是农民总结天象的奇妙呼应。

教师：“光着脚割草，露水洒上赤脚。”告诉我，孩子们，这个谚语反映了什么民间习俗？

学生：

——赤脚在露水中行走的人不会患疮。

——恶有恶报，善有善报。

教师：有意思的谚语还多着呢，比如，“早起的鸟儿喝露水，晚起的鸟儿流眼泪”“如果没有露水，就没有燕麦”……

① 古希腊先哲亚里士多德认为，地上世界由土、水、气、火四大元素组成。其中每种元素都代表四种基本特性（干、湿、冷、热）中两种特性的组合，露珠是水由气而凝聚。1771年，英国科学家约瑟夫·普里斯特利通过用蜡烛、小白鼠、植物实验得出结论：植物能更新因燃烧和呼吸而变得污浊的空气。后来的实验证明，植物会吸收光能，将二氧化碳和水合成自身生长所需要的能量，同时释放出氧气。这种光合作用会使植物在生长过程中白天高温时大量吸收根部的水分，夜间低温时从叶子上排出多余的水，同时释放出一些对人体有益的营养物质。

表演与分享：花朵上的露珠

教师：我们都知道，老校长瓦西里·亚历山德罗维奇·苏霍姆林斯基每天起床很早。他在校园里散步，欣赏着清晨清新芬芳的空气，听着大自然的神奇之歌，为孩子们寻找美妙的童话故事。这是其中的一个，孩子们，听——

花朵上的露珠[①]

红色的虞美人花盛开着。晚上降了露水。早晨花朵醒来了，他看到在自己的花瓣上有点点露珠。

“你们是谁？”

露珠回答：“温暖的夜风生下了我们。我们是露珠。”

花朵感到很奇怪。他瞧着露珠，看他们将做些什么。露珠坐在花瓣上。太阳升起来了，在每一颗露珠中也点燃起一个小小的太阳。

太阳升到了大地的上空。露珠变得越来越小。眼瞧着他们一颗接一颗地消失了。

“你们离开我跑到哪里去了？”花朵忧伤地问。

“走向太阳，走向太阳！”露珠回答。

好，我们现在分组，把它编写一个课本情景剧，大家一起表演。

（学生拿出准备好的道具简单化妆打扮，表演）

教师：每个人都以自己的方式感知周围世界的美丽，每个童话故事都是独一无二的，让我们记住老校长关于露水的童话。想一想，我们今天课程的主题是什么，你在课堂上学到了什么，我们的生活中会用到这些吗？……让我们在诗歌的仙境中结束今天的课程！

土　地

黎明，融化了
颗颗露珠覆盖的田野
油黑肥沃，散发着植物清香
善良和慷慨——造就了我的心地

生我养我的故乡

① 苏霍姆林斯基著，诸惠芳等译：《做人的故事》，人民教育出版社2015年版，第37页。

每朵花都是一颗喜悦的心
每条小路都通往一个仙境
雨露滋润——踏实了孩子的足迹

遍布森林的祖国母亲
把我召唤到温润的怀里
静心倾听夜莺的鸣叫
仔细品味——给我生命的黑土地。

这就是我们美丽而独特的故乡，这就是我们富饶而伟大的祖国。每天、每月、每年，她都慷慨地把爱、美丽和繁荣赐予我们。孩子们，我们应该如何对待自然和我们周围的一切，为我们的祖国做些什么事情。思考一下，写一首诗来表达你的情感，好吗？

学生（作品展示之一）：

仙　境

仙境，仙境……
是谁创造了这个世界？
土地是黑色的——
在七彩的花环中。
所有的花丛和森林，
还有鸟儿的声音，
高山、河流和田野——
编织我们的梦！

——阿廖娜

【观摩感悟】

“五月露水草茂马肥”，这堂在母亲花园里从不起眼的露珠讲起的思维课，捕捉了晨曦之中的短暂精彩，借助神秘的传说和古老的谚语，调动学生的创造性活动，把儿童思维带入美妙的仙境般的世界，从中我闻到了浓郁的泥土气息——清香的黑土地味道和深情的大地母亲之爱。苏霍姆林斯基认为，语言是人民的精神财富，“一个人对祖国语言的细致之处体验愈深，他对祖国文字在语气上的变幻感受就愈细致，他就更具备掌握其他民族语言的才智，他的心就能更主动地去体验文字的美”。祖国语言财富从孩子们学校生活一开始就要展示在他们面前，到大自然中去——森林、田野、草地、河边，语言在他们手中成为武器，民族语言中的古老美丽的传说、优美的诗篇、睿智的谚语、思辨性的格言，乃至珍珠般跳跃的词汇，使孩子看到身边世界的丰富多彩，激发出创作的第一次冲动，世界的美和对自己生存土地的挚爱由此进入他们的意识，深入内心和灵魂中。当然，期待孩子们看到周围的美景就立刻产生情感、形成语言，是不现实的。这就需要教师的匠心。扎连科老师的用心在于亦真亦幻，“真”在晶莹的小露珠，它是短暂的，而且是有趣的、有用的，和我们生活密切相关的，揭示科学原理，让孩子们恍然大悟是这堂课的一条主线——“因为它从它赖以生存的植物中汲取力量，与它们的汁液混合,并从植物中吸收了各种维生素。”这条主线不能妨碍孩子的好奇心。“幻”在小露珠究竟到哪里去了。扎连科老师将真中有幻、幻中见真把握得很有分寸。她在告诉孩子科学真相的时候，采用的手段是诙谐的祖孙对话《爷爷和孙子》、动听的童话《露珠与珍珠》、精彩的课本情景剧《花朵上的露珠》，语言形象鲜明，感情细腻，设计巧妙，使孩子产生渐入仙境的幻觉。这仙境般的世界正是我们编织的梦想乐园——“美丽而独特的故乡”“富饶而伟大的祖国”。

贝伦老师的思维课

（巴甫雷什苏霍姆林斯基学校资料照片）

桦树——白衣及地的美丽少女

【授课教师】

贝伦·卡特琳娜·米科拉耶夫娜。

【授课地点】

校园外面的白桦林中。

【教学目标】

（1）扩大和加深学生对桦树生物学特性的了解，学生通过认知，将这种树作为本土自然的象征。

（2）教学生留心观察周围的美，用言语和情感来表达心情和对所看到的东西的态度。

（3）丰富学生的词汇量，培养其对环境的热爱和深厚的民族情感；学生通过交流感觉自己是大自然的一部分，是自己民族的一分子。

【课堂实录】

季节之谜：迎接春天的使者

教师：孩子们，秋季新学期开始了，我们一起走出校园，来看看美丽的大自然，今天重点观察什么呢？先来猜一个谜语吧！

戴着绿色的耳环，
迈着轻盈的步履，
身穿灰白的睡衣，
舞动纤细的身姿。

她叫什么名字？

学生：白桦树。

教师：很好！今天，我们被邀请去参观白衣美女——桦树。在她们的枝杈间，你们会发现很多美丽的词汇，积攒起来就是一个动人的童话。我们先从这个故事开始吧！

在很远很远的地方，生长着一大片白桦林。在森林深处宽阔的草坪上，矗立着一座淡绿色的美丽宫殿。宫殿的大厅装饰着各种鲜花，房间里充满着柳树、野百合、樱花的宜人清香。这座宫殿的主人是一个身材苗条、脆弱、害羞的女孩。她的衣服很薄，就像一张蜘蛛网，上面装饰着娇嫩的花朵；她的眼睛是蓝色的，总是那么地清澈而明快；她的步态轻盈、动作优雅，手里总是拿着一块迷人的长长的手帕。

她喜欢给每个人带来欢乐。每年的某个时间，她都收集了一整篮子花，带上这块神奇的手帕，上路去看望好朋友。她挥舞着手帕，给树木穿上淡绿色的衣服，给大地铺上青草、涂抹颜色。于是，柳树有了毛茸茸的长辫，灌木丛间散发出白色铃兰的芬芳，山楂和樱桃穿上白色连衣裙，玫瑰丛张开粉红色的头饰……

女孩轻轻地走着，带来了她的幸福和喜悦，用美丽填满一切，用色彩丰富大地的每一个角落。在她的关注下，万物生灵从睡梦中醒来，一切都变得栩栩如生，歌声在天空响彻。

这个神秘的故事是关于谁的？我想给你们一个提示：它告诉你这是一年中的什么时间？

学生：春天——一年中万物复苏，美丽、温暖的季节。

教师：春天常常被比作什么？闭上眼睛，想象你周围的美丽，然后说："春天……春天……"睁开你的眼睛，有什么感觉？

学生：

——美丽的少女，她的头上有一个魔法花环。

——温暖宜人，心情愉悦，到处是清新的空气。

——万物复苏，大地沸腾，生机勃勃，我想唱歌。

教师：让我们回忆"春天"这个词语，想一想有哪些标志性的名称？

学生：开朗、欢乐、迷人、甜美、神秘、美丽、清新、歌唱、温暖、善良、勤奋、美妙、精彩、丰富、微笑……

教师：哪些词用来形容春天的太阳？

学生：明亮、温暖、友好、温柔、可爱、甜蜜、深情、真诚……

教师：你们知道吗，是谁打开春天的第一道大门？

学生：桦树。

教师：是的，乌克兰语的三月一词正是来源于“桦树”。经过了冷酷的寒冬，桦树首先发出报春的绿色信息——她是新春到来的使者，所以这个月被称为“桦月”。在冬天，桦树冬眠时非常敏感，一旦触摸到春天的信息，太阳变暖，它首先醒来，生机勃勃的汁液在体内涌动，吐露出长长的花蕾，因此这个月也被称为“多汁之月”。

脆弱之躯：爱“哭泣”的白桦树

（孩子们来到白桦树下）

教师：在你们面前是美丽的桦树，她们有的很小，有的已经长大，变成大树了，但并没有停止生长。一棵健康的桦树可以长到 25 到 30 米，成活 100 到 200 年。让我们来了解一下这种植物，老师上学期给你们讲过，植物一般在形态上分为几类？

学生：三类——乔木、灌木丛、草本。

教师：桦树应该属于哪一类？为什么？

学生：她是乔木，因为她有一个高大的茎——树干。

教师：她的树干是什么颜色的？

学生：白色的，有点儿发灰。

教师：是的，在桦树的树皮里面有一种白色粉末，被称为白桦脂素。白桦树的树皮总是开裂、剥落，通过这些裂缝，汁液不断地流出来，并且用白色覆盖树干，即使雨水冲刷也不会消除。再仔细看看，桦木的树干是否完全是白色的？

学生（观察）：不全是，她还长着褐色的眼睛。

教师：孩子们，用你们的小手在树皮上滑动，摸一摸是什么感觉？

学生（体验）：滑溜溜的，像一张白纸。

教师：和开始描述的春天相比，你们还可以找到哪些词来比喻现在的桦树？

学生：

——苗条脆弱的白衣女郎。

——高挑的、梦幻般迷人的身姿。

——披着黄头发的美女。

——爱哭泣的小姑娘。

……

教师：你为什么说她爱哭泣？

学生：她的身上不断有汁液流出。正是这样树干上的枝丫才开始直直地长出来，变得越来越长并且开始下垂。

教师：让我们来看看桦树叶，她是什么形状的？

学生（摘下树叶观察）：

——三角形，顶端很尖，往下有点圆圆的。

——还有的是三角状菱形，边缘有许多小锯齿。

——叶面很厚，摸起来黏糊糊的。

……

教师：我们再来看一看她现在的颜色？

学生：绿色的，但是有的开始变黄了，地上还有落叶。

教师：是的，再过一个月，她将用金色的服装代替绿色服装，进入桦木的“黄金时代”。那么，这些叶子是不是一直长在树上？

学生：不会的，白桦树是一种落叶乔木，冬季到来时，她就全部落下了。

教师：孩子们，再仔细看一看，桦树的叶子中间还有什么？

学生（观察）：噢——！结果了——两个小蹼，还带着翅膀，向下垂着。

教师：观察得真细致。桦树在春天叶子还没长出来的时候就开花了，像一只只绿色的毛毛虫挂在树上，花谢以后就变成了果实。你们一定累了吧，休息一下，同唱一首轻松、欢快的民歌——《田野里有一棵白桦》①。女孩们，跳舞啦！

看那田野里有一棵白桦。
那里站着一棵茂密的白桦。
留哩，留哩，小白桦，
留哩，留哩，小白桦。

我从树上削下三根枝桠（丫）。

① 此段译文摘引自薛范编译：《俄罗斯民歌珍品集》，中国电影出版社 1997 年版，第 85 页。歌曲约形成于 19 世纪三四十年代，歌词与曲谱后经多次改写。

小白桦树对我轻轻喧哗。
留哩，留哩，在喧哗，
留哩，留哩，在喧哗。

我用树枝做成巴拉莱卡[①]，
快来听我弹琴，别再睡吧。
留哩，留哩，来回答，
留哩，留哩，来回答。
……

善良之心：神奇的“魔法树”

教师：休息结束了。关于这种奇妙的植物，我们乌克兰民族编写了好多诗歌、歌曲、故事。桦木和我们的祖国形象已经融为一体。孩子们，你们读过哪些关于桦树的故事？

学生 1：我读过《白桦树如何长出叶子》，歌颂桦树的热情、善良、对他人的友善。

学生 2：我读过苏霍姆林斯基老师的《秋天带来了金色的带子》，写的是秋天来了，桦树绿色的长辫子上扎着金色的丝带，漂亮极啦。

学生 3：我今天带来了一个绘本——《魔法树》，我想读给大家听。

那是很久以前的事了。镇上有一个人，他看到一棵折断的桦树。只有他一个人从这里走过，他听到一丝微弱的声音：“朋友，帮帮我吧，给我包扎伤口，给我点水喝。”

于是，这个路人从他的衬衫上撕下一块布条，包扎了那根折断的树枝，用他随身携带的水喂了它。桦树渐渐地缓过劲儿来，把枝丫伸向太阳。

桦树由衷地感谢路人，说：“谢谢你救了我，朋友。总有一天，我会对你有用的，因为我在炎热中释放的汁液会给你力量和健康。”

桦树快乐地成长，变成了雪白漂亮的女郎，树林里没有人可以和她媲美——绿色的辫子缠绕着她纤细的腰，一袭白色连衣裙衬托出亭亭玉立的身

① 巴拉莱卡（Балалайку）俗称“三角琴”，乌克兰和俄罗斯民间弹拨乐器，琴腹呈三角形，琴颈细长，有 3 根琴弦、4 ~ 6 个弦柱。

姿，好像一个出嫁的新娘。她还是一个善良的好姑娘，从那时起，只要有人在森林中迷了路，口渴难耐，得了疾病，她就会用甘甜的汁液慷慨地施与路人，让他们恢复力量，治疗他们的病痛。

教师：真是太感人了！现在我们一起成为讲故事的人，制作一个关于桦树的童话故事。

学生（集体构思，相互启发，有问有答）：

——冬天的桦树做了什么？

——冬天，美丽的桦树冬眠了，做了一个深深的、长长的梦。

——桦树梦见了什么？

——她梦见温暖的阳光灿烂的日子，小草伸出了头，清晨露珠相互撞击的铃声。

——一天早上，白桦树听到了什么？

——这个早上，桦树听到溪流在响，鸟儿唱着欢快的歌。

——桦树有什么反应？

——她睁开了蔚蓝色的眼睛，环顾四周。

——她看到了什么？

——她看到一只容光焕发的瓢虫向她微笑，喃喃自语地飞过溪流，还有一望无际的雪原。

——春天到了，白衣美女有什么变化？

——她对春天的到来感到兴奋，伸出纤纤的玉手，戴上长长的耳环，还烫出了卷曲的发型。

……

教师：是的，桦树常以女孩的形象被拟人化，如苗条、纤细，像桦树一样；白色、光洁，像桦树一样。你们还记得什么？

学生：

——亭亭玉立，像森林中的白桦树。

——学生：桦树张开枝丫，像美女垂下的辫子。

——学生：我来唱一首好听的歌曲——《白桦树》。

白桦树呀，白桦树，

你是，森林中的处子，

那绿色的辫子在和风中飘摇。
你友善地站在草地和灌木丛里，
雨中洗过了，你是那么的洁身自好。

那些人啊，那些人，
你听，乞求般地哭泣：
不要过分地挤出桦树的汁液。
你最好在它的树枝上放一个鸟舍，
让那只小鸟，找到它森林里的好知己。

教师：“不要过分地挤出桦树的汁液”是对我们的警告。桦树因体内水分充足会经常“哭泣”——流出汁液，一棵树大概有200升之多。当桦木被砍伐时允许采集它的汁液，但平时不能用刀或其他尖锐物体去划破树干，过度采集汁液还会导致树木死亡。如果你不小心伤到了它，应该立即用油漆或黏土涂抹，因为开放性的伤口会导致桦树感染。让我们珍惜大自然的馈赠吧！孩子们，想一想，桦木对我们还有哪些用途？

学生（纷纷发言）：

——汁液。富含糖、维生素、苹果酸，可以用来做清凉的饮料，还可以洗头减少脱发。

——树叶。我听妈妈说小孩子生下来的时候要在叶子的煎剂中沐浴，叶子还能缓解瘀伤的疼痛。

——树枝。我家洗澡用的搓澡巾是用桦树枝编织而成的。

——树皮。我从书上看到，把树皮放入大锅中密闭煮沸，用来提取焦油。

……

教师：非常好，说明你们平时看了很多书。桦树焦油可以治疗各种皮肤病，去除皮肤疣；焦油涂抹在马车车轮、马具上，人们的皮鞋上，会起到很好的保养作用。你们还没有说到桦树的木材可以做什么？

学生（七嘴八舌）：滑雪板、家具、文具、装饰盘子、勺子、面包篮子、儿童玩具……

教师：桦木的用途太多了。在古代，还没有纸张时，信件和书籍都写在桦树皮上，树皮常被做成艺术品或绘画工具；过去，我们用桦木建造房屋，现在的家具、胶合板、雪橇、工具手柄都是用桦木制成的；桦木还是非常实用的木柴，如果需要快速点火时，那就用桦树皮——它像纸一样易燃，用桦木柴火烹制的菜肴也是异常美味。

民族之魂：坚忍不拔的精神象征

孩子们，在白桦树林中，你们是否感觉到空气比校园里更清新，呼吸更顺畅，这是由桦树叶释放的精油造成的。桦树价值远不止这些，在我们乌克兰民族中，它还是纯洁、美丽和温柔的象征！哪棵树有这么干净轻盈的树干？在任何天气下，在任何时候，无论一年中的什么时间，从远处看，你都会注意到它，你会认出它，你不会把它和任何一棵树混淆。

坚忍不拔的民族精神象征！在乌克兰，最常见的桦树有两种——疣状和蓬松状。我们的桦树多为疣状。它嫩芽的树皮上覆盖着小疣，向北“走”很远都可以生长，但在那里就改变了形状——变得矮小。桦树也可以生长在贫瘠的土壤上，承受强风和低温。通过检查桦树的抗冻性，这些树木可以承受零下 120° C 的温度。

不仅在我们国家的领土上种植美丽的桦树。看这些图片，作为伟大卫国战争的记忆，在庆祝世界反法西斯战争胜利 60 周年之际，在德国柏林的特雷普托公园的苏维埃战争纪念碑旁，也种植了一片桦树，一个抱着小女孩的青铜士兵永远矗立在那里①（图 16–1）。

图 16–1　德国柏林的特雷普托公园的纪念碑

① 纪念碑于柏林战役结束（1945 年）4 年后建成，是柏林三大苏维埃战争纪念碑之一。这座纪念碑上雕刻了一位苏维埃士兵，他满脸严肃，右手持剑，左手抱着一个德国小女孩；之所以怀抱小孩，是因为在与德国法西斯军队的激战中，一个 3 岁的德国小女孩身处险境，一名苏维埃战士在德军的枪林弹雨中冒险救了她。

你们还知道哪些地方的名字与“桦树”这个词有关吗？

学生：

——别列津纳，河流。

——别列佐夫卡，城市。

——别列兹尼亚基，城镇。

教师：人的名字呢？

学生：

——别列齐，童话作家。

——别列佐夫斯基，音乐家。

——别列兹尼亚克，飞机设计师。

……

教师：既然这位“白衣美女”值得如此尊敬，就应该得到更好的关照和保护。我们要感谢那些种植树木的人，让大自然中所有的植物、动物都能安静而自由地生长，快乐而自在地生活。让我们伴随着这首《白桦树》[①]载歌载舞，结束今天的课程吧！

草甸上呀，
在那漂亮的草甸上，
矗立着一棵白桦树，
哦，亭亭玉立……
低矮的桦树——弯下了腰，
哭泣的桦树——伤心极了……

“小白桦呀，
你为什么不高兴？
你想到池塘的水面
哦，看个究竟……”
“可怜的桦树——遇到坏人；
多难的桦树——枝丫断了。”
莫难过呀

① 作词：T. 沃尔吉娜（1911—1981），乌克兰儿童作家和诗人。作曲：A. 菲利彭科（1912—1983），乌克兰杰出作曲家。

疗伤的白色桦树，
你得到精心的呵护，
哦，渐渐康复……
开朗的桦树——睁眼微笑，
昂扬的桦树——绿意浓了。

【观摩感悟】

同样是思维课，与前面几个教学案例不同，这节课科学性强，专业术语多，概念复杂，需要整合的学科多，知识深度、难度都有所增加，因为授课的对象是思维逐渐成熟的少年。处在这个年龄段的孩子，抽象思维、逻辑推理能力逐渐增强，他们对周围现实的智力、道德评价呈现独立性，教师含糊不清的、不准确的指导和解释会使他们的脑力活动兴趣减退，甚至产生逆反心理。但是，他们不能也不想做一个旁观者，而是需要充分的、肯定性的评价，想方设法发表、维护自己的意见和观点。好的教师正是认识到少年在这一时期自尊感强、爱好幻想、具有批判性思维的特点，因势利导，把他们独特的思维活动引向正确的轨道……这节课的成功之处表现在：贝伦老师选用的教学材料始终没有游离出“桦树”，虽丰富但不庞杂，传说、诗歌、观察、讨论……概莫能外；她对教学材料的把握总能由表及里，转折自然，不露痕迹，特别是运用诗歌抒情搭建出知识升华和思维迁移的桥梁，由抒情到真情过渡自如；她能结合小学高年级学生的思维特点，充分发挥孩子们的主观能动作用和批判精神，让他们不由自主地活跃思维，进而深入探讨。我国部编版小学语文教科书四年级下册《白桦》一课，选的是俄罗斯诗人叶赛宁的诗，在常规的语言学习之外，也提出了延伸性的学习要求，如选做题：“诗歌中常常写到一些植物，你知道哪些与植物有关的诗歌？摘抄你最喜欢的一首，和同学交流。”如活动提示：“这段时间，我们阅读、收集了许多诗歌，还做了自己的诗歌摘抄本，大家可以交流一下。还可以试着当个‘小诗人’写写诗，把自己的感受表达出来。写的时候要注意分行。写完后，和同学交流。”我看到不少小学教师上课时对学科本位的知识教学特别重视，但对知识的延伸与整合力不从心，在新的课程改革倡导核心素养的今天，他们不妨借鉴贝伦老师的课堂教学方法试一试。

罗斯科斯老师的思维课

（巴甫雷什苏霍姆林斯基学校资料照片）

哦，橡树，枝繁叶茂

【授课教师】

罗斯科斯·柳德米拉·伊万诺夫娜。

【授课地点】

校园内橡树长廊，苏霍姆林斯基教育纪念博物馆旁大橡树下。

【教学目标】

（1）教学生观察、识别初秋的迹象，通过比较、概括，了解橡树的生长发育特点。

（2）增强学生语言能力，引导学生继续编写童话故事，发展思维。

（3）让学生了解自己与自然的关系，培养其对大自然的敬畏心。

【课堂实录】

金色秋天：收获的季节来了

教师：在大自然中，每年秋天，我们都会注意到一些新的东西。环顾四周，说一说你们注意到了哪些特别的事情？

（自然界中发生了什么，孩子们谈论所见所闻）

教师：这个月叫什么——魔术师费心创造这样的美？

学生：九月。

教师：白天、黑夜有什么变化？

学生：天气变凉爽了，白天的时间慢慢变短，黑夜慢慢变长。

教师：九月的空气怎么样？

学生：秋高气爽。

教师：你听，大自然中谁的声音？

学生：鸟儿在唱歌，它们在迎接秋天的到来。

教师：九月是什么颜色？

学生：绿色的、黄色的、红色的。

教师：观察一下你的眼前，秋天真正的特别之处是什么？

学生：苹果、梨、樱桃、大杏、李子……都成熟了。收获的季节，庄稼也成熟了……

教师：再仔细看看，你们眼前的哪种树与众不同？猜个谜语：

一位父亲
和成千上万个儿子生活
他给每个孩子
都买了顶帽子戴上
他自己却没有

学生：橡树。

教师：为什么橡树与众不同？我们怎么称呼那些树？

学生：橡树是用材树，其余的是果树。

森林之王：高大伟岸的橡树

教师：好的，今天的思维课，我们来聊一聊橡树的发育和成长，了解橡树的特性及其对人类的用途，寻找属于你们的童话。让我们先从远一点儿观看橡树，它在哪里生长？

学生：

——在小山丘上，成片的林子。

——在纪念馆附近，扬着高高的头，郁郁葱葱，是个大胖子。

——巴甫雷什的村子里到处都是，有的已经很老了。

……

教师（带着孩子们走近一棵大树）：形容一下，在我们面前的这棵橡树怎么样？

学生：高大、伟岸、强壮、枝繁叶茂、生机勃勃……

教师：孩子们，仔细看看橡树枝和树冠，是什么样子的？

学生：大树分叉很高，树冠很大，像个大雨伞。

教师：你们知道这些树长得快吗？

学生：很慢。

教师：是的，这种幼树并不急于向上伸展。它首先将粗壮的根部深深地扎入地下，只有在形成完整的根系后，从 8~9 岁才开始集中发育树干和树冠，一年中橡树枝长 0.5 米，树干增粗 1~2 厘米。

教师：孩子们，注意树干，看起来怎么样？

学生：看起来很强壮。

教师：是的，正是因为生长缓慢，所以橡树主干较粗、枝杈强壮，而且材质坚硬、木质细腻。再看看橡树的树皮，用手抚摸它，感觉怎么样？

学生：滑溜溜的。

教师：它的树皮是什么颜色？

学生：树干是灰褐色的，树枝颜色比树干重，是褐色的。

教师：说说橡树对人类有什么用处。

学生：

——树皮的煎剂用于治疗喉咙痛，还可以用于治疗烧伤。

——橡木材质好，用于制造贵重家具、木地板、胶合板。

——橡木是造船的好原料。我从书上看到，建造一艘大船需要大约 150 棵橡树。

——橡树是坚强、勇敢的象征。我们国家的习俗，男孩出生时，一定要在房子旁边种植一棵橡树。

……

教师：是的，橡树是“森林之王”，有句谚语叫“一掌推不倒一棵橡树”。在古代乌克兰民族中，最勇敢的战士经常被授予橡木花环。还有一个传说，在古希腊宙斯神殿的山林里，矗立着一棵神力无比的参天橡树，树叶沙沙作响，就是宙斯向人间下达的旨意。这种树在许多国家被视为圣树，具有无穷的魔力。

好啦，我们休息一下，一起欣赏谢甫琴科写的关于橡树的诗歌——《哦，橡树林——黑黝黝的树林！》：

哦，橡树林——黑黝黝的树林！
你要换上新衣
一年三次……因为
你有富裕的父亲。
一旦他给你穿上
浓浓的绿装，——

他自己也惊讶不已
欣赏他的橡树林……
看过自己女儿
可爱、年轻的模样，
他就带着她，给她披上
金色的长袍，
给她盖上
白色的棉被，——
当她要躺下睡觉，累了
筋疲力尽。

长寿之树：历史的见证者

教师：孩子们，还记得早春的橡树是什么样子的吗？树枝上首先出现什么？

学生：春天到来时长出了长长的、圆圆的嫩芽，芽鳞是褐色的，整齐地紧紧地拥抱在一起。

教师：发芽之后呢？

学生：长出了长长的叶子，像我们的手一样。

教师（补充）：是的，橡树的叶片是卵形或椭圆形，顶端渐尖、基部楔形，叶缘每边是羽状深裂，裂片还有细细的裂齿。树叶刚发出时是红色的，然后叶面变为深绿色的。叶背淡绿色，脉腋有簇毛。那么，它现在是什么样的？触摸一下。

学生（感觉）：现在开始变红了，是橙红色的，摸起来没有春天时的湿润，也不见脉腋的毛了。

教师：冬天我们能看到这棵树上的叶子吗？

学生：橡树是一种勇敢的树。它的叶子不惧寒冷，即使变黄很长时间也不会落下，在冬天刺骨的寒风中依然飘扬。

教师：橡树会开花吗？

学生：

——我没有看到过小橡树开花。

——会的，在长出叶子时就开放了，一簇簇的，但看得不是很清楚。

教师：你们说得都有道理。橡树的花是一些不起眼的小绿色耳环，因为它是绿色的，所以在嫩叶中看不见。另外，橡树发育很慢，最早到 10 岁才会开花，一般得等到 20 岁或 30 岁，甚至野生森林中的橡树到了 50 岁才开花。你们看看，现在橡树上有果实吗?

学生（观察）：好多呢，绿绿的，红红的。后面是毛茸茸的帽子，前面是光溜溜的身子。

教师：橡树在 15~60 岁时开始结出果实，每 4~8 年出现一次挂果的高峰期。看看树下面有没有掉下来小橡子？拿一颗橡子剥开观察一下。

学生（捡起、动手剥开）：外面像个杯子，里面包着坚果，长长的、圆圆的，淡褐色，还有一个内凹的小肚脐。

教师：这些橡子成熟了吗?

学生：还没有，掐一下嫩嫩的。

教师：到下个月就成熟了。你们认为一颗橡果能长出一棵树吗?

学生：可以。

教师：那么为什么树上有这么多橡果，却没有那么多小树长出来?

学生：我们天天扫地，劳动课上还捡拾橡果。

教师（补充）：还有另外一个原因，成熟的橡果需要在橡子中有大量的水分和适宜的空气才能发芽。因此，聪明的大自然关照它们——秋天落下的橡果晾干水分，躺在温暖的树叶中睡觉；冬天大雪给它们盖上厚厚的被子，以免遭受冻害；到了春天它们醒过来，就在温暖湿润的环境中自然就发芽了。你们知道森林中的哪种动物最喜欢橡果吗?

学生：它们是松鼠等动物的上等食品。

教师：你们小心地尝尝现在的果子，味道如何?

学生（小心翼翼地品尝）：苦的。

教师：可别小看了苦苦的橡果，考古学家在研究大量发掘材料后得出结论——给人们提供的第一批面包不是谷物，而是黑叶橡树。我们基洛沃格勒州对古代人类聚居点的发掘过程中发现，5 000 多年前，人们已经会把橡子磨成面粉并且食用。如今在法国、英国等国家，蛋糕、松饼和其他糕点都是用橡子粉烤制的。还有，用橡子制成的咖啡等饮料含有多种氨基酸，可以促进细胞的新陈代谢，有助于减肥降脂、养颜排毒；橡果入药，可以治疗泻痢，增强人体免疫力……更重要的是，一棵橡树可以活到 400~1 000 年，单个标本可以活到 1 500~2 000 年，在乌克兰发现了 8 棵 1 000 年历史的橡树。从中我们看到了橡树什么样的精神？

学生：橡树是长寿、强壮和骄傲的象征，是人类历史的见证！

教师：是的，斯拉夫人认为橡树在人类出现之前就已经开始生长了。有一个传说，在没有大地或天空，只有蓝色大海的时代，水面上漂浮着两棵橡树。有两只鸽子站在橡树上鸣叫。于是，鸽子沉入海底，把沙子和石头堆积起来，才创造了大地，有了天空和天上的光辉。在扎波罗热地区，有一棵古老的橡树——一个巨人，它的年龄已经超过 800 岁。在基辅罗斯时代，大树参天，每年还会抽出新芽。棕色橡果挂满树枝，斯拉夫部落从大树底下经过，一群哥萨克人坐到树下乘凉。正是在这棵橡树下，哥萨克人给土耳其苏丹写了一封讽刺、嘲弄、尖刻的信，大画家列宾从中得到灵感，创作出不朽的画作——《扎波罗热人给土耳其苏丹回信》。我们来听一首后人歌颂橡树精神的诗：

斑驳的老橡树，已经近千年了
你矗立在扎波罗热，开花生子。
伸出粗壮遒健的大手——枝杈
用雨水给孩子们洗澡……

思维拓展：童话故事的戏剧化

教师：我们校园里的橡树长廊是由老校长苏霍姆林斯基和孩子们一起种植的。瓦西里·亚历山德罗维奇非常喜欢这种勇敢的树，编写了许多关于它的童话故事。今天，我们根据他写的《橡树和爆竹柳》[①]，改编成课堂情景剧，大家一起来演一演。

橡树和爆竹柳

橡树和爆竹柳并排地生活着。橡树每年都向着太阳往高长。而爆竹柳似乎不长高，只是生出许多茎干来。于是橡树就问：

“爆竹柳。你为什么这样小？为什么在本该是你的树干的地方长出这么

①苏霍姆林斯基著，诸惠芳等译：《做人的故事》，人民教育出版社 2015 年版，第 72 –73 页。

多细小的枝条？”

爆竹柳沉默了一会儿，然后回答：

“到了刮飓风时，你就会想成为细小的。我弯向地面，闭上眼睛，飓风就放过我了，而他把你的手臂——树枝折断。”

从高山后面，从遥远的海的后面，飓风飞跑着来了。他轰鸣着，咆哮着，呻吟着，高声大笑着。爆竹柳把身子弯向地面，把自己的小辫散开在草地上。他堵上了耳朵，闭上了眼睛，吓得发抖。而橡树，他挺直了胸膛去迎接飓风，展开了自己强健的双肩。飓风呼啸着，咆哮着，呻吟着，想折断橡树的手臂，但强壮的橡树挺住了。只有一根树枝被折断了，掉到了爆竹柳的身上。而飓风已经没有力气了，他躺倒在山谷下，勉强地喘着气。

爆竹柳差点儿被吓死。他以为整棵橡树都被折断了。

“喂，怎么样，橡树，你还活着吗？”

“什么？”橡树回答，“最好站着去迎接飓风，与他斗争，但必须长得高高的，而不要把腰弯到地上，也不要长成这样的细条条。”

（学生表演过程略）

教师：好了，我们就是要学习橡树的这种无所畏惧的精神，这种精神已经渗入我们民族的血液。

哦，快快发芽吧，光秃秃的橡树干，
明天泛绿开花。
哦，准备好了吗？年轻轻的哥萨克，
将要远征出发。
寒霜不能让我感到恐惧，
它很快就会融化。
远征不会使我感到害怕，
我已经整装待发。

哦，绿色的老橡树，枝繁叶茂，
矗立山谷田野间。
哦，勇敢的哥萨克，扬鞭策马，
远征离开乌克兰。

再见了爸爸，再见了妈妈，
再见了祖国乌克兰。
我们马上就要投入战斗，
沙场捐躯无悔无怨。
……

下面，我们像苏霍姆林斯基老师和他的学生们一样，进行自己的创作。你们将分为三组，每个组都有自己的任务。

第一组——制作童话故事《小橡子的冒险》。

（代表作品展示）

小橡子历险记

奥克老爹有很多儿子——橡子。他们都乖乖地挂在树枝上，等待成熟的季节。一个小橡子为他亮丽的棕色衬衫感到自豪，骄傲地看着兄弟们说：

“我不想等到橡子成熟，世界很精彩，我想去看看！”小橡子说着，就从树枝上往下跳。

他跳了下来，滚到了小路上，像掷骰子一样地跑着、跳着，还一边唱着歌。突然，一头野猪从小路旁的灌木丛中跳了出来：

“哦，这么大一个橡子，一定非常好吃。我们必须吃掉它。”小家伙吓坏了，他旋转和滚动的速度更快了。

又来了一只会飞的松鸦，比野猪更凶猛。这可怎么办，他躲在一片树叶下，静静地躺着，大气不敢出。松鸦没有找到他，飞走了。

“我只是想看看这个世界，它们却都想吃掉我。毕竟，我未来是一棵强大的橡树，我宁愿回到父亲身边。”小橡子这样想，迅速爬回树上去了。

第二组——完成一件简短的童话作品《橡树》。

（代表作品展示）

三言两语的故事　　橡树

粗壮的橡树伸展着宽阔的枝条。他身体强壮，高大英俊。在微风的吹拂中，他悠闲地摇晃着绿色的叶子，向着天空高高耸立，树梢梳理着天上的白云。

他多大了？深深的皱纹镌刻在坚硬的树皮上。但他骄傲地站在校园里，没有风可以撕下那深黄色的椭圆形叶子。

橡树，就像一个卫士，保护着我们的学校。

第三组——编写有条件要求的“云杉和橡树”的童话故事。注意，给出的线索如下：

校园里长了什么样子的云杉？

学生和老师种了什么？

谁飞进了院子？

云杉做了什么？

橡树是如何感谢它的救世主的？

记住，需要用上以下词语：高大、郁郁葱葱、年轻、愤怒、摇晃、害怕、锋利的针头、强壮、衰老、防御……

（代表作品略）

教师：在地球上的所有生物中，植物是最没有防御能力的。他们无法自己照顾自己，也无法自己保护自己，这就是我们人类需要做的。让我们伴随着科马罗夫①的小诗——《捡拾橡子的小男孩》，结束今天的课程吧！

捡拾橡子的小男孩，
箩筐装得满满的，
匆匆走出树林。
这是收获的金秋，
一如既往地，
他在不停搜寻。
小橡子是什么——
假如还给大地，
那将是一片森林。

【观摩感悟】

我国人教版小学语文教科书三年级下册曾经选编苏霍姆林斯基的《路旁的橡树》，所属单元是一个以“环保”为主题的学习单元，共有四篇课文，前三篇为精读课文，最后一篇即《路旁的橡树》是作为略读课文出现的，排在《一个小村庄的故事》之后，阅读提示为“小村庄的人为了眼前‘不错’的生活，几乎砍光了树木，结果毁灭了家园。下面这篇课文讲的也是人和树的故事。读读课文，说说课文讲了一件什么事，再交流一下对这件事的看法”。

① 科马罗夫（1911—1949），苏联诗人。诗集《绿色地带》等曾获斯大林奖。

可我在听课时看到，许多老师把它作为精读课文来讲，重点放在了字词理解、篇章结构解析、工程师和工人的心理分析上。这使我很失望。精读是聚焦式的，重点在课堂，靠教师主导；而略读是发散式的，功夫在课外，靠学生自悟，也就是苏氏强调的实施“第二教学大纲”——取决于科学的发展、学生的视野、物质条件、学生所处的周围环境以及个人的爱好和兴趣。教师该如何做？该单元后面《语文园地二》的“口语交际”和“习作”已经要求得很具体了，而这里巴甫雷什学校罗斯科斯老师的《哦，橡树，枝繁叶茂》，可以说是一个现成的引申案例，即到大自然中去发展学生的思维。另外，从这个教学案例本身和在巴甫雷什学校的学习感受，我认为从课堂教学角度，苏霍姆林斯基和他的继承者并没有把环保本身作为教育的重点，而是通过橡树想方设法在情感上渗透“世界上正在发生的一切都与我有关”的意识，如校园的小路旁长出一棵小橡树苗，教师让孩子们连根带土搬到安静的角落里，孩子们一有时间就去看自己的小橡树；一棵长了10年的橡树的位置要盖一座大楼，橡树必须砍掉，教师就带着高年级学生干了几天，连根掘起近1立方米的泥土，把橡树移栽到另外一个地方……这样做的目的，是让孩子们用敏感的眼光去观察世界、体验世界，获得劳动中作为公民的责任感和自尊感。对于孩子来说，置身其中的喜悦和忧虑，是情感教育、美育和德育中最细腻的东西。

学校温室花房里的菊花

（摄于巴甫雷什苏霍姆林斯基学校温室花房）

菊花——秋天的孩子

【授课教师】

贝伦·凯特琳娜·尼古拉夫娜。

【授课地点】

漫步校园至温室花房内。

【教学目标】

（1）教学生观察深秋的特征，在自然条件下思考和描述秋天特有的花朵——菊花，培养其形象思维。

（2）教学生用比喻的修辞手法进行表达，丰富学生的语言知识，并为他们描述菊花和编写童话做好准备。

（3）培养学生对大自然的热爱之情和细心的态度，培养其高尚的审美情怀。

【课堂实录】

季节变换：四季的神话

教师：进入深秋，天气变冷了，我们今天去温暖的花房里上思维课。孩子们，注意添加衣服，出发啦！我先给大家讲一个有趣的故事（一边走一边讲解）。

在蔚蓝色的大海旁边，高山上茂密的森林中，有一个小木屋。这片森林可热闹啦，有各种各样的小鸟和小动物，一草一木都会说话。小木屋里住着一位年迈但睿智的老爷爷，他手里有一根魔杖。他把魔杖在地上捣了一下，奇迹出现了——雪走了，花儿盛开，苹果成熟了。老爷爷的名字叫作“年”。

老爷爷有四个女儿，都美若天仙，但性格迥异：有的温柔善良，有的热情奔放，有的慷慨大方，有的平静安详。

穿着白色袄裙，在圣诞节到来时，准备好有趣的礼物，通过雪白的地毯悄悄地送给小朋友们，这就是大女儿冬天。

最小的女儿在大雁回归的问候声中唤醒田野，荒草变绿，百花盛开，这就是温柔的春天。

热情开朗，总是有鲜花和浆果相伴，这就是豪爽的夏天。

来听一听这个谜语，想一想另一个女儿的名字：

这个美女，戴着一条金项链，手里拿着七彩刷子，她把黄色涂抹在树叶上，叶子像金子一样闪闪发光。

她是谁？

学生：秋天。

秋天（学生扮演）：是的，我是秋天！甜蜜，荣耀，金黄！我来到森林，收集所有能见到的好吃的东西。现在，我来告诉你们，收获的季节到了。

教师：啊，秋天，你终于来找我们了，成为今天课程的嘉宾。让我们进入花房吧！

唯美体验：音乐的韵味

（花房温室内，教师打开音响，播放音乐——柴可夫斯基钢琴组曲《四季》选段。学生们闭上眼睛，体会音乐中季节变换的韵味）

秋天（学生扮演，伴随音乐歌唱八月——《收获》）：

家家户户开始收获，
高高的稞麦喳喳被割，
成捆的麦子堆成垛垛，
牛车搬运啊连夜奔波……

——K.柯里佐夫

孩子们，天气渐渐凉爽，庄稼收获归仓。我来了，带着我心爱的儿子们，听吧——

（音乐响起——柴可夫斯基钢琴组曲《四季·九月》）

（扮演九月的学生在幕后歌唱九月——《狩猎之歌》）

猎犬在晨曦中跃跃欲试，
时间到了，号角吹响，

骏马腾跳欲脱缰，
成群的猎人待发整装……

——A. 普希金

秋天（学生扮演）：这是我帅气的大儿子，他叫什么？

学生：九月。

（音响声音调低。扮演九月的学生上场）

九月（学生扮演）：九月的天空是蓝色的，花园里，大丽花奇迹绽放；山顶上，淡淡的薄雾笼罩；山谷中，泉水叮咚歌唱；树林里，石楠花光彩夺目，满眼的金色挡不住她的艳丽！

教师：你们知道吗，孩子们，就像自古以来被称为四季的兄弟一样，我们国家的“八月”一词来源于“镰刀”，是收获的季节。而“九月”一词则来源于“石楠”，是石楠花开的季节。

（音乐再起——柴可夫斯基钢琴组曲《四季·十月》）

（扮演十月的学生在幕后歌唱十月——《秋之歌》）

秋天，
我们可怜的花园一片凋零，
枯黄的树叶随风飘荡。
远处山谷，
在那光秃秃的树枝上，
一串串红荚蒾还闪着亮光。

——Л. 托尔斯泰

（音响声音调低。扮演十月的学生上场）

秋天（学生扮演）：这是我威武的二儿子，他叫什么？

学生：十月。

十月（学生扮演）：叶子变黄、变红，落叶缤纷，像蝴蝶一样飞舞，在地上汇集成厚厚的一层，踩上去沙沙作响。唯有桦树金光闪耀。十月，它在为秋天加冕。

教师：我们国家的“十月”一词来源于形容词“黄色的”，因为天气经常变化，遍地金黄，所以俗语说：“十月是富有的。”

（音乐再起——柴可夫斯基钢琴组曲《四季·十一月》）

（扮演十一月的学生在幕后歌唱十一月——《雪橇》）

别再忧愁地眺望大道，
也别匆忙地追赶雪橇。
快让那些抑郁和苦恼，
永远地从你心头打消。

——H. 涅克拉索夫

（乐曲停止。扮演十一月的学生上场）

十一月（学生扮演）：我呼啸而来，树叶纷纷飘落。不用妈妈介绍了，我是酷哥十一月。天空不再高，白云不见了，天气阴沉沉的，偶尔飘下零星的匆匆忙忙的雪花。

教师：正是如此。我们国家的“十一月”一词源于“落叶”，这是秋去冬来的预演。“十二月”一词源于“块”，因为进入冬季，寒冷下雪，土地变得硬邦邦的。孩子们，你们知道秋天有哪些标志性的特点吗？用你自己的词汇，或者引用民间谚语描述一下。

学生：

——秋天是个调色板！轻轻涂在绿色的树叶上，榛子是红色的，枫树是泛黄的，只有橡树还是绿色。夏天不要悲伤，看，漫山遍野都是金色，那是对你一季辛劳的回报！

——秋天是个女神！地面上，金子般闪闪发光；天空中，蓝天白云如织锦。世界是美丽的，多样的，奇妙的，神秘的……

——九月，秋天的第一次呼吸。

——九月天气燥热，冬天就会来得晚！

——十月走在边缘，鸟儿飞出森林！

——十一月，天鹅远走高飞，漫长的秋天要结束了。

……

教师：送走了炎热的夏天，秋天来了，它通常被称为凉爽、美妙、梦幻、金色，这是一个美好的时刻。当太阳向田野和草地发出最后一次温暖的问候时，当鸟儿离开的时候，迎接我们的是寒冷天气的到来。看，天鹅在高空和我们说“再见”，它们要到温暖的地方去过冬。秋天……多少诗情画意蕴藏其中，多少喜悦悲伤让人诉说！孩子们，你在哪里能够感受到秋天的到来？

学生：

——雾蒙蒙的池塘。

——触手冰凉的河水。

——出门迎着寒风。

……

教师：秋季的寒流是怎么形成的？

学生：北风呼啸，吹来了寒流。

教师（补充）：夏天，太阳早早地升到天空中，白天时间长，因此地球接收了大量的热量。而现在太阳南移了，白天变短了，越来越多灰色的云层出现，地面上的热量减少，空气、水和土壤温度降低，气压差使从北向南的寒风越来越烈。你们还注意到了秋天的哪些痕迹？

学生：枫树、桦树的翅果随风飘荡。

教师：树叶的颜色在树丛中如何变化？

学生：树上和灌木丛上的叶子变黄，从树上飞下来时像金色的蝴蝶一样飘啊飘。

教师：想想十一月，选择能够恰当地传达你脚下树叶噪声的词语。

学生（想象）：沙沙声、开裂声、嘎吱声、窃窃私语……

教师：地上的落叶好比什么？

学生：五颜六色的地毯。

教师：它还让你想起了什么？

学生（想象）：金币、五颜六色的涂料、糖果鲜艳的包装纸……

教师：落叶在窃窃私语什么？

（师生对话，编织关于秋天的童话故事）

花房见闻：菊花之原始

教师：孩子们，秋天里最常见的花有什么？

学生：亮丽的橙色万寿菊、五颜六色的紫菀、大丽花、金菊花……

教师：你对这些花了解多少？

学生：它们分别开放在田野、森林、花园里和室内，装点我们的生活。

在一年中的不同时间都有鲜花开放——春天、夏天、秋天，每朵花都有自己好听的名字。

教师：孩子们，我来说一个谜语，你们猜一猜它是什么花？

我是不惧严寒的花朵，
我在秋天开放，
我有不同的衣裳：
我有星星的颜色，
我有柠檬的颜色，
还有如冬季的雪白，
和樱桃一样燃烧的红色。

这是什么花？

学生：菊花。

教师：是的，是菊花。放眼四周，我们的花房温室现在是菊花的天地。谁来讲一讲菊花？

学生：

——深秋，好多的花朵都枯萎了，校园变得荒凉和悲伤。但是，仍然有灌木丛中的绿色植物，望着菊花，流露出一双双羡慕的眼睛。

——菊花不与百花争艳。它的小秘密是直到秋天才开始怒放，这样我们才能欣赏它独特的美丽，直到冬天。

——菊花的颜色好多，有白色、红色、蓝色、深棕色、柠檬色。我在书上看到，中国很早就有这种花，日本把菊花当成“太阳的秋花”，菊花在日本是神圣的。

……

教师：是的，孩子们，菊花被称为秋天的孩子。它综合了夏天的热情和冬天的清高！从欧洲词汇的起源上讲，“菊花”这个词源于希腊语，意思是金色的花朵。它还被称为珍贵的、金色的透明宝石——菊花石。孩子们，让我们仔细观察这些美妙的秋花。

学生（边观察边议论）：

——这是什么花？什么颜色？

——不同颜色和不同大小的花朵。

——一根茎上有多少朵花？

——花很多，中间的花瓣较短，边缘较长，类似……

——茎、叶有什么特征？

——茎很薄，有很多叶子，它们位于整个茎上。

（教师补充：茎直立，有的分枝或不分枝，被柔毛）

——叶子是什么颜色的？

——绿色。

（教师补充：叶互生，有短柄，叶片卵形至披针形，基部楔形，下面被白色短柔毛，边缘有粗大锯齿或深裂）

——菊花的茎有多长？

——25 厘米至 100 厘米。

——闻到这些花香了吗？

——它们是淡爽的味道。

——你知道菊花什么时候开始绽放吗？

——6~8 月开始开花。在霜冻到来前，要挖掘出来栽种到房间或温室里，它会盛开于整个冬天。

（教师补充：菊花的适应性很强，喜凉，较耐寒也不惧高温，地下根茎耐低温极限达到零下 10℃）

——我们可以用什么来比喻菊花？

——像洁白的云团，像飞翔的瓢虫，等等。

——你觉得现在这些花是有趣还是悲伤？为什么？

——很有趣，它们满意的是，用开花带给人们快乐，当周围的一切都睡着了、凝固了、干枯了，它们仍然很有生机。

——它们很孤独，因为其他的朋友都休息了……

教师：孩子们，我们在花房里的花已经培育很长时间了，才变得多姿多彩。现在，你们各自从美丽的花朵中选择一个来描述它，选择最贴切的形容词，然后，给这段描述起一个好听的名字。

学生：美之歌、迷人的美女、太阳之花……

教师：正像你们刚才讲的那样，纪念菊花的最重要的仪式出现在日本。孩子们，为什么日本人如此热爱菊花，并赋予其如此崇高的地位？

（学生们根据自己读到的书本知识，谈论自己的想法）

教师（补充）：事实上，日本起源的传说也与菊花有关。相传，中国古代有一个皇帝，听说一个岛上有一种植物，可以用它的汁液制造出灵丹妙药——延年益寿、长生不老，但是这种植物必须由心地纯洁的人去采摘。皇帝和朝臣都不敢亲自去，就派出 300 名年轻人到海上寻找，结果船舶迷失了方向，漂到了日本岛，那些年轻人就在岛上定居下来。这标志着一个新国家的开始[①]。

在中国，菊花是智慧的象征，被视为神圣的植物。中国农历九月也以菊花命名。它们本身就拥有长寿的荣耀。那么，你知道关于菊花的文化是如何传播的吗?

学生:

——菊花最早出现于公元前 6 世纪至前 2 世纪的中国和日本文学中[②]。

——菊花于 1789 年出现在欧洲，当时一位法国旅行者将其带到了马赛。菊花从此不再是东方人的专享，它们的美丽征服了全世界。

——19 世纪初，许多国家都有菊花爱好者协会，专门致力于这些花卉的期刊开始出版，组织展览竞赛，向最美丽的展品颁发证书和奖金。

……

课程延伸：有趣的童话

教师：孩子们！我们学校的温室就是一个花的王国，这是苏霍姆林斯基校长在任时建立起来的。到了冬天，外面天寒地冻，在温室的玻璃房中，蓝色、粉红色、金黄色、白色、紫色的菊花竞相开放。你们知道苏霍姆林斯基校长写的关于菊花的童话故事吗?

学生（积极地）：

——《菊花和葱头》。

---

① 这个传说源自日本的神话《蓬莱岛》，是在徐福东渡传说的基础上，经日本本土化改造而成的。巴甫雷什中学过去保存的东方文献，研究和介绍日本文化的书籍多于中国，所以这堂课上教师和学生讨论菊花时对日本文化谈论居多，从中可以看出欧洲对中国文化的认识是不完整的。

② 中国是菊花的故乡。日本的菊花最早是在奈良时代（710—794 年）从中国引进的，到平安时代（794—1192 年）才正式栽培，直到江户时代（1603—1868 年）正式普及于民间。

——《初寒和菊花》。

——《再摘一朵花吧，季娜》。

——《紫菊花》。

……

教师：好的，我们就来分享这些故事，其中有一些没有被正式出版，而一直保存在纪念馆的档案中。今天，我们来阅读童话《菊花与葱头》[①]，然后扮演角色，用课本剧的形式进行演出。

菊花和葱头

离房屋不远的地方长着一株菊花。夏末的时候她开出了一朵娇嫩的粉红色的花。菊花陶醉于自己的美丽之中。她的花朵们悄声地说：我们是多么美啊……

菊花的旁边长着一棵葱头。一棵普普通通的洋葱。夏末洋葱成熟了，绿色的茎枯萎了，葱头中散发出刺鼻的洋葱味。菊花皱起了鼻子对葱头说：

“你身上的味道多难闻啊！我很奇怪，人们为什么要种这样的植物。可能是为了驱赶跳蚤吧。”

葱头没有吭声。与菊花相比她觉得自己太普通了。

从屋子里走出一位妇女，她走到菊花跟前。

菊花屏住了呼吸。当然，妇女现在会说：“多么漂亮的菊花啊！”

妇女走到菊花跟前说：“多么漂亮的菊花啊！”

菊花满意得全身都酥了。

妇女弯下了身子，摘下了洋葱，看了看洋葱，赞叹地说：“多漂亮的葱头啊！”

菊花搞不懂了。她想：“难道葱头也可能是漂亮的吗？”

（学生阅读，教师对作品进行解读，分配角色，设计演出，进行讨论）

教师：孩子们！美丽本来是没有贵贱之分的，在森林里、在公园里，在庭院里，你应该如何表现？

学生：爱护大自然，对所有生物一视同仁。

教师：没错，大自然都有自己的生活规则和礼仪法则。

当你游览田野、森林、花园时，需要格外小心，不要伤害动物，不要破

① 苏霍姆林斯基著，诸惠芳等译：《做人的故事》，人民教育出版社2015年版，第75页。

坏巢穴，不要冒犯鸟类。记住，对自然界来说，他们是主人，我们才是客人。

植物需要阳光和水，小鸟需要蓝天，动物需要森林、草原和山脉，我们需要像保护家园一样保护大自然，终身都要记住这一点。你们说，是吗？

（学生讨论）

教师：许多有名的客人都慕名来过我们学校。乌克兰功勋教师、教育科学院通讯院士、新乌克兰地区米舒瓦茨基学校校长卡利尼琴科也多次来过，并与老校长苏霍姆林斯基有过深度交流。她分享了许多美好的回忆。其中温室里长出的菊花给她留下了最深刻的印象。她学校的一个学生也对巴甫雷什学校温室里的菊花着了迷，自己写了一个童话《蓝色菊花》。我们来欣赏一下：

蓝色菊花

秋天，我的祖母娜塔莉·阿列克谢夫娜快要过生日了。

我注意到，在所有的礼物中，鲜花能给她带来最大的乐趣，尤其是菊花。我的老师告诉我，在温室里，来自巴甫雷什的孩子们培育出了蓝色的菊花。在我祖母生日前夕，我做了一个梦，梦见好多好多的菊花——郁郁葱葱，五颜六色，花瓣柔长，闪闪发光。我挑了最大的，给奶奶做了一个菊花束：有白色、粉红色、黄色……我抱着花送给奶奶，并祝她长寿。奶奶拥抱我，亲吻我，眼泪掉在我的脸颊上。

我醒来了，原来是做梦流泪了。我想，奶奶的生日时间到了，我一定要带上我的菊花给她祝福。

感人吧！希望大家每个人都能讲出这样的故事，下课后你们也试着写一写属于自己的童话。

【观摩感悟】

《菊花——秋天的孩子》是巴甫雷什中学300页《大自然的书》中的一个名篇，作为经典思维课，半个多世纪以来，经学校教师代代传承，教案不断完善，愈加精致，深得孩子们的喜爱。我感觉，这节课的与众不同之处在于，把大自然的季节变奏曲和柴可夫斯基的《四季》钢琴曲融为一体，为孩子的思维注入神奇的力量。苏霍姆林斯基认为，音乐教育不是培养音乐家，而首先是培养人。音乐、旋律、乐音之美是人的德育和智育的重要手段，是心灵高尚和精神纯洁的源泉。初秋时节，他带着孩子们到野外仰望雁群在清澈的碧空列队南去，观看阳光下田野的绚丽多姿，倾听森林中小鸟的放声歌唱……然后打开录音机，合上眼睛，柴可夫斯基的《四季·十月》在耳边萦绕，与大自然的奏鸣交相辉映。乐曲帮助孩子们感受到此前从未觉察到的自然的无与伦比的美——橡树的黄叶在微微颤动，清新的空气发出馨香，道边的野菊开放；也勾起了淡淡的哀愁——秋雨绵绵的连阴天，无边萧萧的落叶，寒风呼啸的暴风雪；同时，音乐的本源不仅仅是周围世界，还有人本身——精神世界、思想和言语，孩子把注意力集中在音乐上，在想象中描绘出一幅幅栩栩如生的鲜明图画，汇集成涓涓的思想河流，又极力想把这种形象和感受用语言表达出来，从而产生新的想象和思考。“音乐—想象—幻想—童话—创作，孩子就是按照这样一条途径发展他的精神力量的。音乐旋律能唤起孩子一些鲜明的表象，它是培养理智创造力的无与伦比的手段。”这个教育过程需要教师把握好分寸，掌握好节奏，穿插好讲解，贝伦老师拿捏得非常到位，又不失时机地植入孩子们平时学习中遇到的枯燥概念、术语，加强了孩子们对知识的理解和运用，所有这些都值得我们学习。

伦理教育课堂

（巴甫雷什苏霍姆林斯基学校资料照片）

在生活中做一个善良的人

【授课教师】

博格丹诺娃·奥丽佳·维克托罗夫娜。

【授课地点】

小学低年级教室。

【教学目标】

（1）在引导欣赏苏霍姆林斯基伦理学作品的基础上，拓展学生关于善良和人性的概念认识，帮助学生丰富词汇量。

（2）学生通过学习形成人格的道德和伦理基础，渴望为他人带来善良、美丽和快乐，养成做善事的自觉意识。

【课堂实录】

情绪调动：你是最棒的

（上课前准备好材料，在教室里做好布置：苏霍姆林斯基的肖像；制作海报——《在地球上只做善事》；书籍展览，苏霍姆林斯基的寓言故事——《做人真难》《石头心肠的人》《所有善良的人们都是一家人》等；词汇、名言和谚语——关于人类善良和美好的词汇与句子，写在小卡片或字条上，把主要的词汇打印出来）

教师：孩子们！请站起来，保持微笑，每个人都要精神饱满。钟声给每个人命令——上课的时间到了，我们开始集中精力，不要浪费时间。先来读一首富有哲理的小诗——伊凡·弗兰科的《求美，求善！》：

寻找美丽，
追求善良！
它们就是一切，
它们无处不在。

毋庸追远，

反求诸己：
摸摸你的胸膛，
它们在你心里。

是的，孩子们，追求人格的美，追求人性的善，它们就在我们的生活中，它们就在我们身边：每一个真诚的微笑、一句亲切的话语，都有着非常强大的力量。每一丝温暖的心灵、一个简单的举动，都可能让需要的人摆脱困境。让我们大声地说出来！

师生（一边说一边做夸赞的动作）：

——让你的温暖充满你的胸膛。

——你在田野劳作，播种和收获小麦，你是光荣的。

——你挖井，做清洁卫生，这不丢人。

——你做饭，带孩子，你辛苦了。

——放松自己，投食喂鸟，你真有善心。

——你是最棒的，你只做善事！

……

人类来到这个世界上，就是为了创造美好，为了社会和谐，每个人必须只做善事。

导入主题：什么是善良

教师：请坐下。注意看海报，我们熟悉的苏霍姆林斯基的肖像。他的作品摆放在这里，他行善事、做好人的故事就是我们今天课堂上学习的主题。瓦西里·亚历山德罗维奇的所有作品都是用善良、真诚、人性、正义来教导我们的，他希望所有的孩子在成长过程中都保持着善良和同情心。这位伟大的教育家说，人出生在这个世界上，并不是为了像无人问津的尘埃那样无影无踪地消失，而是为了在自己身后留下了永恒的印记、充满美好。他说，不仅当人们看到你的时候在做好事，当没有人看见你时，保持一个人的善良的心更重要。所以，今天的课程，我们将沿着善的道路行进，每个人一生都应该走这条路。只有这样，才会在地球上留下自己的印记，为他人所尊敬。你们有什么想法？

学生：我们想先读一读这些书，自己去寻找！

（孩子们自由地挑选自己感兴趣的作品阅读，识别苏霍姆林斯基关于善良和人性方面的关键词，重要的词汇在笔记本上记下来，或者写在小纸条上）

教师（指导建立词汇关联）：我们讨论的主题——什么是善良。我准备了提前打印好的关键词语，放在讲台上，你们根据阅读情况选择自己需要的词语，根据理解把它粘贴在黑板上（图 19-1）。

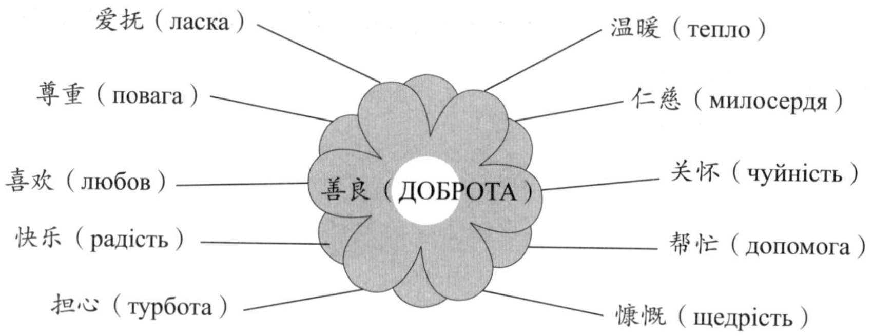

图 19-1 什么是善良

（自主阅读结束，进入讨论环节，教师出示提示语，引导学生对“善良”发表自己的看法）

教师：善良是……

学生：为了他人的利益而放弃自己利益的人。

教师：那么，做好事可能是……

学生：当一个人关心、帮助他人时，不计个人得失。

教师：善良一定是……

学生：发自内心，不求回报。

教师：一个善良的人就像……

学生：和煦的阳光，它知道如何用自己的爱、温暖、深情、真诚、慷慨、关怀……去温暖每一个人。

（讨论小结，略）

共读共赏：做人的故事

教师：文如其人、言为心声，苏霍姆林斯基就是这样一个心地善良、品德高尚的人。今天的课堂上，我们将重点研读他的三个伦理学故事——《做人真难》《石头心肠的人》《所有善良的人们都是一家人》。下面分成三个小组进行，每个小组选出一名小组长，组织大家讨论，我会把任务书发给小组长。

（成立小组，分工。小组活动同时分开进行，教师巡回指导）

第一小组组长：我们来共读苏霍姆林斯基的作品《做人真难》[①]，根据老师的第一份任务书，阅读时，根据故事情节思考以下问题。

为什么玛里卡所说会担心？

罗曼对玛里卡所说的话有何反应？

他感到羞愧吗？

罗曼对他的问题有什么回答？（在故事中找到它，然后继续阅读。）

罗曼得出了什么结论？

你从这个寓言中学到了什么？

做人真难

孩子们从树林中回来，他们在那里度过了整整一天。回家的路要穿过一个不大的农庄，农庄在山谷中，离他们的村子有几千米远。疲惫不堪的孩子们好不容易走到了这个农庄，他们向农庄边上的一户人家要水喝。从屋子里出来一个妇女，跟在她身后跑出来一个小男孩。妇女从井里打了水，把水桶放在院子中间的桌子上，自己就进屋了。孩子们喝够了水，坐在草地上休息，他们又有力量了！

当他们走到离农庄有一千米远的地方，玛里卡想起来了：

“我们还没对那位给我们水喝的妇女表示感谢。”她的眼睛显出不安的神色。

孩子们停了下来，他们确实忘记了道谢。

“怎么啦……”罗曼说，“这又不是什么大不了的事。那位妇女可能已经忘了这件事。难道值得为了这种小事再走回去吗？”

“值得，”玛里卡说，“难道你不感到害臊吗，罗曼？”

罗曼冷笑了一声。看来他一点儿也不感到害臊。

“不管你们愿意不愿意，”玛里卡说，“反正我要回去向那位妇女道谢……”

“为什么？请说说，为什么必须这样做？”罗曼问，“我们已经这么累了……”

“因为我们是人……”她转过身去，向农庄走去。大家都跟着她走。

---

①苏霍姆林斯基著，诸惠芳等译：《做人的故事》，人民教育出版社2015年版，第156页。

罗曼在路旁站了一会儿，叹了口气也跟着大家走了。

“做人真难啊……”他想。

（第一小组讨论，教师穿插引导）

第一小组组长：看来大家都读懂了，现在下发老师给的第二份任务书，请大家将谚语前半部分与后半部分对应连线（图 19-2）。

谁想要对人有益，	做好事不做坏事。
行善无须悔，	必有美好之实。
作恶无好报，切记，	做回真正的自己。
迈向好的第一步，	你就会有一个不老年龄。
一旦有颗善良的心，	他就要多为别人着想。
善意之花，	但好名声会流芳百世。
生命可以停止，	他就会无所畏惧。
一个人不做坏事，	好人有好报。

图 19-2 连线

第一小组组长：现在下发第三份任务书，根据讨论主题，结合生活自己编写一则童话故事，讲出来与大家分享。

（过程略。代表作品见后）

第二小组组长：我们小组共读苏霍姆林斯基的作品《铁石心肠的人》[①]。根据老师的第一份任务书，阅读时，根据故事情节思考：

母亲爱她的儿子吗？

母亲为什么不愿让儿子知道爷爷的去世？

母亲为什么放走受伤的啄木鸟？

儿子为什么要去踢一会儿足球？

你从这个故事中得出了什么结论？

……

铁石心肠的人

有一位母亲生了一个儿子。她百倍精心地呵护着自己的儿子，担心灰尘落到他身上，担心他让风吹着。

这位妈妈尤其注意不让别人的灾难、悲伤和痛苦影响她儿子的心灵。

① 苏霍姆林斯基著，诸惠芳等译：《做人的故事》，人民教育出版社 2015 年版，第 312–313 页。

孩子的爷爷就要去世了，妈妈则把儿子带到邻村自己的姐姐家。她们回来时，爷爷已经被安葬完了。儿子问：“爷爷哪儿去了？”妈妈回答说：“他出远门做客去了。”

有一天，儿子把一只翅膀受伤的啄木鸟抱回家，问妈妈怎么能帮助它。妈妈抓起啄木鸟，把它弄到别的什么地方，然后告诉儿子：鸟儿已经被治好了，它活着，健康地飞走了。

小男孩一天天地长大，但是妈妈却把他与生活隔绝。他不知道什么是灾难、痛苦、悲伤、委屈和绝望。

小男孩长成了一个少年。

有一天，妈妈病了，躺在床上。她让儿子去药店买点药来。

儿子来到药店，递上妈妈写好的药单。药剂师说：“我五分钟后会把药配好。”

“那趁你配药，我去和伙伴们踢一会儿足球。”儿子说。

“你真是个铁石心肠的人。”药剂师吃惊地小声说。

（第二小组讨论，教师穿插引导）

第二小组组长：现在下发教师给的第二份任务书，从故事中查找线索。

问题一：母亲为保护儿子做了正确的事情吗？

（查找线索：“这位妈妈尤其注意不让别人的灾难、悲伤和痛苦影响儿子的心灵。”）

问题二：儿子真的长大了吗？

（查找线索：“他不知道什么是灾难、痛苦、悲伤、委屈和绝望。”）

问题三：什么是真正的“人”？

（查找线索：“你真是一个铁石心肠的人。”）

……

第二小组组长：现在下发第三份任务书，做一个小测试。我来提问，请补充完整苏霍姆林斯基作品的名字，给同学们讲讲这个故事。

第一个问题：……女孩？

（学生 1：故事的名字是《驼背的女孩》。讲故事）

第二个问题：……应该在世上留下什么？

（学生 2：故事的名字是《人应该在世上留下什么》。讲故事）

第三个问题：为什么……谢谢？

（学生 3：故事的名字是《为什么要说谢谢》。讲故事）

第四个问题：……个女儿？

（学生 4：《第七个女儿》。讲故事）

第五个问题：谢尔盖科娃的……？

（学生 5：《谢尔盖科娃的花》。讲故事）

你们讲得真好！我们来讨论一下这些故事的共同点。

（讨论过程略）

第三小组组长：我们小组共读苏霍姆林斯基的作品《所有善良的人们都是一家人》①。根据教师的第一份任务书，不只是要听词语、声调、表情，还要注意分析内容与选择阅读要素。

娜塔莎家里发生了什么事让她悲伤？

图画老师将如何向学生解释他们今天不上课了？

老师讲的是什么样的家庭？

这个故事给了我们什么启示？

所有善良的人们都是一家人

在二年级的教室里正在上图画课。孩子们在画燕子。

突然，有人敲门。老师打开门，看见一位哭泣的妇女——这是金色头发、蓝眼睛的小娜塔莎的母亲。

“求求您，”母亲向老师请求着，“让娜塔莎回家吧，她奶奶去世了。”

老师走到讲台旁，轻声说：“孩子们，出了一件很不幸的事：娜塔莎的奶奶去世了。”

娜塔莎的脸色苍白，泪水充满了眼眶。她伏在课桌上，轻轻地哭了。

“回家去吧，娜塔莎，你妈妈接你来了。”

在娜塔莎收拾书包准备回家时，老师又说：“我们今天不上课了，因为我们的家里发生了不幸。”

“可是，不幸发生在娜塔莎的家里呀？”

“不对，是在我们人类的大家庭里，”老师解释说，“所有善良的人们都是同一个大家庭的成员。所以，如果我们的家庭里有人去世了，就意味着我

① 苏霍姆林斯基著，诸惠芳等译：《做人的故事》，人民教育出版社 2015 年版，第 324-325 页。

们失去了一位亲人。”

第三小组组长：现在下发老师给的第二份任务书，进行分角色对话朗读，大家注意听，然后对朗读提出意见。朗读时，注意故事中的关键词和句子的运用。

“哭泣的妇女”。

“母亲向老师请求着”。

“老师走到讲台旁，轻声说”。

“娜塔莎的脸色苍白，泪水充满了眼眶”。

“所有善良的人们都是同一个大家庭的成员”。

（学生朗读，相互提意见，进行分析讨论关键词语的运用）

第三小组组长：现在下发第三份任务书，根据你们的分析，发挥关键词语的作用，结合自己所见所闻编写一则生活故事，讲出来与大家分享。

（学生思考、编写、交流过程略。代表作品见后）

总结分享：做个好人

教师：三个小组组织得非常好。今天学习的重点是“善”“善良”和“邪恶”这三个概念，通过讨论，大家有了直观的认识，我来总结、提炼一下。

善良——人类最美好的品质。“善”和“善良”是同源词，“恶”与“善”是对立的，有必要明确区分这些概念。

善——就是“好”。向好、向上是一种行为，表现在人的行动上。

善良——是一种对人热情、友好的态度。人们常说善有善报，但行善的人不应该期望必须得到回报。

邪恶——就是“坏”，与好、善对应，代表罪恶。

善良总比邪恶强。我们要向好、向善，远离邪恶。我来提出概念辨析的选项，你们在心里回答“是”或者“否”。

有可能强迫一个人成为善良的人吗？

你平时做过一些力所能及的好事吗？

我们必须善待所有的人吗？

在生活中做点善事容易吗？

……

（学生默默回答，做记录）

教师：如果你选择的答案有更多的“是”，说明你是真心求善，因为善良总是给别人带来快乐，也给那些做好事的人带来快乐。见善则迁，疾恶如仇，做好事不宜迟！善良仁慈，它会给你百倍的回报，愿爱和仁慈充满你的心。

对于你在这节课上富有成效的表现，善良女神想把她的心送给你。愿你们每个人都被她温暖的心灵所感染，通过自己的故事在童话世界和善良女神交流。

最后，进行作品分享环节，请第一、第三小组各选出一名代表，朗读自己的作品。

学生（第一小组代表）：我编写的童话故事是《以善良拯救世界》。

很久很久以前，在一个辽阔的国度里，住着一颗善良、温柔的太阳和一群快乐的伙伴儿。太阳把温暖送给这个世界上的每一位——给小鸟，给快乐的动物，给娇嫩的花朵。每天早上太阳升起，用手指——明媚的金光抚摸着大地，拥抱周围万物。

在太阳的旁边，住着一块邪恶的乌云。没有人喜欢它，它也没有朋友。乌云一怒之下，脸色骤变，把太阳遮挡了起来，顿时白昼如夜，下起了雪。乌云嫉妒太阳这个好邻居，所以伤害了他。

一个春天的早晨，瓢虫醒来了。她想帮助太阳，她用头顶破雪毯。乌云见状脸色一黑，将太阳锁在了牢笼中。瓢虫伤心极了，坐在地上哭泣，眼泪掉下来——如珍珠散落到地上。第一天、第二天、第三天……突然，奇迹发生了！雪毯被泪水融化，柔弱的小花草醒了，绽开绿色的小芽，在阳光下睁开眼睛，微笑着。

乌云看到这一切，怒火中烧，愤愤之心化成了雨水。雪毯融化了，大地变绿了，太阳自由了。他触摸着雪滴的光芒，又把温暖送给万物，感谢他们的拯救。

学生（第三小组代表）：我讲的生活故事是真实的——《美好的一天》。

今天，玛丽卡心情不错，起得很早，因为她要赶到音乐学校上第一节课。

“做一个聪明懂事儿的女孩！”母亲一边目送女儿，一边叮咛着。

玛丽卡唱着歌跑向公交车站，公共汽车停了下来，她快步走上去，舒舒服服地坐在窗边。过了一站，一位老奶奶上了车，她提着一个袋子，显得很疲惫。玛丽卡把座位让给了老奶奶。老奶奶坐了下来，对着她微笑。

下一站——“音乐学校”到了，就是女孩要去的地方。老奶奶也在这一站下车。玛丽卡把老奶奶扶了起来，替她提着袋子，一起穿过马路。老奶奶对玛丽卡微笑，“看在你的关心和善意的份上，我请你吃糖。”老奶奶说。

玛丽卡嘴里含着糖果，脚步轻盈地迈进校门，她很开心，因为今天是美好的一天！

教师：孩子们！你们的故事令我感动。

愿你们每个人的心，
都留下一个美好的存在。
它总是，
无时无刻，无处不在，
无论老幼。
把你的善良
牢牢地藏在自己心中
永远不要把它交给邪恶！
让每个人
都能开心地生活，
从不曾流下苦涩的泪水！

【观摩感悟】

苏霍姆林斯基认为，道德教育是从儿童有意识的生活刚刚开始时就进行的。在儿童幼小的时候，即他们的心灵最容易接受情感影响的时候，就要向他们展示全人类的道德准则，把初步道德教给他们。他积累自己的经验，编辑出《伦理学文选》（分为学前儿童、一至二年级、三至四年级、五至七年级、八至十年级 5 册），收录了 2 000 多篇有教育意义的故事。它通过孩子们喜闻乐见的方式说明人类道德的基本概念，阐明有关共产主义道德的复杂问题。其中许多篇目原稿珍藏在苏霍姆林斯基教育纪念博物馆中。《在生活中做一个善良的人》一课，是从苏氏生动形象的故事中抽象出道德概念——好与善良，区分“好”与“坏”、“善良”与“邪恶”，学生通过自己编写故事在童话世界与善良女神交流，以此唤起做好人的愿望与追求。这种追求在教育学中包含一条从道德概念到道德信念的成长道路。这种教育方式是潜移默化的，一旦学生形成信念，每逢需要表达生活态度时，这种情感便会从潜意识中跳出来，本能地提示他们如何行事。但是，知识消化、过渡和转化为信念、形成思想是一个复杂的过程，学生只有看到自己活动的道德意义时才能产生行动，而这种行动是从做平凡好事、善事的行为体验开始的。切记，在课堂上，不要强迫孩子学了道德概念后立刻针对在生活中遇到某种情况时将采取什么行动而表态；不要教孩子空讲漂亮的言辞，或是在没有任何需要付出精神力量的具体情况下去表露强烈的感情。否则，就会把他们培养成喜欢吹嘘、善于空谈、忘记原则、冷漠无情的伪君子。

低年级学生的劳动课——手工小制作
（巴甫雷什苏霍姆林斯基学校资料照片）

国际劳动妇女节——制作一张贺卡送给母亲

【授课教师】

扎连科·维克托里亚·沃洛迪米里夫娜。

【授课地点】

小学低年级教室。

【教学目标】

（1）让学生自己动手制作国际劳动妇女节的贺卡，了解关于国际劳动妇女节的知识，懂得对女性的尊重。

（2）学生学会使用剪刀、胶水等生活工具，培养动手能力，开动脑筋自己设计一个丰富多彩的节日活动。

（3）锻炼学生的言语表达和思维能力、创造性的想象力，增进学生与家人的亲情，让学生从母亲的激励中获得对劳动成果的人性化评价。

【课堂实录】

问题导入：国际劳动妇女节的来历

（提前准备好上课材料：手工工具——剪刀、胶水、画笔；艺术品模板——彩色纸板、彩色织物、儿童彩纸、节日贺卡样本等）

教师：问太阳和大地，问溪流和钟声，是谁开启了新的一天？孩子们，虽然冬天还在肆虐，飘下最后一片银色的雪花，但坚持不懈地敲打着窗户的温暖的太阳公公，在树枝上欢呼的鸟儿，提醒着春天的到来——听吧：

不要感到惊讶，美丽的花朵
如少女羞怯而大胆地绽放，——
阳光之下，纯洁而宁静，
这就是雪片莲报春的花。

不要感到惊讶，深邃的心灵
用真诚和炙热的眼泪唤醒，——

春天来啦，浪花飞溅，
溪流从悬崖奔腾而下。

不要感到惊讶，渴望之情
靠意志和行动变为现实，——
听到了吗，春来有多早？
让云雀的歌声来回答吧……

孩子们，我们国家下一个将要庆祝的是什么节日？

学生：国际劳动妇女节。

教师：孩子们，你对这个节日了解多少？

学生：母亲的节日。

教师（补充）：这个节日是由争取妇女平等的国际妇女运动领袖、德国人罗莎·卢森堡创立的。自 1914 年以来，我国一直在庆祝这个节日①。现在，它成为一个纪念劳动妇女、母亲、人类守护者的重要节日。

学生（齐唱）：

我们沐浴在清新的阳光下，
这是春天的蓝色进行曲。
我们再次祝贺妇女的节日，
祝愿母亲幸福快乐！

教师：当然，你们每个人都会想祝贺你的母亲、祖母、姐妹的节日。你会给她们送去什么？

学生：我送去心中最好的礼物。

教师：是的，最好的礼物需要你的双手亲自制作，把你的灵魂、技能和想象力置于其中。

---

①1910 年 8 月，第二届国际社会主义妇女代表会议在丹麦哥本哈根召开，德国社会民主党内左派克拉拉·蔡特金等来自 17 个国家的 100 余名妇女代表筹划设立国际妇女节。1914 年，第一次世界大战爆发，德国社会民主党议会党团背叛无产阶级，女革命家罗莎·卢森堡等团结左派向社会民主党领导集团进行斗争，革命活动扩展至欧洲。1917 年 3 月 8 日（俄历 2 月 23 日），俄罗斯妇女举行罢工，拉开“二月革命”的序幕。沙皇被迫退位后，临时政府宣布赋予妇女选举权。1919 年 1 月，卢森堡被资产阶级“自卫民团”逮捕杀害。1919–1921 年，国际妇女节的庆祝活动定在她的生日 3 月 5 日。1921 年 6 月，第二次国际女共产党员代表会议在莫斯科举行，保加利亚代表提出，为了纪念俄国女工在 1917 年“二月革命”中的英勇斗争，把每年的 3 月 8 日定为国际劳动妇女节。这个提议被会议采纳。

教师示范：充满鲜花的节日

教师：孩子们，今天我们将以“创造一个充满鲜花的节日——像彩虹一样五颜六色”为主题，自己亲手制作一张贺卡，送给你的妈妈。你认为贺卡上描绘的花朵应该是什么？

学生：长春花、紫菀……在这个春天的节日里，它们会像太阳一样散发着温暖。

教师：制作贺卡时，使用什么材料？

学生（准备）：硬纸、彩纸、画笔、胶水……

教师：你做过类似的贺卡吗？

学生：

——做过。

——没有，第一次……

教师：如何才能让妈妈喜欢你做的贺卡？

学生：以花瓣和绿叶为主——五颜六色的花朵将为妈妈绽放。

教师（样品分析）：

仔细看看这些贺卡，可以参考一下，它们是如何制作的。

仔细观察，紫菀有多少片花瓣？长春花有多少片花瓣？

应用程序上还需要注意什么？

（学生思考）

教师（制作指导）：我们将以什么顺序进行制作？先看看我的示范——

把彩色纸板对折起来。

用彩笔写出数字“3”和“8”的形状。

确定放置花朵的位置。

在模板的帮助下，将花瓣、叶子、茎、花朵的位置圈起来。

剪掉圈起来的部分，把它们放在纸板上，按自己的想法设计好定位。

将它们粘在彩色纸板上，形成组合物。

别忘了写上祝福的话。若有告诉妈妈的小秘密，就把贺卡装进信封粘起来。

学生（围在一起观摩，模拟教师的动作）：好漂亮呀！

教师：还要提醒一下，你们使用的剪刀很锋利，注意安全，不要伤到手指。还要注意——

画线清楚准确，手拿稳，想好怎么做再动手。

剪刀握紧，对准拆线，拿纸的手放得稍远一点。

粘贴时向下倾斜胶水盒口，轻轻挤出，涂在粘贴物上。

注意不要用手直接触摸胶水，一旦沾到，用纸轻轻擦掉。

你们记住了吗？

学生：记住了。

教师：站起来，孩子们！鸟儿已经感受到了春天的气息，它们在窗外欢呼雀跃，现在，我们与乌鸦——卡尔科罗纳一起热身。（师生共同接龙绕口令，做游戏）

哎，乌鸦——卡尔科罗纳，
去了哪里呀？
卡尔科罗纳——乌鸦，
你看到什么啦？

——转啊转，一圈又一圈，
我在空中打转转。
院里麻雀四处散，
四散麻雀逃出院。

如矢飞驰大公鸡，
公鸡中的小赖皮——
啼鸣奔跑似鸣镝，
麻雀叽喳惊分离。

自己动手：有创意性的活动

教师：孩子们！回到座位上，静下心来，我们来听一首伊凡·弗兰科甜美的小诗——《追忆》，注意其中的韵味。

庭院里，乍暖还寒，
年轻的母亲，

抚慰摇篮里的婴儿，
自由自在地摇晃。

轻轻地，就像树杈上的鸟窝，
随风飘啊飘，
宝宝止住啼哭安然入睡，
暖阳洒在脸上。

慢慢地，母亲抬起头，
眼睛向远方凝视，
“留哩，留哩，留哩，留哩……”
轻声细语地吟唱。

教师：真是一幅让人羡慕的母子逍遥图！动手制作现在开始，我们将组成创意小组，以团队为单位进行工作。现在为小组命名：第一小组——紫菀队；第二小组——长春花队。

为了高效、快速地完成任务，必须明确流程和小组中每个成员的职责。

（1）选出一名小组长。

（2）组织分工。有人研究如何画出图案，有人剪切，有人粘贴。

（3）小组交流。

（学生分组同时进行，教师巡视指导。活动过程略）

教师：看来你们已经完成了自己的创作。下面来展示所做的工作，谈谈自己的创意，告诉大家你们在贺卡上写了什么。

（第一小组展示贺卡，交流）

紫菀队小组长：我来讲一个关于紫菀的故事①。

秋天到了，院子里的大树下，紫色的花朵把紫菀压得低低的。紫菀花下有一个罐子，栖息在里面的是一只雏燕。她的翅膀受了伤。当初，紫菀蓓蕾绽放的时候，小燕子们在电线上站成一排，宛如一串黑色的珠子。妈妈要带着雏燕的姐妹们南飞过冬，她用自己的羽毛给雏燕做了个柔软的床垫：“等到春天，我们再回来团聚。”

① 这个故事来源于保加利亚儿童文学作家安格尔·卡拉利切夫（1902—1972）的《母亲的眼泪》。

秋雨潇潇，忧郁的日子一天又一天，湿透的紫菀垂下了头，雏燕又是寒冷又是伤心。一滴雨水从花瓣上滚落下来。

“您从哪儿来？”雏燕问道。

“噢，我从大洋彼岸来。我不是一滴雨水，而是一滴眼泪。”小雨滴回答。

“谁的眼泪？”

“一位母亲拜托风带来的眼泪，思念孩子的眼泪！”

雏燕明白了。她张开嘴，吞下母亲带血的泪水，瞬间温暖而有力量，就像依偎在母亲的翅膀下，睡着了。

我在贺卡上写的是：“妈妈，您的怀抱是温暖的，您是我力量的源泉！”

（第二小组展示贺卡，交流）

长春花队小组长：我代表我们小组读一首诗——谢甫琴科的《长春花开了》。

长春花开了，叶子绿油油的，
骄傲地享受成长的快乐；
但是黎明前的寒霜
潜入花园，偷偷摸摸。
它践踏了快乐的花儿，
全被冻死……不留一朵……
那株可怜的长春花
让寒霜给伤害了！

我在贺卡上写的是：“妈妈，您是我的保护神，我长大了也要保护您！”

教师：我感动得要流出眼泪了！现在休息一下，站起来做健康体操。

起立，孩子们——
微笑，向我们的土地鞠躬
站起来，伸手去触摸太阳
扭动脖子，向左，向右……
转动身子，向左，向右……
我们还要下蹲几次——
一，二，一，二，一……

课堂延伸：思维的创造力

教师：好了，是时候再次上课了。我们的老校长瓦西里·亚历山德罗维奇·苏霍姆林斯基以温柔、尊重和爱心教育孩子们对待世界上最尊贵的人——母亲。他将自己的许多作品献给了赋予我们生命的人，如《最亲爱的》《妈妈来了》《妈妈的甜瓜》等，她们每个人身上都承载着人民的智慧。下面分享他写的一个故事：

妈妈身上有面包香味①

一天幼儿园来了两个新生，托利亚和科利亚。是他们的妈妈把他们送来的。

男孩子们互相认识了。

托利亚问科利亚："你妈妈在哪里工作？"

"你没猜出来？"科利亚吃惊地说，"她的身上有一股药的味道。我的妈妈是医生。如果有人生病了，妈妈就会把他治好。没有医生人们就不能生活。你的妈妈在哪里工作？"

"难道你还不明白？她的身上有面包香味。我的妈妈是面包师。她为大家做吃的。没有面包谁也不能活。"

"医生也不能活吗？"科利亚吃惊地问。

"医生也不能活。"托利亚自豪地说。

教师：母亲是伟大的，母爱是平等的，没有高低贵贱之分。孩子们，当你在制作贺卡时，一定会想着自己的母亲。也许有人迫切地想对母亲说说心里话，也许有人渴望写一首歌颂春天、歌颂母亲的诗歌了，拿出来和大家分享吧！

尤里·科希茨基（思考，举手朗读自己的创作）：

春　天

太阳开朗地笑了，
我们的身旁，
汩汩暖流升腾。
在院子里，
我听到一声鸟儿的鸣叫——

①苏霍姆林斯基著，诸惠芳等译：《做人的故事》，人民教育出版社 2015 年版，第 190－191 页。

那是春天的歌声！

克里沃舍亚·维奥莱塔（思考，举手朗读自己的创作）：

妈　妈

这张美丽的贺卡，
我要送给亲爱的妈妈，看到它
她眼角的皱纹不见啦。
妈妈为我高兴，
她的眼睛湿湿的，闪耀着
温柔的泪花。

教师：再来做一个特殊的游戏，通过丰富的面部表情和哑剧动作。跟着我的提示来进行。

第一步：想象一下，女孩们，自己在春天多么美丽，多么温柔，生活中充满微笑。

（女孩子们做温柔的动作）

第二步：而你们，男孩们，如愤怒的风，冷酷的，刺骨的，想冻结春天。

（男孩子们做夸张的动作）

第三步：温暖的春风来了，抚摸着万物，春天笑了，百花盛开。

（集体动作，根据教师节奏执行操作）

教师：孩子们，在这里，我们完成了贺卡的制作。你还可以展开想象力，并用美丽的彩纸、鲜花、珠子或其他装饰品装饰它，你还可以给你的祖母做一张类似的贺卡。现在，每个人都讲一段话。

学生 1：

世界上最伟大的人是我的母亲，
她是最好的，最可爱的。
岁月流逝，我在长大，
但对于母亲来说，
我永远是个孩子。

学生 2：

让孩子的心中没有冷漠，
你一次又一次赐予无私的爱；
在你的怀抱中幸福成长，

无可替代的称呼——母亲。

……

教师：讲得真好听！回到家里，把制作的贺卡——自己的劳动成果向妈妈展示，和妈妈说说贴心的话儿。根据课堂讲述的内容和老师的提示，和妈妈一起读苏霍姆林斯基关于母爱和赞美女性的童话，想一想我们在生活中怎样表达对母亲和对祖国的爱。

（收拾物品，打扫教室，感谢学生们的合作）

【观摩感悟】

苏霍姆林斯基曾经说道："劳动教育——这是三件事情的和谐统一——必要的、困难的和美好的。"我们国内在翻译时，把这句话译作："劳动教育，形象地说，是'应该劳动''劳动艰苦'和'劳动美好'这三个概念的和谐统一。"事实上这曲解了苏霍姆林斯基的本意。苏氏所要强调的重点是"教育"而不是"劳动"本身，劳动和劳动教育与学习、道德教育同等重要，关系人的终身发展。它们之间的关系是，劳动渗透一切、包容一切，超然于劳动；离开了劳动，就无所谓教育。劳动从学习开始，主要的场所是学校的课堂，思维——认识世界、探索真理、获取知识，并在此基础上形成自己的观点和信念，这些应该是学生的劳动。他所说的"困难"，是如何在劳动中形成思维氛围——好奇、探索和求知的火种，这比在校园打扫卫生、到田地翻土、到工厂操作机器要困难得多。教师能否把握好这个问题，是劳动教育成功与否的关键。同时，劳动教育是学校和家庭生活的灵魂和导向。要实现它，还有一个重要的前提，就是学校和家庭的通力配合。它们之间的关系是，家庭是教育海洋中神话般的浪花。没有家庭配合的学校工作是软弱无力的，但就伦理和教育而言，学校是家庭的最高权威。巴甫雷什学校劳动教育的成功秘诀，就是立足课堂教学和生活实践，超越"劳动"本身。从以上的课堂实录我们看到，在小学低年级简单的手工课上，这位教师没有把重点放在为母亲制作贺卡的好坏上去打分，而是更进一步，培养孩子对女性的尊重、对母亲的爱，进而是对祖国母亲的感情。"把制作的贺卡——自己的劳动成果向妈妈展示，和妈妈说说贴心的话儿……想一想我们在生活中怎样表达对母亲和对祖国的爱。"做到了这些，才是真正的劳动教育。

看看谁最棒

（巴甫雷什苏霍姆林斯基学校资料照片）

身体健康才能拥有一切

【授课教师】

纳伊登科·瓦伦蒂娜·格奥尔基耶夫娜。

【授课地点】

学校室内体育馆。

【教学目标】

（1）通过学习和体验活动，强化儿童对个人卫生知识的认知。

（2）培养健康意识，做好个人卫生，远离疾病困扰，养成良好的生活习惯。

【课堂实录】

问题导入：到卫生王国旅行

教师：孩子们，每个人都知道健康是件好事，身体健康是最昂贵的财富。关键是要知道怎样才能变得健康。现在我们要去卫生王国旅行，这会使你神清气爽。你们当中有谁知道我们今天将会见到谁？

今天，我们将迎来一位非同寻常的客人，他的名字叫“健康”。他喜欢干净、整洁的孩子。他遵循生活规律。在我们中间，有没有违反规律、不讲卫生的孩子呢？

学生（齐唱儿歌）：

谁早上没有好心情，
一直昏昏欲睡？
上下眼皮粘在一起，
是昨天看电视到了半夜吧？

谁像瞌睡虫一样喃喃自语：
“哦，不会有麻烦吧，去上课！”
学校里有个小睡鼠，
也许有人认出这个学生娃。

小脏妞朱莉娅来了，

脸颊、耳朵、鼻子和脖子脏乎乎的。

你要明白，

这种做法叫邋遢。

教师：好的，在这里，你首先需要给大家打个招呼。其次，看看自己是否邋遢——咱们歌儿中的朱莉娅这么不讲卫生，这会导致什么？

微生物（学生扮演，唱歌）：

我们是微生物，我们是小偷，

哪儿发臭时，我们喜欢它。

你擦脸揉眼睛，我们就进来啦，

你没有洗手，我们抢先坐下。

吃你的蛋糕，一口，两口，三口……

我们成功啦！

灰尘（学生扮演）：哦，空气，不要摇晃，因为我喝醉了。

（唱歌）

我在阳光下！

没有阳光，你就看不见我，

我可从不撒谎，

我在空气中，我无处不在。

谁把我呼吸进去，

他就会开始咳嗽。

我可从不撒谎，

我在空气中，我无处不在。

男孩 1：看，那儿一片昏暗，飘浮着微小的颗粒，好呛鼻子……

男孩 2：它们是灰尘！快点闭上你的嘴巴，否则就会受到可恶的侵害！

灰尘（学生扮演）：不能这样说！我是干净的。嗯，你想想，我刚飞过垃圾场，你有没有看到我的朋友正在来的路上。

（全体配合，做游弋状，包括微生物）

学生（伴唱）：

我们这些家伙，
很霸道，很大胆，
可不像猥琐的微生物。
我们吐一次，我们吐两口，
在你干净的身体上……

灰尘（学生扮演）：别再摇晃了，我的头疼。

微生物（学生扮演，看到了男孩们）：看啊，好新鲜！来吧，让我们抓住他们！

灰尘（学生扮演）：是的，我会抓住他们的。挠挠耳朵，进入指甲，头发里面藏身，鼻子当卧榻！真爽！

害虫（学生扮演，唱歌）：

哦，我不喜欢安静的孩子，
我喜欢邋遢和顽皮。
他们吵嘴，他们打架，他们生气，
我就高兴，美！
鼻子断了，膝盖破了，被感染啦！
哈哈哈哈……

男孩 1：打开门窗，让空气流动，它们就无处藏身。

学生（齐唱）：

疾病从何而来？
它们制造了邪恶的微生物。
这些是小偷、流氓、盗贼，
空气中无处不在，
哪里有很多污垢？
在沼泽和泥泞中，
在垃圾和灰尘中，
在肮脏的指甲中和爪子下……

教师（转向学生扮演的朱莉娅）：你还喜欢邋遢、肮脏吗？

朱莉娅：不，我知道自己错了。我会让大家感到满意的。

教师：那么，你就去好好洗漱一下吧，让自己精神起来。

朱莉娅：好的，我现在就去，大家看好吧。（出门）

游戏剧场：来自“健康”的信

（有人敲门，邮递员进来了）

邮递员（学生扮演）：下午好！这里是巴甫雷什苏霍姆林斯基学校吗？有一封信送给你们。（从邮件包中拿出一封信）

教师：谢谢！（邮递员出门）孩子们，让我们来看看这封信来自哪里。（老师看着信封）孩子们，这是一封来自“健康”的信，它写道：“亲爱的朋友们！我太忙了不能来，我正要赶赴另一所被邪恶微生物袭击的学校，但不能耽误了你们的演出，我把我的问题和任务邮寄给你们……”

（朱莉娅跑进来，她已经洗得干干净净了）

朱莉娅：什么，“健康”还没有到来？

教师：是的，他没法前来，但寄了一封信给我们。孩子们，看，我们的朱莉娅干干净净，已经改掉了坏习惯，她一定会保持下去的。因此，我认为我们可以让她来读信，提出关于健康的问题。

朱莉娅（阅读信件，略加思考）：好，我就来完成“健康”来信交付的使命。请回答我的问题并完成以下任务。

任务一：游戏。

把下面的字母组成词语，注意不要重复，然后编成一句谚语（图 21–1）。

图 21–1　字母组成词语游戏

（答案：Здоров'я——健康；дорожче——珍贵；багатства——财富）

组成一句谚语：Здоров'я дорожче за багатства.（健康比财富更珍贵）

任务二：收集谚语并阅读——你对健康了解多少？

学生（回答）：

——健康是万事成功之源。

——你的头能经受寒冷，你的脚常保持温暖，你将在地球上长寿。

——别对自己的身体满不在乎，得了疾病多么痛苦。

——如果没有力量，你生活的世界就不会甜蜜。

——健康是黄金，其他都是泥土。

——世界是伟大的，因为它是健康的。

——趁你年轻时好好照顾身体，到了年老疾病缠身后悔莫及。

——没有健康，就没有幸福。

——心情愉悦就是健康的一半。

——人类健康是国家的财富。

……

朱莉娅：现在进行第三个任务，将左、右两列语句按对应关系用线连起来（图 21–2）。

如果没有力量，	就是健康的一半。
要有健康的身体，	趁你还年轻。
照顾好你的身体，	迷路、哭泣。
我们有的是健康，我们不在乎	还要有健康的精神。
心情愉悦	你生活的世界就不会甜蜜。

图 21–2 连线

教师：做得好，孩子们！你们已经完成了这项任务。

医生嘱咐：健康规则要遵守

（学生扮演的艾博莱特医生[①] 进入，穿白大褂，手拿体温计）

艾博莱特：朋友们，大家好！

众学生：您好！艾博莱特医生。

艾博莱特：你们的身体还好吗？

学生：感谢您的光临！但是，我们正在进行剧场演出……

①艾博莱特医生，国内也译作阿伊波特医生、哎呀疼医生或好心大夫等，俄罗斯儿童文学作家科·楚科夫斯基（1882—1969）童话诗歌《艾博莱特医生》的主人公。诗的开头写道：“艾博莱特医生心肠好，坐在树下把病瞧。甲虫、毛虫来看病，还有牛、狼、大狗熊。来了一个就治好，医生的技术呱呱叫！”

艾博莱特：规则人人都要遵守。演出前，我必须对你们进行体检。请在座的所有人站起来执行命令。

每个人都呼吸……

闭气……再呼吸……

很好，放松！

一起举起双手……

很好……放下……

弯下腰，两腿分开……

站直……保持微笑……

收腹，弯下腰……

直立……微笑……

（学生随着节奏做动作）

艾博莱特：现在开始测体温。（用温度计测量体温，观察）好的，我对测试结果感到满意，没有一个孩子生病，演出可以继续了！

朱莉娅：第四个任务，倡导健康的生活方式，朗诵关于健康的儿歌。（学生踊跃举手）

学生 1：从小讲卫生，饭前要洗手。早睡早起床，不贪睡懒觉。

学生 2：要想变健康，就要多运动。告诉兄弟姐妹，健康面前人人平等。

学生 3：体育课上，我们是朋友，认真锻炼，争先恐后。“一，二，三，四！”喊声在公寓里就能听到。

学生 4（扮演小猫）：我是一只小猫咪，不用肥皂和水，靠的是两只脚，先用脚掌洗脸，再用舌头舔啊舔……

学生 5：我会自己去水管边，我打开水龙头。我用肥皂洗脸颊和脖子，并用清水冲洗干净。

学生 6（扮演小兔子）：我用胡萝卜刷牙，有一排整齐的牙齿——尖尖的，白白的。

学生 7: 我有一把牙刷，看——在这儿！上刷刷，下刷刷，左刷刷，右刷刷，我刷牙可认真啦。

学生 8（扮演大公鸡）：喔喔喔——我是一只大公鸡，头上的冠子像梳子。这个梳子，谁都知道，不能用来梳理头发。

学生 9：坐下来吃饭的时候，我有一张干净的桌子：我不会弄得满桌都是饭，因为我喜欢井然有序。

学生 10（扮演小松鼠）：我有一把绿色的大梳子，我不用向别人借——我会自己梳头发。

……

教师：看到爱整洁的孩子真是太开心了！从刚才的演出中，你们看到谁关心自己的形象，谁不在乎了吗？一个人给别人的第一印象非常重要，你们对比一下——先看看切普鲁哈。

学生 A 队（齐唱）：

在白色的房子，
谁住在这里？
“切普鲁哈！”
对着镜子梳理辫子，
再扎个白色的蝴蝶结，
穿上新衣，打扮得体，
我要出发了……

教师：再来看看邋遢的孩子——“小猪”佩特里克。

学生 B 队（齐唱）：

佩特里克有个坏习惯，
房子里的东西
被他弄得乱七八糟。
桌子底下，
躺着一件皮夹克，
呼呼睡大觉……

教师（因势利导）：

为什么要在吃饭前洗手？

为什么要把自己的东西摆放整齐？

为什么要经常剪指甲？

为什么打喷嚏时应该用手捂着鼻子？

为什么需要接种疫苗？

……

科学谜语：猜猜“维生素”

（孩子们带着“维生素”这个单词思考）

教师：“维生素”这个词来自拉丁语“Vita”——生命①，它是一个系列，所以我给你们一个词，试着猜猜它们的作用。

学生（团队分四组轮流猜测维生素A、维生素B、维生素C、维生素D）：

维生素A——我促进成长，我有助于正常的视力。我深藏在胡萝卜、黄油、奶酪、鸡蛋、动物肝脏、西红柿、葱、南瓜中。

维生素B——对于脑力和体力劳动是非常必要的，还可以改善消化系统。记得多吃黑麦面包、燕麦片和荞麦、豌豆、蛋黄。

维生素C——预防感冒，改善血液循环，促进生长，治疗坏血病（维生素C缺乏症）。卷心菜、土豆、洋葱、西红柿、野玫瑰、辣根、大蒜、柠檬都是我的最爱。

维生素D——增强骨骼，预防佝偻病。牛奶、鱼油、黑麦面包等含量最丰富。

教师：看到一张笑脸，听到深情的话语，你的心情会变得乐观，这是多么美好的时刻！我知道你们喜欢唱歌，但是不要着急，休息一下，幽默一把——谁来讲笑话？

学生（讲笑话）：

“你上课迟到了……”老师严肃地说。

“妈妈给我打扮半个小时，从颈部、手臂到膝盖……”

“为什么以前上学不迟到？”同学问道。

“是的，那是因为……”学生脸红了，他之前从不洗脸。

教师：好了，可以唱歌了。

学生（演唱乌克兰民歌《哦，在樱桃下》）：

哦，在樱桃下，在樱桃下，

佩特里克昏昏欲睡。

①1912年，波兰化学家卡西米尔·冯克（1884—1967）从米糠中分离出一种能够治疗脚气病的有效成分，他称之为Vitamin。这个词由拉丁文的生命（Vita）和氨（-amin）缩写而得，中文译名为维生素。

他半夜贪玩不休息，
早上九点还在梦里。
妈妈把他从被窝拽起来，
匆匆忙忙吃早餐——
薯条、可乐，嚼香肠，
根本不在乎健康。

哦，在樱桃下，在樱桃下。
男孩上学昏昏沉沉。
他身在课堂没有好心情，
目光呆滞东张西望。
告诉你们亲爱的孩子们，
切记早睡早起床——
喝粥、面包，配沙拉，
身体一定棒棒棒。

教师：什么食品对健康有益？让我们来猜谜语——黄色，非常酸，汁多肉脆，挂在树上，富含维生素 C。

学生：柠檬。

教师：非常有用的食品，又甜又香，大熊是我最好的朋友。

学生：蜂蜜。

教师：我生长在地下深处，我住在那里很舒服。当你用小刀切我时，你一定会流眼泪。

学生：辣根。

教师：我是一颗红色的浆果，生长在灌木丛中。对于流感，我很有用。

学生：覆盆子。

教师：如果你不相信，那就来吧：我身上有十多层皮肤。那些想剥开我的人，让他流着眼泪付出代价！

学生：洋葱。

教师：我是洋葱的本家兄弟，我像个穿着白大褂的胖医生，我最擅长治疗流感，我被称为……

学生：大蒜。

教师：现在我们将从“健康”之国前往“习惯”之国，邪恶的微生物给这个国家造成严重破坏。把好的习惯和坏的习惯混为一谈，要求我们帮助她。

艾博莱特：我的朋友！必须养成好习惯，我来告诉你们：首先，不要懒惰，和运动交上朋友，每餐前、睡前和起床后洗手；其次，少吃蛋糕，少饮用冰水，少吃熏制食品；再次，别忘了每天吃不同的水果和蔬菜，所有这些都在早上和晚上对你有用；最后，亲爱的，记住天天刷牙！

教师：你的健康掌握在自己手中，让我们记住这些规则！

【观摩感悟】

《义务教育体育与健康课程标准（2022年版）》提出落实立德树人根本任务，坚持“健康第一”的教育理念，把运动能力、健康行为和体育品德作为要培养的学生核心素养的三个方面，强调从“以知识与技能为本”向“以学生发展为本”转变，教学方式的变革努力实现从“知识导向”向“素养导向”转变、从“单一技术导向”向“结构化知识和技能导向”转变，从“简单情境”向“复杂情境”转变，从单纯的“体育教育”向“体育与健康教育及多学科融合”转变……这些与苏霍姆林斯基健康教育思想是一致的。巴甫雷什学校的课例《身体健康才能拥有一切》充分考虑了小学生的认知特点，以儿童生活习惯养成为主体，以学生活动为主要方式设置生活情境，以小剧场的形式不断互动，让学生不知不觉中学到了卫生知识，明白了良好的卫生习惯对身体和生活的重要意义……这些都与我们的体育与健康课程标准“教学提示”中倡导的“设置不同的场景，引导学生开展学习活动”“注意将内容的知识性与趣味性有机结合”“注重将教学与学生的认知水平和生活经验相结合”等高度契合。从这节课中我还感受到，课堂教学过程中轻松的氛围、有机穿插的童话、幻想性的形象、发挥儿童想象力进行体验式的创作等，是我们体育与健康教学的短板，值得好好地研究。苏霍姆林斯基说得好：“关心人的健康，尤其是关心孩子的健康——这可不仅仅是卫生标准和条例的综合，不是生活制度、饮食、劳动和休息方面的要求的总和。这首先是使全部体力和精神力量达到彻底的和谐，而创作的欢乐则是这种和谐的圆满结局。”

开学季到了——进入童话世界

（巴甫雷什苏霍姆林斯基学校资料照片）

书——生活的一面镜子

【授课教师】

贝伦·叶卡捷琳娜·尼古拉夫娜。

【授课地点】

校园内操场上，前面搭一面装饰一新的背景墙，写上关于书籍的格言。全体新生坐在中间，家长坐在后面。

【教学目标】

营造校园童话趣味世界。举办这个读书节是为了纪念一年级学生阅读第一本书，培养孩子们对书籍的兴趣和对学习的向往之情。

【课堂实录】

教师：书籍为人们打开一个开放的世界，阅读的力量是无穷的。没有它，一个人就是睁眼瞎。书籍是一位睿智的朋友。它不能说话，但可以讲述不寻常的冒险和旅程，创造周围世界的奇迹。通常，小时候读过的书会终身留存在记忆中，书本里遇到的英雄会成为你的精神楷模。今天，我们来举办传统的读书节——伟大的瓦西里·亚历山德罗维奇·苏霍姆林斯基始创的书的节日。

孩子们，这是书籍的盛宴，现在请你们每个人说一句关于读书的话。

（一年级新生每人说一句关于读书的话，内容略）

图书女王：书中的奥秘

（高年级学生扮演的图书女王盛装登场）

图书女王：哦，这么多人聚在一起，参加盛大的节日！我看到了一个好地方，虽然可能很拥挤。在我神圣的宫殿里，有数以百万计的子民，我一声令下——“立正”，它们立刻站成一排，规规矩矩、整整齐齐，你可以轻易地找到它们。

我是一本书，是知识的储存和思想的记录。我可以让你难过，也可以让你高兴；我可以让你悲伤，也可以让你激动。欢笑、哭泣、爱、困惑……听我一席话豁然开朗。探索沙漠、海洋，克服了火与冰，认识外星人，我——是你漫游奇遇的导航……关于书的来历，我特别邀请童话里的人物细细讲来。

灰姑娘[①]（学生扮演，举着“岩石符号”图片牌子上场）：在地球上很长一段时间里是没有书的，因为人们还没有能力制作它们。但人们长期以来需要记录，向他人传递信息，积累经验，保存知识。所以，最古老的书籍的“页面”是土地、岩石和洞壁。人们在所有能书写的东西上面写着——没有纸，没有钢笔和铅笔。

图书女王（举起“泥板文书”图片牌子）：曾经，人们想办法在黏土上书写，后来，黏土干燥并烧成了陶器，于是出现了陶文（泥板文书）。但是，你会在陶器上写很多东西吗？当然不会的。这种书写方法既麻烦又不方便阅读。当一位学者外出旅行时，如果需要带着两三本这样的“书”，那就要装满一辆车。

马尔维娜[②]（学生扮演，举着“羊皮书”图片牌子上场）：随着时间的流逝，人们已经学会了用薄薄的山羊皮或小牛皮制成舒适轻便的书。第一本这样的书是在古希腊城市别迦摩制作的——皮革做成的书被称为“羊皮书”。

布拉蒂诺[③]（学生扮演，举着“桦树皮”图片牌子上场）：但这种书非常昂贵。为了制造一本书，需要一整群山羊的皮。因此，人们在不断地寻找适合制作书籍的材料，以使它们更便宜、更方便。

花猫巴西利奥[④]（学生扮演，举着“纸莎草”图片牌子上场）：在非洲，沿河生长着茂密的沼泽纸莎草植物。最初，它仅用于建筑工地。后来，人们想到了加工植物纤维，用植物纤维造纸。从那时起，出现了书籍，或者更确切地说，是纸莎草纸卷轴。在它干燥的茎上写字很方便，但这样的“书”不能长久保存，过不了几年，“书”就破损了、腐烂了。

狐狸阿利萨（学生扮演，举着“蔡伦造纸”图片牌子上场）：后来，人

①灰姑娘，指《格林童话》中《灰姑娘》的主人公。

② 马尔维娜，指阿·托尔斯泰童话《金钥匙》中的“天蓝色头发的小姑娘”。

③布拉蒂诺，指阿·托尔斯泰童话《金钥匙》中的“木头人”，形象灵感源于意大利作家卡洛·科洛迪的《木偶奇偶记》的主人公匹诺曹。

④ 花猫巴西利奥和后面出场的狐狸阿利萨，是阿·托尔斯泰童话《金钥匙》中布拉蒂诺回家途中遇到的两个乞丐。

们学会了制造真正的纸，将近 2 000 年后的今天仍然在使用[①]。然后，许多国家开始在纸上书写——就是抄写，因为书是手写的，一本书有时要抄写好几年。

拇指姑娘[②]（学生扮演，举着“现代印刷机”图片牌子上场）：再后来，人们发明了印刷术，书籍的全新生活始于印刷机的发明。“现代书籍印刷之父”德国大师约翰·古腾堡于 1450 年公开了自己的发明。他的发明使读书变得更便宜、更方便。

小红帽[③]（学生扮演，手里捧着一本现代书上场）：正是因为书籍，保存了人类获得的知识记忆。没有书，你就无法想象成为完整的人——获得一份职业，建造一座房子，种植一棵树或可口的蔬菜。如果你把书本和其他人的经验作为你的助手，你会做得更好。人对书籍的需求，就像对空气、阳光、水的依赖一样，和它一起生活更有趣，更有意义。

……

（身材高大的女学生扮演弗雷肯·博克[④]，背着个大袋子上场）

弗雷肯·博克：亲爱的男孩和女孩，相互嬉戏的孩子们！我翻过高山，跨过溪流，穿过草原，越过森林，把一袋神秘的东西扛在肩上。但是绳子断了，神秘的东西散落了。宝贝们，帮我找找，揭开这些秘密。（慌慌张张的样子，放下袋子，四处寻找谜语纸条，一边捡拾，一边朗读。）

---

①《乌克兰语言和文学》教科书二年级第二册阅读课《植物世界之子》一节中写道：“你知道纸是植物界的土生土长的儿子吗？甚至‘纸’这个名字也来自一种植物的名字——埃及莎草纸。在遥远的埃及，在尼罗河畔，整片灌木郁郁葱葱。几千年前，古埃及人用这种植物的茎制作了书写材料。在一些国家，他们在棕榈树的叶子上写下了字，普通墨水也可以写在榕树的叶子上。我们的祖先，生活在近 1 000 年前的斯拉夫人，在桦树皮上写信，被称为‘桦树皮字母’；收件人被告知的不是我给你寄了一封信，而是‘我寄给你桦树皮’。现在每个人都在纸上写字，现代纸的发明者是中国的蔡伦。他生活在 1 500 多年前。为了制作书写材料，他想到在研钵中研磨竹子和桑葚成粉，把它倒进一个小锅里，加入石灰，倒入水煮沸直到变成糊状。然后，他把它倒在过滤器上，水慢慢流淌，稀粥变成了一层薄膜，类似毛毡。蔡伦小心翼翼地把它放在木板上，挤压残余的水，干燥的薄膜就成了纸。长期以来，纸张只在中国制造，后来开始向外传播。因此，我们称这种纸为植物之子。”（乌克兰捷尔诺波尔阿斯顿出版社 2019 年版，第 114–115 页）书中关于蔡伦造纸的时间及细节描述与我国的史料记载有出入。

② 拇指姑娘，指《安徒生童话》中《拇指姑娘》的主人公。

③ 小红帽，指《格林童话》中《小红帽》的主人公。

④ 弗雷肯·博克，指瑞典作家阿斯特丽德·林格伦（1907—2002）的童话《小飞人卡尔松》三部曲中的女管家，俄语译名为弗雷肯·希尔杜尔·博克。

——白色的，但不是雪；不是衬衫，但却是缝制的；不是田地，但可以播种。

——白色的田野，黑色的种子，只有播种的人，才能明白收获什么。

——每个人想得到多少就可以拿走多少，但一切都保留了下来。

——是谁在默默地说话？他没有开口，却用心灵教诲。

——不是灌木丛，但却有树叶；不是衬衫，但却会缝制衬衫；不是人，但却会教人们做人。

找到了！找到了！（把袋子口紧紧地扎了起来）孩子们，你们当中有谁知道其中真正的奥秘？

学生 1：我真的需要每个人——大人和小朋友，来和我交流，我知道得太少了。

学生 2：像田野上的农夫，快快把字母的谷物种下，读书，成为智者，思想成熟，收获你的智慧吧！

学生 3：不是一棵树，那是一片叶！（他在作诗、讲童话）

学生 4：我总是有用的——但我不会听从你的忠告。人们这样评价说："闭嘴，真是个不可理喻的傻瓜王国。"

学生 5：像一艘航船，在知识的海洋中荡漾。出航返回，满载而归。

弗雷肯·博克：没错，孩子们！它是书籍，作为睿智、忠诚的朋友，记录我们周围的世界，告诉我们国家的过往，引领我们走向未来。

电报信息：书里的童话

（高年级学生扮演的邮递员佩奇金[①]登场）

佩奇金（边做敲门状边喊叫）：嘭——嘭！啪——啪！咚——咚！嚓——嚓！送电报来啦！有你们的电报！

弗雷肯·博克：为了今天的仪式，我们邀请了一些童话故事中的主人公前来参加。看看谁发回电报了！噢，没有署名！孩子们，你们能帮我猜出这些消息来自哪里吗？

（童话里的语言，弗雷肯·博克问，学生揭开谜底）

（1）"很不爽，老鼠不小心把我的鸡蛋弄烂了，我不能来。"

① 佩奇金，指俄罗斯儿童文学作家爱德华·乌斯宾斯基（1937—2018）"6岁大叔费多尔"系列故事中的邮递员。

（答案：母鸡——《小母鸡里亚巴》）

（2）“吃了七只山羊，我的胃胀得厉害。”

（答案：狼——《狼的圣诞节祝歌》）

（3）“请给我打点滴！我吃了青蛙，肚子很痛。”

（答案：苍鹭——《青蛙要求有一个皇帝》）

（4）“我们不拔萝卜！因此，我们不想来。”

（答案：爷爷和奶奶——《大萝卜》）

嗯，理由很充分，我想其他受到邀请的客人不会迟到吧。看，他们来啦！

捷列西克①（学生扮演，惊慌失措地上场，朗诵）：

天鹅天鹅好心肠，
把我放在翅膀上，
赶快赶快飞起来，
带我去见爹和娘……

公鸡②（学生扮演，浑身挣扎着上场，朗诵）：

我的猫，我的哥哥！
狐狸抱着我，
进入浓浓的树林，
窜到幽幽的谷底，
蹚过滚滚的河流，
翻越高高的山岭……
快来救救我！

山羊德雷扎③（学生扮演，怒气冲冲地上场，朗诵）：

我是山羊德雷扎，
三戈比给买回家，
主人对我好残忍，
半边身子要剥皮。

---

① 下文是乌克兰民间故事《伊瓦西克-捷列西克》里的一个片段。“捷列西克”是老爷爷和老奶奶对由小木偶变成的小宝宝的昵称；阿·托尔斯泰据此改写的童话称其为“小蝴蝶”。

② 公鸡及所朗诵的内容出自乌克兰民间故事《猫和公鸡》。

③德雷扎及所朗诵的内容出自乌克兰民间故事《山羊德雷扎》。

我跺跺脚好生气，
我要用角来顶你，
我要用脚来踩你，
我要用尾巴来扫你……

科洛博克[①]（学生扮演，自由自在地上场，朗诵）：

我被从谷仓里扫出来，
我被从面桶里倒出来，
拌上鸡蛋，火上烤了。
我从老奶奶身边溜开，
我从老爷爷身边溜开，
我从兔子身边溜开……

弗雷肯·博克：客人到齐了，女孩马尔维娜将带你们前往童话宫（童话宫——许多苏霍姆林斯基童话故事的插图），在那里，你们将与最喜欢的主角会面。

马尔维娜（学生扮演）：快快进来吧！仔细看，快速回答：你在这个宫殿里遇到了哪些童话故事中的人物？（马尔维娜指着童话中的人物，孩子们一一叫出他们的名字）

灰姑娘：你们当中有谁知道关于书籍的名言和谚语？

学生：

——书本是知识的钥匙，伟大的力量。

——没有书的心灵就像没有翅膀的鸟。

——书本是你的朋友，没有它，就像人没有手一样。

——知识就是太阳，而书，是迎接阳光的窗户。

……

弗雷肯·博克：昨天我从小树林里路过，在一堆灌木丛中见到了狐狸，他给我讲了一件事情，说是他亲眼所见。我现在不再保密了，毫无保留地告诉你们。

①科洛博克（Колобка），乌克兰童话作家埃琳娜·普希尔卡（1849–1930）的作品称之为“烤蛋糕”，国内有译作“油炸团子”“小圆面包”“小面团”等。

这是一座大城堡。在巴甫雷什镇，在苏霍姆林斯基大街上，到处都是书籍，每一类图书在架子上都有自己独立的房间。里面的街道也不简单，它们被简写为字母表A、B、C……的第一个字母，因此，安徒生住在A街，在C街上住着楚科夫斯基，在Z街上住的是扎比拉。那里的书干净、整洁、装饰考究。

这个城堡叫什么名字？

学生：书城——学校图书馆。

弗雷肯·博克：为了迎接你们的到来，图书馆里的童趣馆格雷利克·奇塔利克积攒了好多美妙的故事，我们一起去看看吧。

格雷利克·奇塔利克（学生扮演，郑重地）：亲爱的朋友们，早上好！我很高兴见到你们。我等你们很久了。等等！等等！是谁把你们带到这个美丽而丰富多彩的家？

识字课本（学生扮演，举着字母表牌子上场）：世界上有很多书——快乐的、悲伤的、厚的、薄的、五颜六色的、丰富多彩的，但是都要有一个——所有从头开始学的书，听起来很简单——识字课本。

格雷利克·奇塔利克：谢谢你，亲爱的识字课本，你把这些可爱的孩子——一年级学生带给我们。我希望他们能成为我和这座城堡中居民的好邻居。（开展沉浸式阅读活动。略）

图书女王（学生扮演）：小朋友们！我很乐意向你们介绍图书王国的子民。但请记住，它们是“沉默而富有智慧的”，这就是为什么它们总是在我的王国占据主导地位……但是，只有解开这个谜团，你才会知道它们的性格。（猜谜语）“我是一个概念，我有四个字母，每个人都认识我。老鼠的吱吱声和丝丝杨柳风——都消失了。我是谁？”

学生：Т—И—Ш—А—ТИША，安静！

小小剧场：图书医院

兔子（学生扮演，蹦蹦跳跳地上场）：书籍对于我们来说是珍贵的，没有知识，我们什么也不知道；没有书，我们什么也做不到！（听到附近的呻吟声）谁在叫呢？

（一个可怕的、脏兮兮、毛茸茸的东西出现在它的前面）哦，那是什么？快快躲起来。（我浑身发抖，牙齿咯咯作响，尾巴不停摇晃，躲到了灌木丛

后面）

书（学生扮演，有气无力的样子）：别害怕，兔子。我是一本书，我只是病得很重。哦，看我的表情多么痛苦，而且腿断了，根本没有什么力量，我甚至不能一个人走路。（哭泣）帮帮我吧，兔子！

兔子（从灌木丛后面跑出来）：好可怜啊！是谁把你弄得这么惨？也许你遇到了一只狐狸或者碰到了狼的爪子？凶残的巴马莱①会欺负你吗？我甚至没认出你来。我们以前见过你，你太漂亮了，太聪明了！所有的孩子都很高兴地和你在一起。

书（神态悲伤）：是的，现在我看起来一点儿也不像原来的样子了，那个不珍惜书的坏小子让我崩溃。哦，他折磨我。他把开水倒在我的身上，把我的书页弄折，用肮脏的墨水泼我……我没有办法从他身边躲开。我已经忍无可忍，可是不开心又能去哪里呢？

兔子（安慰的神态）：别担心，小书本！我们现在会想出一些办法的。大熊已经到这里了，他能给我们一些好的建议吗？（叫大熊）大熊！大熊！这本书遇到麻烦了，从不珍惜书的坏小子那里逃跑出来，她需要帮助，可是我不知道怎么办。

大熊（学生扮演，胖乎乎的样子）：可怜的书啊，你是我们大家的！我应该立即带你去图书医院看医生。他会给你诊断、治疗，换一个漂亮的封面再写上名字。

兔子：是呀！我怎么没有立即想到？毕竟，每个学校、每个图书馆都有这样的医院。年轻朋友总是会来救援的。

大熊：走吧，亲爱的小书本，靠在我的身上。（来到图书医院）你好，亲爱的艾博莱特医生②！给你添麻烦了，请治愈这可怜的书吧！

艾博莱特（学生扮演，穿着白大褂）：亲爱的书，坐在这里吧，你怎么了？

书：哦，亲爱的医生，我的整个身子都在痛。

艾博莱特：你是怎么弄到这一步的？

① 巴马莱，科·楚科夫斯基所著《好心大夫猴国历险记》（又译作《哎呀疼医生》，即童话诗歌《艾博莱特医生》的拓展故事）里的强盗王——“强盗中最凶恶的强盗”。《好心大夫猴国历险记》根据英国旅美童话作家休·洛夫廷（1886—1947）的《怪医杜立德》（又译作《杜利特医生非洲历险记》）改写，其中海盗王的名字叫“巴巴里”。

②艾博莱特医生，指科·楚科夫斯基童话诗歌《艾博莱特医生》的主人公。

书：医生，我在全班同学面前感到羞愧。我盖的被子被主人扯了下来，以及涵盖的内容……他们撕下书页，折叠成纸船，做成了鸽子……

艾博莱特：真恐怖啊！他们怎么能这样对待你！这是犯罪！我会治好你的，亲爱的书！抬起你的头来。哦，上面的这些脏点是什么？

书：和我住在一起的那个不珍惜书的坏小子用肮脏的手把我拿走了。有一天，他把罗宋汤倒在我的身上，随手把我扔到地板上。翻页时手指对着嘴吐上口水，真恶心！因此，我想呼吁所有的孩子，每个女孩和男孩，别总是让我感到难过，请珍惜我！

艾博莱特：哦，还有很多毛病！现在我打电话给狐狸护士来帮助我们。（呼唤狐狸护士）

狐狸（学生扮演，身着护士装）：早上好，书！现在艾博莱特和我会治愈你的。让我们看看这个页面，哦，哦，哦！这里画有一只可怕的狗，我最害怕狗吠了。

书：可是这只狗已经没有腿了。

狐狸：真是恐怖！

书：医生，护士！请医治我，求求你们了！

艾博莱特：上手术台吧，需要马上手术。

（狐狸、书、艾博莱特一同退场。不珍惜书的坏小子登场）

坏小子：你好！你在这里看到过一本书吗？她从我身边跑开了，我不知道为什么。我只是在桌子上打了她的头，然后，在花园里又没有把她带回去，我的确是忘记了。晚上下雨了，第二天我去找她，但没有找到，她逃跑了。你见过她吗？

学生：她正在图书医院接受手术！

（书和艾博莱特医生进入）

艾博莱特：好吧，在这里，你现在看起来好多了。

书：是的，我感觉非常好！（看见坏小子过来，很紧张）哦，又是那个丑陋的男孩！他可能在找我。

坏小子：啊，原来你在这个地方呀！但是，你为什么变化这么大？现在我们回家吧，见不到你，我会很难过的。

艾博莱特：我不会让她和你住在一起，她可能会再次生病。

书：我再也不会回到你的身边了。你侮辱我，根本不在乎我，你根本不知道珍惜书本的规则。

坏小子：我向你、医生和这里所有的孩子们保证，我会好好读书、爱护书的，我绝不再当坏小子了。

书：我为你感到难过。我可能会回到你身边，但你必须记住这些规则。

（1）我不能被脏手拿走，因为如果其他读者碰到我，我会感到羞耻。

（2）阅读时不要弯曲我的手肘，也不要把书页颠倒过来：因为我不希望被这样对待。

（3）不要用钢笔和铅笔在我身上乱涂乱画——它太丑了。

（4）如果你没有读完，但又不想忘记停止的页面，那么，请在我身上添加一个书签，以便我可以放松。

（5）在潮湿的雨季，用纸把书皮包起来，因为这种天气对我的健康不利。

（6）让我保持干净和清洁，我会帮助你变得快乐。

坏小子：好的，我明白了，我负责任地说我会纠正自己的错误。

书：孩子们，记住这些保护书本的规则。那么，我们将永远是好朋友。

美好祝愿：新的旅行

图书女王：我了解到你们大多数人都知道保护书籍的规则。对于那些表现好的学生，我赠送了这样的礼物——漂亮的书签。（送礼物给孩子们）孩子们！喜欢这些书，就要好好照顾它们！

全体学生：我们向您保证，图书女王，我们将更好地保护这些书籍，善待它们。

图书女王：很好！我很高兴发布圣旨，将图书馆的这把钥匙交给图书管理员。从现在开始，你们就是图书馆的读者，我衷心祝贺你们！（和图书管理员举行图书馆钥匙交接仪式）

图书管理员：亲爱的一年级新生！我谨代表学校的老师和同学们，对你们成为新读者表示祝贺。下面，我来说明《致年轻读者》的注意事项，涉及读者表格和备忘录，然后发给你们阅览证。

（时间留给家长。他们祝贺孩子们，祝他们在书本世界中进行有趣的旅程。高年级学生向一年级新生赠送书籍）

弗雷肯·博克：亲爱的孩子们！我们的节日就要结束，到了启航扬帆的时刻。勤奋学习吧，孩子们！一本智慧之书会告诉你们很多很多，从这一刻开始，有辛苦就有收获，将来的命运靠自己把握。

图书女王：我会把知识一点点地传授给你们的，亲爱的孩子们！为了我们热爱的故土，为了你的人民而快乐地生活。

教师：书籍是我们的良师益友，一生一世都会陪伴在你的身边。现在，尽管有了电视、电脑、互联网，但阅读是永恒的，你们可以从中学到自然和人类社会的知识，挖掘不尽的宝藏，找到无穷的乐趣。

请记住，阅读会使一个人变得更加富有、更加健康、更加聪明，成为大写的“人”！

【观摩感悟】

我国的中小学现在流行“开学第一课”的活动，而巴甫雷什学校一直以来有一个传统，就是在开学的第一天为一年级学生举办“首次铃声节”。在这一天，学校举行隆重的仪式，毕业班的学生祝贺新生们加入快乐的大家庭，给他们赠送题写赠言的书，父亲或母亲也都要给自己的儿女买一件有纪念意义的礼物——书。这个节日就是书的节日。苏霍姆林斯基认为，学校作为人民的圣地、人民的精神和文化的摇篮，首先长存于书中，只有书才能创造学校，只有像对待人民万古长存、经久不衰的最重要精神珍宝那样对待书，才能像对待人民摇篮那样对待学校。这堂“开学第一课”《书——生活的一面镜子》，贝伦老师和她的团队精心策划，以鲜明的主题给一年级新生提供了丰富的书籍盛宴，把孩子们带入了妙不可言的精神世界——带着迫切的心情、美好的愿望和童话般的乐趣进入学校。经过这么神圣又温馨的仪式，他们一定会情不自禁地喜欢上自己生活的新世界。事实上，为了让孩子们对学校产生兴趣，巴甫雷什学校始终保持着一个好的传统：小朋友在5岁时将被邀请参观校园，可以进入图书馆、童话室，还可以由学生带领着走进果园，观看儿童木偶戏表演，听唱歌，听诗朗诵。这些小朋友7岁时，在6月初又会受到同样的邀请，获赠一本心爱的绘本或诗集，品尝学校自产的水果；从这一天起，他们每天都可以来学校玩，他们将要成为小学生了。学校把“热爱孩子是世界稳固之根基”作为校训，从教育理念，到每一节课，都是在研究孩子，追求自然和生活的本真，以好奇心激发求知欲，以惊异感活跃思维，体验被崇高思想所鼓舞起来的快乐，从而召唤出孩子的创造灵感。什么是快乐？什么是创造？我们在巴甫雷什学校参观时，德尔卡琪校长指着教室门上有微笑图案的葵花贴画告诉我们："进来吧，我们可以——开玩笑、怀疑、思考、爱、犯错误、交朋友、做梦、发明、学习、大笑、探索、微笑……"

后　记

我在这所神奇而有意思的学校里只待了一天，但是，我的收获堪与在大学四年里所学的东西相比。

——M. 马努基扬

2019年秋，我有幸赴乌克兰巴甫雷什苏霍姆林斯基学校学习考察，回来后，将随手记录的笔记初步整理，分10个专题，于2020年在《河南教育》杂志发表了《乌克兰巴甫雷什朝圣之旅札记》系列文章。2022年春节期间，江苏凤凰科学技术出版社的陈冰彬女士跟我联系，说《心灵的交融：苏霍姆林斯基与中国教师》一书将要重印，问我有没有需要修改的地方。这促使我利用寒假休息时间重新梳理散乱的资料，试图把已发表的10个专题文章加以充实，附上教学案例，补充在《心灵的交融：苏霍姆林斯基与中国教师》每一章后面，出版修订本。但在整理、写作的过程中，我发现巴甫雷什学校和瓦西里·苏霍姆林斯基全乌克兰协会一直在忠实地践行苏氏教育思想，尤其把其思想精髓落实到细微的课堂教学上，许多创新性的案例与中国新一轮课程改革理念和做法高度契合，这在国内还没有引起关注，令我欣喜万分，不知不觉整理出20余万字的草稿，但内容与《心灵的交融：苏霍姆林斯基与中国教师》不太谐调，于是我萌发了写一本新书的愿望。

我理清思路，列出提纲，写出两个样章，取书名为《心中的圣殿：走进巴甫雷什学校课堂》，分别发给中国陶行知研究会苏霍姆林斯基研究专业委员会主任吴盘生先生和出版社的陈冰彬女士，向他们请教。很快，吴盘生先生提出具体的指导建议：第一，明确苏氏教育思想的主线是什么，巴甫雷什中学的可贵之处在哪里——是贯穿着社会主义人道主义思想，是教育过程中讲人性，苏氏把自己的教育哲学表述为“人是最高价值”。第二，至于具体教学实践，巴甫雷什学校真正把学生当“人”，而不是当工具——取得高分的工具。苏氏坚定地相信孩子、尊重孩子，这样就把“爱孩子”落到实处。第三，苏氏认为教师教学的基本功是研究孩子，是在集体的背景下系统观察与分析，并且注重从发现孩子的优点和长处入手，再至培育、扩展；不研究孩子，只停留于搞“课程”“技法”，是不完整的，是舍本求末。第四，苏氏认为改善师生关系非常重要，其中必须改变教师对孩子的态度——给孩子以权利。巴甫雷什学校的教师对孩子真正充满善意、信任、鼓励……不享受应有的权利，孩子怎么成为“真正的人”？第五，苏氏反复提到必须培养孩子们“对人的需要”，从小培育他们的“善意感”——这是情感教育的深刻真谛。总之，称巴甫雷什学校为孩子们的乐园、人道主义殿堂、教育圣殿，是恰如其分的。陈冰彬女士就全书结构的平衡、章节呈现方式、写作的重点等与我反复沟通，针对样章各小节的逻辑顺序和衔接问题不断提出可操作的意见，促使我一步步顺利地完成了写作任务。

《心中的圣殿：走进巴甫雷什学校课堂》把目光聚焦于巴甫雷什苏霍姆林斯基学校，重点放在学校对苏氏教育思想的继承与创新上，具体体现于课堂教学改革，通过课例研磨渐悟教师教学的匠心。全书分上、下两编，上编为“朝圣之旅”，是对我赴乌克兰考察学习前诸多问题的答疑释惑，如苏氏的启蒙时代如何成长，初入课堂如何成为反思型教师，教育情感如何促使其把巴甫雷什中学视作自己生命的组成部分……进而扩展至苏氏教育思想如何在教师教学中传承不衰，乌克兰课程改革如何吸收他的思想，乌克兰中小学教材中关于中国的历史与文化成就是如何呈现的，巴甫雷什的综合性课程探索对中国当前课程改革有何启发，等等。下编为“课堂实录”，是巴甫雷什学校延续半个多世纪的思维课、伦理课的教学案例精选。其中有的篇目在《帕夫雷什中学》一书中可以查找到，但整体教案和课堂实录我还是第一次看到。有的篇目记录的是巴甫雷什学校教师在苏氏100周年诞辰纪念活动中上的公开课，他们在教学中推陈出新，现代气息浓郁。置身于巴甫雷什学校课堂，我深切感受到这些极具校本意义的综合课程是独一无二的。它们通过“大自然的书”突破学科边界，潜移默化中渗入“人与自然”“人与人”“人与社会”，由“人的价值”浸透“人的心灵”，从淙淙的思想源头放射出照耀孩子自主探索世界的第一束亮光……始终处在世界基础教育教学改革的前沿。书中配合文字的图片，有的是从我（或同行者帮助）拍摄（或翻拍）的500余幅照片中精选出来的，有的是德尔卡琪校长赠送的学校活动照片（或录像截屏），还有的是苏氏教育纪念博物馆保存的珍贵照片资料。为使读者查阅方便，课堂实录中加了小标题。对于引用的文图资料，书中均一一注明出处。

在去乌克兰之前，我有一个问题不能释怀：苏霍姆林斯基为什么如此执着于教师职业？为什么他始终不愿意离开偏僻的农村学校？为什么他当了校长还要带班上课？经过巴甫雷什教育圣殿的洗礼，我终于明白：这源于一种情结，因其生活中快乐与悲伤交织，与命运相同的孩子朝夕相处，爱的情感刻骨铭心，情感体验达到了生命情感的最高境界。这是一种乌托邦。只有在空气清新的田园乡村，享受大自然的滋养，与纯真的孩子们手牵着手，他才能无拘无束地创造童话世界，心无旁骛地陶醉于“蓝天下的学校”，实现自己的教育理想。这是一种释放。教育家都有独立的思想，前沿的思想者是孤独的。他的身心伤痕累累，几乎是与自己的生命赛跑，不愿再与庸人做无聊的抗争，只是读书、写作、思考，排解心中的愤懑，与教师、孩子、家长共乐不啻镇痛良药。这更是一种使命——社会主义人道主义教育家的特殊使命。“真正的人”的培育，造就未来的人、全面和谐发展的人，不能脱离学校，不能没有“自己的”学生，尤其是迫切需要“灵魂导师”的农村学生……

时近苏霍姆林斯基105周年诞辰，谨以此书作为对这位伟大教育家的致敬！同时，对整理资料过程中提供支持的单位和个人致以谢忱！

史道祥

2023年9月10日于郑州

总　跋

苏霍姆林斯基的卓越贡献令人敬仰

教育丛书“苏霍姆林斯基在中国”的首批新书现在与大家见面了，这是中国陶行知研究会苏霍姆林斯基研究专业委员会办成的一件大事。此时，我心里很高兴、很激动。

这件大事办成，历时数年，颇不容易。丛书初成，首先有赖于朱小蔓教授的鼎力支持和悉心指导，也依靠了唐云增先生的先期发端和不断推动，还受益于青年学者杨一鸣博士等人的睿智谋划和积极配合。朱小蔓教授、唐云增先生在我国教育界，堪称“苏霍姆林斯基式的教育科研工作者”。他们德高望重，备受尊敬。杨一鸣博士等在青年学者中实属佼佼者，他们对苏霍姆林斯基教育思想的满腔情怀，代表了青年一代的美好教育追求。

办成这件大事，当然也离不开丛书编委会全体成员的团结协作、共同奋斗，更取决于各卷作者的辛勤劳作和呕心沥血。

不仅如此，我们还得感谢江苏凤凰科学技术出版社和上海凤凰颐合文化发展有限公司相关同志长期付出的巨大辛劳。自 2013 年初起，相关同志就积极参与策划和推动本套丛书，对每分册都不厌其烦地提出修正意见，表现出难能可贵的诚意和良知。这些都使我们编委会深受感动，在此一并感谢！

今天，在经济全球化背景下，在我国的教育改革和发展进入新阶段的时刻，为什么要编写这套丛书？办这件大事的意义和价值何在？这是大家必然关心的问题。

是的，当我们的教育改革进入攻坚阶段之时，当我们面前的青少年学生与任何时候都不同之时，当我们的年轻教师面对海量资讯和多元价值而难以抉择之时，我们急切地需要一个看得见摸得着、可以信赖的学习榜样，需要一个富有情感、血肉丰满的时代楷模，苏霍姆林斯基就是最好的选择之一。

我国成都的李镇西老师，1998 年底就被苏霍姆林斯基的女儿称为“中国的苏霍姆林斯基式教师”（当时我有幸在场）。他最崇拜的教育家就是陶行知和苏霍姆林斯基。他在专著《追随苏霍姆林斯基》中这样写道：“苏霍姆林斯基是前方的太阳，永远照耀着我们前行，让我们的教育之路不会迷失。”“苏霍姆林斯基是一个美好的梦，读他，就是追梦。”李镇西老师积极追随苏霍姆林斯基，满含热泪地读他的书，十分用心地践行他的教育思想，带着自己的创造不断前行，于是，李镇西老师成功了。

我们编写这套丛书的意向之一，就是为我国年轻一代的教育工作者提供学习条件，使他们了解苏霍姆林斯基教育思想在我国教育界几度掀起的传播高潮，了解其影响的广泛和深远程度，了解其广受欢迎的内在教育因素和文化条件，了解其间涌现出的许多先进人物和感人故事，从而在心中保留那十分难得的、写满生动教育故事的历史画卷。

我们编写这套丛书的初衷，也在于使年轻人真实地感受到：一个普通的中小学教师和校长持续地努力奋斗的前景不可小觑。他生命力量中蕴藏的潜能和可能达到的高度是如此惊人！我们力图使年轻人在此基础上思考这样的问题：苏霍姆林斯基为什么这么令人敬仰？我们是否可以通过自身的努力，站到巨人的肩膀上，积极提高教育素养，从而达到新的高度，直至攀登教育的高峰？

奇迹总是由人来创造的。当今时代就给期望创造奇迹的有志者提供着舞台。

苏霍姆林斯基，一个普通乡村中学校长，创造了教育实践和理论的范例。他震动了世界，得到了国际教育界的赞许，被公认为世界级的教育大家。这在20世纪中叶的社会主义教育发展史上，是绝无仅有的。

苏霍姆林斯基，乌克兰苏维埃社会主义共和国中部一所乡村中学——巴甫雷什中学的校长。他从第二次世界大战的硝烟中归来，到乡村中学当校长，一当就是22年。他的人道主义教育实践的卓著成效，连同其中展示的“我把心献给孩子们”的教育情怀和精神，跨越了万水千山，令世界各国的教育工作者由衷佩服；他通俗而不凡的理论建树，突破了意识形态的阻隔，牵动了东西方教育工作者的心，让大家关注和敬仰：人们争相翻译和阅读他的著述，研究他的教育思想，访问他创办的学校。而且，这种关注和敬仰，遍及世界，经久不息，一直延续至今。这无疑是一个奇迹！

让我们看一看，苏霍姆林斯基究竟创造了怎样的奇迹呢？

首先，苏霍姆林斯基做着“真教育”，他办好了一所真正的学校。他扎根于乡村学校的实践，创造了令人信服的人道主义教育样板，做出了实实在在的成绩，令世界对社会主义教育刮目相看。他永远把教育实践视为教育研究的根基，让实践成为优秀文化和人文精神传承的过程，把自己的心血乃至整个生命化解于此，努力在实践中验证和发展教育理论。他的双脚永远站在学校的土地上，他永远在课堂里（每天听 2 节课）。在学生中（认识所有的学生），他直面各种教育问题，触摸着学生生命的脉搏，在不断解决问题的过程中，用心培养每一个学生，同时吸取鲜活的教育营养，推动他的“教育学是人学”的工作实验室前进。他办好了一所乡村学校，拿出了一个经得起推敲的教育样板——巴甫雷什中学。这所学校成了世界名校。他证实了：真正的教育家都是与一所名校联系在一起的，真正的教育家是“接地气”——与儿童在一起的。

其次，他真有学问。苏霍姆林斯基知识渊博，学养深厚。他从小就以一颗谦卑和真诚的心投入阅读。后来，他身为校长，永远以高强度的专注力异常勤奋地读书（每天早上 4 点起床阅读）。他博览群书，思考人类，洞察社会，审视自我，构建了健康的社会认知及自我认知。他着眼根本，专研“人学”，服务现实。他独立思考，从不人云亦云、故弄玄虚。而且，他脚踏实地，精通中小学全部教材和教学法理论。他几乎教过中小学的所有课程。他的教育学、心理学和哲学等学科的修养之深，远远超乎常人。他学风踏实，勤奋写作，著述丰厚，言之有物。他的著作被翻译成世界的主要语言文字，被公认为是“活的教育学”和“教育百科全书”。他的学问物化成了宝贵的教育遗产。

再次，他有自己的教育思想。苏霍姆林斯基的教育思想深刻，着眼根本，前瞻未来，堪称“教育战线上的思想家”。他成天生活在孩子中，欣慰于学生的天真，敬畏着生命的严肃，感受着家长和社会的信任，掂量着教育的现实责任和时代使命，思索着对人性的尊重和对精神的关切。他心怀人类未来，前瞻新的世纪。他永远在追问：怎样的中小学才是好学校？什么是“真正的教育”？什么是“真正的人”？未来世界连同教育将走向何处？他在长年的教育实践中苦苦求索，在不间断的教育实验中验证答案，在广泛涉猎、持久深入的阅读中深思熟虑，通过勤奋写作及时总结，他沿着“教育学是人学”的线路前行，逐步形成了一整套独特的以人为本的教育主张，从而催生了举世无双的教育思想体系——苏霍姆林斯基教育思想。

还有，他坚守良知，敢讲真话，为人磊落，是一位真正的共产主义教育家。苏霍姆林斯基具有超越世俗的教育追求，拥有一颗美丽的心——以完美教育理想为血液循环的心。他满怀激情，又头脑清醒，在持续的阅读和不竭的实践中接触人类思想的精华，攀登教育理想的制高点，让自己的精神和心灵突破教条的桎梏，冲出时空的限制，超越四周的环境，凝成共产主义的教育信仰，在内心深处养成浩然之气，铸成不竭的精神力量。他以“人民教师——民族的良知和青年的楷模”要求自己，鄙视对学术的无知与怠慢，嘲笑对物质的贪婪与迷信，拒绝对权力的膜拜和恐惧，批评教条主义和形式主义，抵御社会和个人的沉沦。所以，他即便面对“围剿”也总是朝气蓬勃，积极达观。他挺直腰杆，拒绝平庸，追求真理，在平凡中显得那么不平凡，从而显示出巨大的人格魅力。

那么，怎样概括苏霍姆林斯基做出的教育贡献？

考察苏霍姆林斯基的一生，通览他的全部著述，纵观其教育理论和实践的建树，在苏联教育界，他做出了十个方面的贡献，可以简要概括如下：

第一，他在苏联教育界第一个公开提出“人是最高价值”①，“教育学是人学，它的基础在实质上就是创造幸福”“要相信人”。在“以阶级斗争为纲”的年代，他举起了社会主义、人道主义的教育大旗，用马克思的“异化”论述观照教育理论和实践，主张学校一定要把学生当人，真正当作“大写的人”，把“为了学生的欢乐和幸福”、全力“培养真正的人”作为教育的根本目的，这在当时无异于石破天惊。

第二，他旗帜鲜明地反对苏联教育界普遍存在的形式主义和教条主义。苏霍姆林斯基认为必须反对教师照搬先人教条、学校只按行政指令办事的倾向。他特别提倡教育要面向每个具体的学生，他指出：“请记住，没有也不可能有抽象的学生。”②他批评道，有教师在谈到教育教学要“面向学生”时，这里的“学生”，通常被理解为“中等的”“抽象的”学生，其实，这根本不存在；教师面对的是一个个活生生的人，只有从每个学生的具体实际出发

①苏霍姆林斯基著：《苏霍姆林斯基选集》（五卷本）第5卷，乌克兰基辅苏维埃学校出版社，1980年版，第471页。

②苏霍姆林斯基著，杜殿坤编译：《给教师的建议》，教育科学出版社1984年版，第1页。

开展教育教学，并努力走进他的心中，这才真是面向学生。所以，他在写作中总是会采用学生名字（隐去了姓氏），展示一个个鲜明的学生个性，在他那里看不到教条主义和形式主义的影子。

第三，他带头成功地实现了课堂教学改革。他提出了“要引导孩子参与学习”“要教会学生学习”“要丰富学生的智力生活”，还提出了“蓝天下的学校”[①]，从早期教育开始，就让学习充满吸引力，让孩子参与教学；他主张从小就把学习工具交给学生，打好学习技能的基础，熟练掌握“五把钥匙”（读、写、算、观察、表达），读、写、算要达到半自动化程度；他制订了“第二教学大纲”，开发新的课程，主张课内课外学习时间之比需达到1∶1，为学生扩展和丰富智力背景提供条件；他十分关注培育学生的学习兴趣，使他们形成稳定的学习意愿，增强持续的学习动力；他主张教师改进与学生的交往风格，努力营造“充满爱的课堂”“有情感的课堂”，形成良好的“智力情感场”。事实上，苏霍姆林斯基在巴甫雷什中学就构建了以“教学三原则”——需要、难度、愉悦为核心的，特有的“苏氏教学法”体系，其内涵：①趣味性教学——千方百计让孩子（后进生）“喜欢”学习、“参与”学习；②发展性教学——发展学生的思维、情感、创造力等；③研究性学习——三年级起就布置课题研究型作业，引导学生参与课题研究；④合作性学习——在小组讨论中交流智能与情感，在完成学习任务中发展个性；⑤个性定向性教学——发现每个学生的特长，针对学生的实际，强化个别指导，提供展示机会，促进学生个性发展。

第四，他力排众议改革教育教学评价，提出在（低年级）教育和教学中可以“取消消极性评价（不打不及格）”，延迟采用分数评价，甚至可以取消分数，以全力爱护和增强每个孩子的“智力自尊”，给学生以适度的空间和自由。他指出：“在学习中取得成就——这一点，形象地说，乃是通往儿童心灵中燃烧着‘想成为一个好人’的火花的那个角落的一条蹊径，教师要爱护这条蹊径和这点火花。”[②]在他眼里，学校应是人生的启蒙园，是前进的加油站，课堂是增强学生学习兴趣和动力的场所。教师如果总是用消极性

①苏霍姆林斯基著，杜殿坤编译：《给教师的建议》，教育科学出版社1984年版，第528页。
②苏霍姆林斯基著，杜殿坤编译：《给教师的建议》，教育科学出版社1984年版，第3页。

评价挫伤学生的积极性，用“坏分数”做皮鞭抽打孩子的自信心，那么这无异于对学生犯罪。

第五，他第一个明确提出“广义德育”的概念。他指出“应当把学习和掌握知识的过程，放在广义的德育计划中，当作集体和个性生活的一部分”，要“发挥教学的德育作用，并找到帮助学习困难学生的策略”。他反对把德育从教育教学中剥离出来，主张综合地、有机地实施德育。他反对好高骛远，提出了脚踏实地的德育要求，其中，放在首位的是公民（平民）德训，即基本的做人准则：“三热爱”（热爱劳动、粮食、老百姓），“四崇拜”（崇拜祖国、母亲——人、书籍、国语）。他认为，道德目标应当有切实的基点，即以善良——设身处地为他人着想的善良，加上正义感——不容忍恶行的正义感作为基点，在此基础上，包含着从“平民”（公民）目标到“圣贤”目标的广阔区间内的自由选择及逐步提升。

第六，他第一个公开指出“在苏联的共产主义社会中存在恶行”，提出必须加强精神和心灵的教育。他在教育学研究中引进了“精神”（相对于“肉体”）、“灵魂”“心灵”“良心”“生命”“死亡”“爱情”“意愿”“情感”“欢乐”“幸福”等诸多概念，突破了苏联经典教育学的刻板教条，从根本上改造其概念系统。他提倡教育走进学生心灵，深入学生精神生活，增强学生崇尚真善美的情趣，重视提高学生识别和反对假丑恶的觉悟、能力，为切实搞好公民（平民）人格教育，培养“真正的人”打下扎实的基础。

第七，他第一个提出学校的“情感文化”，提倡建设“情感文明”，提高教师的情感素养。苏霍姆林斯基认为：“一个人越变得有力量，他就越需要温情——这是道德教育的规律。力量乘以温情，唯在此过程中才会产生人类的高尚。”① 他说，不重视学生的情感就是没有真正把学生当人。他要求教师：将认知与情感有机结合起来，十分密切地关注学生的体验、感受；在确立教育目标时，把切实培养学生的自尊感、同情心、正义感放在第一阶段，并把培养责任感、友谊感、成就感、舒适感等纳入其中。他又说，学生在学习中经常失败，心里会感到痛苦，并慢慢变得迟钝，麻木。情感的麻木会导

①苏霍姆林斯基著：《苏霍姆林斯基选集》（五卷本）第5卷，乌克兰基辅苏维埃学校出版社，1980年版，第497页。

致道德上的厚颜无耻，这是一个人丧失自尊后的最可怕的后果[①]。他主张从排除师生交往障碍入手，切实建立情感沟通，开展师生精神交往，真正注入关爱（自爱、爱人类）并强化之，形成积极情感的正向循环，从而构建学校和班级的良好情感氛围和人际关系。

第八，他第一个挑战了苏联经典教育学的写作风格，开创了用散文方式自由地撰写教育专著的先河。苏霍姆林斯基反对撰写教育著述时普遍存在的不良倾向——程式固化，面孔铁板，矫揉造作，故弄玄虚，烦琐冗长，不知所云。他带头把教育著作写得通俗、形象、生动、有激情，人物灵动，富有情境性，让读者如临其境，喜欢阅读，读有所得。他指出，教育学著述的精髓在于朴素、本真、实用。

第九，他在教育界大胆亮起了“自由”的旗帜。他反对把纪律和集体作为教育的目的，认为必须将其视作教育的手段，他提倡“对待孩子就应如对待一个自由的生命体”“孩子是学习的主体”，要真正尊重学生的民主权利，主张给学生以选择自由，培养自由意志，学习自我评价，要求学生将“学习中的自由”与“做人的责任”适度结合，承认以约束为前提的自由；他反对校长和教师独断专行，主张指导学生学习民主操作和参与民主管理（班级及学校的管理），彻底挑战了专制式的教育思想和实践。他认为，这些都要从课堂、班级和家庭教育做起。

第十，他第一个公开批评马卡连柯的集体教育思想，指出其中的诸多缺陷，挑战了理论权威。苏霍姆林斯基曾在《前进》一文中指名批评前辈教育家马卡连柯，列数其如下错误：机械搬用马克思关于集体的论述，把集体看作教育的目的，以“平行影响原则”削弱教师自身的教育作用，把学校的纪律看成“斗争”的纪律，让个人无条件服从集体，在解决个人与集体矛盾时主张“毫不留情”……他坚持正确的方法论，以过人的理论勇气，从实际出发，独立思考，始终坚持了教育本质的人文性、教育研究的整体性和教育理论的实用性；提倡教育回归到人性之本，以培养大写的人为目的，深入学生的心灵。

①苏霍姆林斯基著：《苏霍姆林斯基选集》（五卷本）第5卷，乌克兰基辅苏维埃学校出版社，1980年版，第498页。

至此，我们可以看到：苏霍姆林斯基是模范的实践家，是渊博的理论家，是深刻的思想家。苏霍姆林斯基做出的贡献是非同一般的，是伟大的，他将被载入人类教育史册。

我国著名教育学专家朱小蔓教授曾经这样写道："苏霍姆林斯基教育思想是国际全民教育进程的不熄灯塔""苏霍姆林斯基的确是一位伟大的思想先锋、思想的超前者、卓越实践的创造者。对他思想和实践的诠释在当今时代依然有巨大的张力，依然具有无穷的魅力"。

毋庸讳言，苏霍姆林斯基并不是神，如同历史上任何一位伟人那样，他不可能十全十美；阅读他的著作，也可以感到些许历史局限，或称时代烙印。但是，这恰恰证实，在我们面前的是一个真实的苏霍姆林斯基，是一位活生生的苏联乡村中学校长，是一位满怀教育激情的、勇于改革教育的实践家和理论家。我想，某些历史的局限丝毫不影响苏霍姆林斯基的高大形象和不朽精神。

读苏霍姆林斯基的著作，我们会不断汗颜，因为他书中的话语似乎就是对我们的拷问，它们就在敲打着我们的心——每个有良知的教师的心！读他的著作，我们又总感到眼明心亮，因为他的教诲总能给我们指明解决问题的思路、前行的方向。

我们编委会的很多同仁都感到：撰写丛书的过程，就是不断研学苏霍姆林斯基著作的过程，也是我们从中汲取教育营养、继续进步的过程。

掩卷沉思，我们仿佛看到：苏霍姆林斯基就站在我们的面前！

是啊！他在深情地期盼着我们……

吴盘生

2018 年 7 月